黄帝四經

澤田 多喜男 訳註

黃帝四經

馬王堆漢墓帛書
老子乙本巻前古佚書

知泉書館

凡　例

一、国家文物局古文献研究室編『馬王堆漢墓帛書（壹）』（文物出版社、一九八〇年）の釈文を底本とする。注が附せられている。写真版は底本のものによる。

一、馬王堆漢墓出土帛書整理小組編『馬王堆漢墓帛書（壹）』（線装本二冊、文物出版社、一九七六年）を旧本と称す。釈文と注が附せられている。

一、馬王堆漢墓出土帛書整理小組編『馬王堆漢墓帛書　經法』（文物出版社、一九七六年）を『經法』と称す。釈文と注が附せられている。

一、余明光『黄帝四經今注今譯（含英譯）』（岳麓書社、一九九〇年）、釈文と注及び訳文がある。余氏説はこれによる。

一、陳鼓應『黄帝四經今註今譯－馬王堆漢墓出土帛書』（台灣商務書印書館、一九九五年）、釈文と注及び訳文がある。また多くの欠文を他文献や推定で補っている。陳氏説はこれによる。

一、谷斌・張慧姝・鄭開『黄帝四經今譯・道德經今譯』（中國社會科學出版社、一九九六年一二、初版（未見）、二〇〇四年九、第二版）

一、“FIVE LOST CLASSICS：TAO, HUANGLAO, AND YIN－YANG IN HAN CHINA” Translated, with an introduction and commentary, by Robin. D. S. Yates（BALLANTINE BOOKS・NEW YORK, 1997）原文と英訳が対の頁に配置され、五百余に亙る注は末尾にまとめられている。不十分ながらY氏説はこれによる。また甲本の「九主」篇の原文・訳文・注釈も加えられているが、本訳書には関係がない。

一、雷敦龢（Edmund Ryden）『黄帝四經　The Yellow Emperor's Four Canons』（光啓出版社・利氏學社連合、台北、一九九七年三）

一、現代語訳文は、現行漢字かな混じり文とする。原文・書き下し・注釈に引用の古典文献名及び書き下し文は、原則として旧漢字とする。それ以外の注釈文は現行漢字かな混じり文とする。

一、原文は底本の釈文により、釈文のコロン〈:〉セミコロン〈;〉疑問符〈?〉などは、〈、〉またはた〈。〉に換えた。
一、本書の形式は、先ず現代語訳文(一段組み)、次に上段に原文、下段に書き下し文(二段組み)、次に注釈(一段組み)の順序とする。
一、篇、章内の段落の切り方は、先人の例を参考にしたが、独自の判断によった箇所も多い。
一、馬王堆漢墓出土帛書整理小組編『馬王堆漢墓帛書(壹)』線装本八冊(文物出版社、一九七五年)もあるが、未使用。
一、【 】括弧内の文字は、釈文で欠字または判読不明な箇所に推定で入れた文字である。また意味を補うために〔 〕括弧で付加した箇所もある。
一、□は、原文では欠字で、文字が推定不可能な箇所。

解　題

一九七三年十二月、長沙馬王堆三号漢墓から大量の帛書が出土した。同時に出土した紀年を記した木簡からその墓の年代は文帝十二年（前一六八年）と確定される。この帛書《老子》は二種類あり、字体の古い方を甲本と名づけ、より新しいと思われる字体の方を乙本と名づけられている。甲本には《老子》とほぼ同文の後に古佚書四篇が、乙本には《老子》とほぼ同文の前に古佚書四篇が附せられている。甲本帛書には一切篇名或は書名が記されていないが、乙本帛書の場合は、《老子》とほぼ同文を含めて各文末に篇名ないしは章名が記されている。筆写年代は皇帝の諱の用例から甲本は高祖（劉邦）生前、乙本は文帝（劉盈）生前ころと推定される。ただし著作年代ではなく筆写年代であるから、著作はそれ以前、戦国期と推定される。本書は乙本の古佚書なので、帛書《徳》《道》の前に書写された文章で、底本では、《經法》《十六經》《稱》《道原》の篇名と思われる篇題が附せられた古佚書の翻訳及び注釈である（《十六經》については、後に注釈で触れる）。古佚書でこれまでに版本としては伝承されていないので、正式な書名は不明である。ただ『漢書』藝文志の記述などから『黄帝四經』と推定する識者が多い。本書の名稱はまだ確定はしていないが、ただ中国では『黄帝四經』として訳出されている。その推定はほぼ正しいと思われる。その理由を以下に述べる。

項羽を降して、劉邦が漢王朝を開いた初め、武帝初期の儒家を尊重する少し前の時代には黄老思想が支配者層の間では支配的であったといわれている。その事実はすでに周知の通り「黄老」の語の初見は、『史記』巻六三の老子韓非列伝にみえる申不害及び韓非の伝記すなわち「申不害なる者は、京人なり、故鄭《もと》の賤臣、學術以て韓昭侯に干《もと》め、昭侯は用て相と為す。……申子の學は、黄老に本づきて、刑名を主とす。（黄老に基づくけれども、刑名を主張する）」「韓非なる者は、韓の諸公子なり、刑名法術の學を喜びて、其の歸するところは黄老に本づく。」などとみえる。また先学の指摘しているように、〈黄老〉の語はこれ以前の先秦の書にはまったくみえない（丁原明『黄老学論綱』山東大学出版社、一九九七年、ほかを参照。）。〈黄老言〉〈黄帝・老子言〉〈黄老術〉などの語は漢代の『史記』にはみえる。さらに「愼到は趙人、田駢・接子は齊人。環淵は楚人、皆な黄老道德の術を學び、……」（『史記』巻七四、孟子荀卿列傳）とある。これらの資料からすると、〈黄老〉〈刑名〉〈道德〉や〈黄帝〉〈老子〉〈道德の術〉は一連のことであると考えざるを得ない。これらのことを念頭に置いて黄老思想のことを考察してゆきたい。

ただ黄老思想とはしばしばいわれるが、その実態はあまりはっきりしない。精々『史記』曹相國世家にみえる「清靜を貴びて民自ずから定まる」（巻五四）記述くらいである。この叙述から推定されるのは支配者が支配に細かく干渉せず、自由放任の政策を採っていることくらいである。ただ先の「申子の學は、黄老に本づきて、刑名を主とす」「韓非なる者は、韓の諸公子なり、刑名法術の學を喜びて、其の歸するところは黄老に本づく。」という記述によれば、〈黄老〉と並んで〈刑名〉〈刑名法術の學〉が挙げられている点が注目されるし、上に述べた愼到たちについていわれる「皆な黄老道德の術を學び」という記述も考慮せざるを得ない。（なお申子については、『韓非子』定法篇に、「申不害は術を言う、……術とは、任に因り而して官を授け、名に循いて而して實を責め、殺生の柄を操り、羣臣の能を課する者なり。此れ人主の執る所なり。」とあり、申子の〈刑名〉の実態が知られよう。また『史記』の注には、「太史公曰……。申子は卑卑、之を名實に施す。」（集解―自ら勉勵するの意なり。索隱―劉氏云「卑卑は、自ら勉勵するの意なり。」）とある。）〈刑名〉〈刑名法術の學〉などについては、後に検討するとして、先ず〈黄老〉について、その実態を究明することから始めたい。そのためには、『史記』に示す次の資料、すなわち孝文帝崩じ、孝景帝立ち、乃ち廣國を封じて章武侯と爲す。……竇太后は黄帝・老子の言を好み、帝及び太子諸竇は黄帝・老子を讀み、其の術を尊ばざるを得ず。（巻四九、外戚世家）

孝文の時頗る徴用す、然れども孝文帝は本と刑名の言を好む。孝景に至るに及び、儒者に任ぜず、而して竇太后も又た黄老の術を好み、故に諸もろの博士は官に具わりて待問し、未だ進む者有らず。（巻一二一、儒林列傳）

孝惠帝元年、……更に參を以て齊の丞相と爲す。參の齊に相たるや、齊は七十城。天下初めて定まり、悼惠王は春秋に富み、參は盡く長老諸生を召し、百姓を安集する所以を問う、齊に如くに故の諸儒百を以て數う、言うこと人人殊なり、參は未だ定むる所を知らず。膠西に蓋公有り、善く黄老の言を治むるを聞き、人をして幣を厚くして之を請わ使む。既に蓋公に見え、蓋公爲に治道は清靜を貴びて而民自ずから定まるを言う、此の類を推して具に之を言う。參は是に於いて正堂を避け、蓋公を舍む。其の治要は黄老の術を用う、故に齊に相たること九年、齊國安集し、大いに賢相と稱せらる。惠帝二年、蕭何卒す。……居ること何《いくばく》も無く、使者果して參を召す。參去り、其の後の相に屬げて曰く「齊の獄市を以て寄と爲し、愼みて擾す勿れ。」……（巻五四、曹相國世家）

によれば、「善く黄老言を治む」や「黄老の術を用う」と表現されている以上は、〈黄老〉という一連の言や術があると考えられるが、「黄帝・老子の言を好む」或は「黄帝・老子を讀み其の術を尊ばざるを得ず」や「善く黄老の言を治め」ということになると、黄帝なり老子の言葉、すなわちそれを記録した典籍の存在を前提とすることになろう。それではそうした人物の典籍が確かにあったことになる。それは實質的には何を指すのであろうか。

それと同時に忘れてならない大事なことは、「孝文帝は本と刑名の言を好んだ」とか「竇太后は又た黄老の術を好んだ」（儒林傳）こととそこでの「申子の學は、黄老に本づき、而して刑名を主とす」（老子韓非列傳）にみえる〈黄老〉と〈刑名〉との關連である。

先ず黄帝に関することに就いて。ところで、黄帝は儒家の主要典籍の一つとなる『書經』に記される最初の理想的な君主たち、すなわち堯・舜・禹から始まって、それ以前の理想的な君主の言についてはまったく触れていない。すなわち『書經』では統一国家は堯から始まったとされる。この『書經』がいつ頃に定着し書かれたものかは明らかではない。しかし、現段階での研究の結果では、『書經』の中で最も旧い篇は、五誥といわれる、大誥・康誥・酒誥・召誥・洛誥の諸篇で、西周初期のものではないかといわれ、堯典・舜典などはそれより晩い成立だと考えられている。そうだとすれば堯舜以前の事柄はどのように理解したらよいのであろうか。

戦国中期の事情を伝えると考えられる『孟子』には、堯・舜は出てくるが黄帝はまったくみえない。『史記』では五帝本紀から始まり、そこには黄帝・顓頊・嚳・堯・舜の帝王が記されている。さらに『史記』には、「神農氏の世衰え。諸侯は相い侵伐し、百姓を暴虐し、神農氏は征する能わざる自り、是に於て軒轅乃ち干戈を習用し、以て不享を征し、諸侯咸な來り賓從す」とあって、軒轅すなわち黄帝の前に神農氏が帝王であったことが示唆されている。ここには、堯・舜の前に三人（或は四人）の帝王がみえる。

これらの堯・舜以前の帝王については、儒家系の戦国末期の事情を伝える『荀子』にも一切みえない。ただし、「五帝」の語はみえるのは、儒家の間で堯・舜以前の帝王についても言及することが、必ずしもタブーではなかったことを示すのかもしれない。ただし黄帝などの実名はでてこない。非相篇に「五帝」の語がみえることは、堯舜以前の理想的帝王の存在を、戦国末期では儒家も認めていたといえるかもしれない。

ただし、元来が儒家の書か否か不明であるが、『易』に「黄帝堯舜氏作り、其の變を通じ民をして不倦まざら使む。……黄帝堯舜衣裳を垂れて天下治まるは、蓋しこれを乾坤に取る。」（繋辭傳下）と黄帝が堯舜と一緒に同傾向の人物とされている。これは『莊子』にも「夫れ天地なる者は、古えの大とする所なり、而して黄帝堯舜の共に美しとする所なり。」

（天地）とみえるのと共通する。天地篇は漢代の著作と一応考えられている。繫辭傳などは、『易』の中では時代的に晩い作と考えられていることと、占筮の書である『易』を考慮すると、黄帝と堯舜が結合しているのは奇異な感じがするが、儒家の正統的な書とは異なると考えるほかなかろう。

とにかく〈黄帝の言〉とはいかなる典籍を指すのであろうか。儒家以外の典籍には〈黄帝〉がしばしばみられる。例えば、戦国のある時期から漢初にかけての著作が含まれているとされる『莊子』や戦国末の著作とされる『呂氏春秋』には、頻繁にみえる。『呂氏春秋』（孟春紀・去私、季春紀・圜道、季冬紀・序意、有始覽・應同）にみえるものは、ごく短い言葉で、こうしたものだけで竇太后たちが好み、読んだという政治に役立つ主要な〈黄帝の言〉といえるかどうかは問題であろう。また『列子』にも黄帝篇があるが、そこには『莊子』の諸篇や『老子』から採られたと思われるものが多く、信用できない。

『莊子』所見の黄帝に関する記述をみると、多少は政治との関係も認められるが、とてもまとまった竇太后たちの愛好し読んだ〈黄帝言〉とは考えられない。とするならば、当の〈黄帝の言〉とは何を指すのかということになる。

ここで注意すべきは、上引の「竇太后は黄帝・老子の言を好み、帝及び太子、諸もろの竇のものは黄帝・老子を読み、其の術を尊ばざるを得ず」「孝文帝は本と刑名の言を好む。孝景に至るに及びて、儒者に任ぜず、而して竇太后も又た黄老の術を好む」などの文章である。ここにみえる文帝の好んだ〈刑名〉は法家のことであり、文帝の皇后竇氏の好んだ「黄老之術」もやはり法家的手法であろう。「黄帝・老子の言を好む」や「黄帝・老子を讀み、其の術を尊ぶ」と分けて敍述してもあるが、分けないばかりか〈黄老〉と表現したり、〈黄帝・老子言〉と並んで〈刑名之言〉と表現されている。また「黄老道德の術を學ぶ」とあって、〈黄老〉と〈道德〉の二者に分けている場合もある。

ここで思い合わされるのは、『漢書』藝文志、諸子略、道家の書目にみえる「黄帝四經、四篇」である。これまで版本としては伝わらず、存在しないと考えられていた典籍である。これは名称からすれば、当然愛好され読まれるに値する〈黄帝言〉といえるかもしれない。しかし『黄帝四經』なる典籍は存在するのか否かについては検討が必要である。

『黄帝四經』とは、馬王堆出土帛書の老子乙本卷前古佚書の四篇（經法・十大〔六〕經・稱・道原）ではないかと推定されて、中國では余明光『黃帝四經今注今譯（含英譯）』（岳麓書社、一九九三年）、陳鼓應『黃帝四經今注今譯―馬王堆漢墓出土帛書』（台灣商務書印書館、一九九五年）が出版されている。すでに老子乙本帛書古佚書四篇は『黄帝四經』とされ、『漢書』藝文志道家類に記載されている「黄帝四經、四篇」と考えられている。

老子乙本卷前古佚書四篇は[1]、經法（道法・國次・君正・六分・四度・論・亡論・論約・名理）凡五千、經（立命・觀・五正・果童・正亂・姓爭・雌牡節・兵容・成法・三禁・本伐・前道・行守・順道・十大）凡四千□□六、稱千六百、道原四百六十四であって、括弧内は章名であり、字数や文体など形式上からの不整合も指摘されるが、内容的な整合性を強調して、また篇数の合致を理由に、この古佚書四篇を『黄帝四經』だとする主張が大勢を占めている。この四篇の中で黄帝が登場するのは、十大〔六〕經篇のみである。他の三篇には固有名詞は見当らない。それにも拘らず『黄帝四經』だと主張するのは何故であろうか。このような考察については、代表的な中国の先学の研究に耳を傾けてから判定したい。

さて、乙本古佚書は『黄帝四經』だとする主張に反対する学者（裘錫圭「馬王堆帛書《老子》乙本卷前古佚書并非《黃帝四經》」『道家文化研究』第三輯所收、上海古籍出版社、一九九三年）もいるが、『黄帝四經』説の代表的見解と思われるものは、唐蘭氏（唐蘭「馬王堆出土《老子》乙本卷前古佚書的研究―兼論其與漢初儒法鬪爭的關係」馬王堆漢墓帛書整理小組編『經法』所收、文物出版社、一九七六年、原載『考古學報』一九七五年、第一期）と思われるので、いまそれを紹介してその説の是非を考えてみよう。

いま唐氏の説を多少簡単に紹介すると次のごとくである。内容からみると四篇は一書であり、ほぼ老子を継承し発展させたものである。ただ老子は道家だが、四篇は実質的に法家であり思想的にも一貫している。

（一）　四篇の書名問題の章で、次のようにいう。

先ず「經法」篇は主に「法」を説く。「十大〔六〕經」篇は主に「兵」を論ずる。「稱」篇は「素朴辯證法」を説く。「道原」篇は事物の客観的法則である「道」を説いている。四篇の体裁はそれぞれ異なるが、内容は相互に連繫していて一体をなしている。第二の「十大〔六〕經」篇は黄帝の神話などを敍述していてこの書が黄帝の言であるべきことを説明している。

次に抄写時代は、歴史的背景からみて、文帝初期の抄写と考える。文帝即位（紀元前一七九）時は二十三、四歳で〈黄老之言〉の伝播はすでに二十余年経っている。建元六年（前一三六）に竇太后死去により、武帝の舅の田蚡《ぶん》が丞相となり、漸く「黄老刑名百家の言を絀《しりぞ》く」となるが、「文帝之を宗ぶ」から四十余年経っている。古佚書には〈黄帝之言〉に関するものがあり、明らかに『黄帝四經』がそれに当る。『老子』は漢志によれば、すでに經と称されていた。そこで〈黄帝四經〉も経と称された。文帝が「黄老の術を宗ぶ」により、黄老が流行していた時代に軼佚となった文帝の子供が『老子』の前に関係のない別の書物を冠することは想像しがたい。

第三に、伝授の源流と流伝の情況からみて、四篇はまさしく『黄帝四經』であるとして、『史記』樂毅列傳の「樂臣〔巨〕公善く黄帝・老子の言を修め、……樂臣〔巨〕公は黄帝・老子を學び、其の本師は號して河上丈人と曰い、其の出ずる所を知らず。河上丈人は安期生に教え、……毛翕公、……樂瑕公、…樂臣〔巨〕公、……蓋公」を挙げ、〈黄帝老子の言〉は戦国後期から流伝してきたという。また『史記』老子韓非列伝の「申子の学は黄老に本づき而して刑名を主とす」「韓非者……喜刑名法術の学を喜び而して歸するところは黄老に本づく」を引用し、これは〈黄老〉に関する記載だとする。『申子』は亡佚しているが、『羣書治要』所引の大體篇は確かに刑名の言で、司馬遷の発言は根拠がある。ただ『老子』は〈刑名〉を説かない。〈刑名〉はどうして〈黄老〉と結合してきたのか。いままで明確でなかったが、この書の〈黄帝の言〉は主に〈刑名〉を説いているので、〈刑名の言〉は〈黄帝の言〉に他ならないことがわかる。申・韓の基づく〈黄老〉は、重点は法家の黄帝であって道家の老子ではない。戦国中期から晩期か、非常に多くの法家の著作は、この古佚書をすべて引用しているのは、この古佚書はまさしく戦国中期以後流伝の〈黄帝の言〉であることを説明している。古佚書の「經法」篇と「十大〔六〕經」篇は経と称しており、「稱」篇と「道原」篇は正しく経の体裁である。漢代の『春秋繁露』『淮南子』『史記』『説苑』などもこの書中の言葉を引用するのは、この黄帝の言が漢代に流行したことを物語る。『隋書』經籍志、道經部でいう『黄帝』四篇は、明らかに『黄帝四經』を指す。ただし經籍志にはすでに『黄帝』四篇は著録されていない。上の発言は劉宋・王儉の『七志』か、梁・阮孝緒『七録』の基づくものであろう。

（二）　書写時代と作者

申子は鄭の賎臣で、韓昭侯の相となったという記事から、韓の滅鄭は前三七六前、申子の在鄭は三十歳前後で、学問は完成していたから、〈黄帝之言〉は晩くとも前四世紀の初期には世に出ていた。黄帝と老子との関係からみて〈黄帝之言〉は『老子』學説から発展したもの。現在の『老子』は楊朱あるいは老子の他の弟子が伝えたもの。楊朱は老子の学説を継承し「貴己」を主張。書写時代は、上限は楊朱時代を超えず、下限は申子時代を降らず。最も早くは前五世紀中期、最晩は前四世紀中期。儒家は常々復古を説き、三代から直ちに堯舜に続けるが、反儒家の隠者は儒家を圧倒するため、堯舜より古い神農・黄帝を持ち出し、彼らは『詩』『書』を説く必要がない。古佚書四篇からみて、黄帝の神話を説くだけで、少しも復古の意味はない。『孟子』には神農の言を修めた許行がみえ、『史記』には、「愼到は、趙人、田駢・接子は齊人。

環淵は、楚人。皆な黄老道徳の術を學ぶ……」（巻七四、孟子荀卿列傳）とあり前四百年前後に〈黄老之言〉があった傍証である。『荀子』非十二子篇では、愼到・田駢を併称し、『莊子』天下篇では彭蒙・愼到・田駢を称す。莊子は黄老学派を継承したのではなく、黄老学派を継いだのは愼到である。『愼子』には『管子』『鶡冠子』『越語』などの引用がさらに多いのは、古佚書四篇は前四世紀初期の作品である確証という。樂毅伝の系譜からみて黄帝の流行は前四世紀前期だといえるという。古佚書四篇は鄭の隠者の著作の可能性がある。

㈢　古佚書四篇は法家の重要著作

第一類、『漢書』藝文志での道家は、実際上は三分類すべきだ。『伊尹』『太公』『辛甲』『粥子』『管子』などで、『管子』は現存する。

第二類、『老子』『莊子』を代表とする、道徳や無為を説く道家。『文子』『關尹子』『列子』も。

第三類、『黄帝四經』を首とする黄老派で、『蜎子』『環淵』『田子』『鶡冠子』『捷子』『鄭長者』などで、老子学派の発展した一支派で、「道法」を説き刑名を主張する新型の法家である。『申子』『愼子』『韓非子』などは、すべて黄老に基づくが藝文志では反って法家に分類する。黄老は併称されるが重点は黄にあり、法家はひたすら思想方法上は『老子』を継承するが、実際は「法」を第一とする。

『老子』は政治上消極的、道を説くが法は説かない。『黄帝四經』は比較的積極的で、術（王術）を説く。『韓非子』定法篇では「申不害は術を言い而して公孫鞅は法を爲む」という。『黄帝四經』は初めに「道は法を生ず」「道を執る者は、法を生じて而して敢えて犯さざるなり、法立ちて而して敢えて廢せざるなり」と説き、「法度なる者は、正の至りなり……」「是非は分有り、法を以て之を斷ず、……」など法家思想は非常に明確。「理」を重視、「物各おの道に合する之を理と謂い、理の在る所之を道と謂う、……理の在る所を失する之を逆と謂う」、また「名理」章があり、「名理を審察す」「名に循い理を究む」などの語句があり、これは『老子』の〈天道〉を多言することから一歩を進めて人事を研究している。『老子』はひたすら「名」を説くが、古佚書は「刑（形）」と「名」とを対称する。〈刑名〉の説は黄帝の言から始まり詳細に發揮される。「刑名立たば、則ち黑白の分已む」という。〈刑名之説〉は新たな法家の主要論点。『老子』は「道」を説くが、「平衡」を説かない。『老子』「其の雄を知りて、其の雌を守る」「柔弱は剛強に勝つ」というが、『黃帝四經』には雌雄節がある。『老子』は「德」を説くが、「刑」を説かないが、『黃帝四經』は「刑」と「德」を対立させており、「刑德」は黄老の言の重要な発展だ。『韓非子』二柄に「二柄なる者は刑と德なり、殺戮之を刑と謂い、慶賞之を德と謂う」とある。兵家も常に「黃帝は刑德もて、以て百勝す可し」（『尉繚子』）を説く。『老子』は「无私」を説くが「公」「私」を対立させず。『黃帝四經』は「私を去り而して公を立つ」「唯公にして私なし」「公に精しくして私なく而して賞罰は信」「公なる者は明」「私なき者は智」などと説く。『老子』は「順逆」は説かず、『黃帝四經』は説く。『老子』は「不爭」を強調。『黃帝四經』は『詩』『書』を引用せず、仁義・禮樂に渉らず。その反儒は比較的徹底している。

要するに『黃帝四經』を漢代人は道家だとするが、実際上は法家である。この書は『老子』の思想方法を運用して法家思想を明らかにした。『老子』を凌駕したので〈黃老〉と称する。本書は古代法家思想の重要な著作である。

以上にみてきたように『黃帝四經』は、唐蘭氏の考察によれば法家の著作だという。確かにそういうことはいえるし、実際そうであるといっても間違いではない。

ただ次の事実にも考慮をしてはどうかと思う。すなわち、『管子』は『漢書』藝文志では道家の書として著録されるが、『隋書』經籍志では法家に分類されている。内容的には政治の典籍として法家の部類の方が適していると思われる。しかし心術・内業・白心などの諸篇は、明らかに道家的内容であって、これら諸篇を重視すれば道家に分類されても不思議ではない。また愼到なども、『韓非子』難勢篇では、法家思想の骨格である「法」「術」「勢」の「法」の専門家は商鞅であり、「術」に詳しいのは申不害で、「勢」の重視を説いたのは愼到だとされる。したがって『韓非子』によれば、愼到は法家思想家ということになる。しかし古代の道家思想史ともいえる『莊子』天下篇前半では、愼到は彭蒙・田駢と並べて道家思想家として扱われ「是の故に愼到は知を棄て己を去り、而して已むを得ざるに縁り、物に冷汰《えら》びて、以て道理と爲し、曰く、知るは知らざるなりと。將に知を薄んじて而る後に之を傷《やぶ》るに鄰《ちか》き者なり。」と記されている。

以上のような事実を考慮すると、『黃帝四經』を法家の著作とする説も首肯できる。いずれ改めてきちんと考察しなければならない。しかし当面、断片的ながら次にみえる幾らかの語句をみると、「法なる者は得失を引むるに繩を以てし、而して曲直を明らかにする者なり」（道法）「主兩なれば則ち□明を失い、男女威を掙《あらそ》えば、國に亂兵有り、此れを亡國と謂う」（六分）「王術を知る者は驅騁馳獵し而して禽荒せず、……」（六分）「春夏は德爲り、秋冬は刑と謂う」（觀）「德を先にし刑を後にし以て生を養う」（觀）「當に斷ずべきに斷ぜざれば、反って其の亂を受く」（觀・兵容）「國を治むるに固より前道有り、上は天時を知り、下は地利を知り、中は人事を知る」（前道）などからして、表面的には法家思想ともいえる。「法」の強調や「王術」さらに「刑・德」「先德後刑」「治國」などの諸語句をみると、とても道家とは、と首をかしげることであろう。ただこの中で觀・兵容にみえる同一の句は、『史記』では道家の言としている点は注意すべきかと思う。

以上のほかに考慮すべきことは、また「道生法。」（法の權威の源泉は道から生ずる。道法）として「法源」が「道」とされて自然法的に考えられていて、「法」は實定法とは考えられてはいないこと、及び「虛无刑（形）、其裻冥冥、萬物之所從生。」（道は実体がなく、無形で、その中枢は幽玄深遠なもので、万物が発生してくる源である。道法）などとある。また「天地无私、四時不息。天地立、聖人故載。」（自然界の天地はえこひいきをしないので、春夏秋冬の四季の推移は息むことがない。天地の秩序が定まれば、聖人はそれに倣って治める。國次）など、自然界の秩序を重視する点、稱篇冒頭の「道无始而有應。其未來也、无之、其已來、如之。」（道の存在の始まりはわからないが反応はある。道がまだ存在しない時は、無いのだし、道が既に存在するようになれば、現にある通りだ。稱篇）や、同じく道原篇冒頭の「恆无之初、迥同大虛。」(2)（永遠の非存在の最初は、大いなる虚と同一である。虚は一〔である道〕と同一で、永遠不変に一であり続ける。）などを考慮すると、『黃帝四經』は道家に分類されても不思議ではない。また先の『管子』や愼到の事例などを考えるとなおさらである。

これはまた『老子』との関連で考えるべき問題だと思う。古佚書の《德》《道》が、漢代のある時期から老聃或は老子の言葉とされるようになり、『老子』とされることと並行した現象と考えられる。古佚書の《德》《道》には〈老子〉という言葉はまったくみえない。にも拘らず『老子』と後に定著し〈老子言〉として漢初には通用するようになった。『莊子』には多くの老聃或は老子の言葉が記されている。しかしそれらを詳細に検討してみると、先に示したようにその大部分は『老子』とは異なるものであり（拙稿「『莊子』所見老聃考」『『老子』考索』所收、参照。）、しかも必ずしも政治や処世に有効なものとはいいがたい。したがって『莊子』所見の老聃或は老子の言葉は、竇太后などが愛好し読んだとされる〈老子言〉ではなく、『帛書老子乙本』の「德」「道」こそがそれに該当するといってよい。

このような事実を考えると、黃帝の場合、ほぼ先秦の典籍にみえる黃帝関連の記述は到底、竇太后たちが愛好し読んだ〈黃帝言〉とはいえないと思う。そのことは政治思想の側面からみても、とても現実政治の場で有効なはたらきをするとは考えられない。したがって竇太后たちの読んだ〈黃帝言〉は、『乙本卷前古佚書』の四篇（經法・十大〔六〕經・稱・道原）すなわち『黃帝四經』と推定されている典籍に他ならないと考えられる。

『史記』巻四九外戚世家によれば、黄帝や老子の典籍を読むことを、竇太后の周辺では強制されたに近い状態であったとされる。「黄帝老子の言を好む」「黄帝老子を讀む」というからには、読むべき典籍があったことになる。読むことが求められた老子や黄帝の言については、どのようなものであったかが問われよう。

〈老子言〉については、『莊子』にみえる老聃或は老子の言葉がそれに該当するかと思われるが、先に拙稿「『莊子』所見老聃考」で考察したところであるが、現存の『老子』と共通する箇所は、寓言篇と天下篇にしか見当らず、老聃の発言と所謂『老子』との相違が大きいことが明らかになっている。他の諸篇にみえる老聃或は老子の発言は、多少とも政治に役立つと思われる言葉は殆どない。『史記』にいう竇太后が好んだ〈老子言〉、「帝及太子諸竇」が読まざるを得なかった〈老子〉とはいかなるものを指していたのであろうか。

『淮南子』では帛書老子乙本《德》《道》は老聃の言葉とされている。『淮南子』の成立は武帝期より前、景帝期のことと考えられる。したがって『史記』に記述される頃には、一部ではこの乙本帛書《德》《道》は〈老子言〉と考えられていたといえよう。前漢末の記述に基づくとされる『漢書』藝文志には、

『老子』鄰氏經傳四篇
『老子』傅氏經説三十七篇
『老子』徐氏經説六篇

と、すでに〈經〉として扱われ、その伝ないし解説までできていたことが知られる。このような事実からすると、『史記』の書かれた武帝期には、帛書《德》《道》は『老子』として通用していたと推測される。そこには、哲学的な存在の問題に関する〈道〉についてや巧妙な政治手法についての言及や理想的な処世の指針など、さまざまな問題が語られていて、確かに為政者にとっては勿論、一般人にとっても極めて有効な典籍であることは間違いない。しかも『莊子』德充符・在

宥・天地・天道等々の諸篇にみえる老耼及び老子の言葉は、下に示す幾つかの諸例に明らかなように、当時の支配者たちの政治思想となりえたか、甚だ疑問である。

それらの老耼の言葉は、いずれも『老子』にはみえないものであり、殆ど政治には無縁なものばかりであり、最高支配者層にとって必読すべき〈老耼之言〉といえるであろうか。そうは思われない。

とにかく前漢末期までには、その詳細は必ずしも明らかではないが、大規模な国家的事業として書物の整理が行われたという事実は確かである。現在では僅かに残存する例えば『荀子』の別録などに、その実態の一部が窺われるに過ぎない。しかしその整理によって書名の変更乃至は書名の付加がなされたと思われる。『老子』の場合でいえば、前漢文帝ころは、『徳』『道』であったものが、前漢末期ころには合体して『老子』という書名になっているという事実は、十分考慮すべきことと考えられる。その意味で、四篇に分かれていた乙本古佚書が、合体されて一冊の書物となり『黄帝四經』という書名がつけられたと考えることは十分ありうることである。

これまで述べてきたことから、漢初に支配者層に流行した〈黄老〉思想の実態はほぼ明らかになったと思う。『老子』という名称の典籍は漢初文帝期までは存在しなかった。帛書《徳》《道》がいかなる理由で、正確にいかなる時期から『老子』となったかについての解明は、今後の討究に待たざるをえない。〈黄帝言〉については、『黄帝四經』がそれに相当するとする唐蘭氏の説が、最も説得性があるように思われる。ただ法家思想の典籍だと断定するには、上述の『管子』や愼到の事例などから多少躊躇される。さらに『黄帝四經』が何ゆえ後代まで伝承されなかったかについても、やはり今後の究明が待たれる。『隋書』経籍志の書目にはすでに記載されていない。

終りに、後漢の王充の『論衡』には、「老荘」[3]はみえないが、「道家」「黄老」「黄老之家」などの語がみえる。木村英一氏の指摘（「附録　黄老から老荘及び道教へ」『老子の新研究』所収、創文社、一九七一年）によれば、『後漢書』の裏楷の上疏に「又た聞く宮中に黄老・浮屠之祠を立つ」（巻三〇下、襄楷傳）とあり、楚王英については「英は少き時游俠を好み、賓客と交通し、晩節に更に黄老を喜び、浮屠の齋戒祭祀を學び爲む。」（巻四二、光武四王列傳）とあることを附言しておく。

（1）　次の記述は國家文物局古文獻研究室編『馬王堆漢墓帛書〔壹〕』文物出版社、一九八〇年による。ただ、十大〔六〕經篇については、李學勤氏の説に従い、本書訳文・原文・書き下し文では改めてある。拙著『『老子』考索』汲古書院、二〇〇五年、を参照されたい。

（2）「恆无之初」は上海楚簡では、「亙先」篇が出土し、書写では「先」と「无」は近似しているので、解読で区別しがたく、馬承源主編上海博物館蔵『戰國楚竹書（三）』上海古籍出版社、二〇〇三年、の「亙先」の解説では、ここの帛書道原篇の句を「恆先」と解読している。

（3）　漢代での「老莊」の語の初出は、津田左右吉氏の指摘するように、『淮南子』要略篇にみえるものである。（「道家の思想とその展開」五五頁、『津田左右吉全集』第十三巻、所收、岩波書店、一九六四年）

目次

〈篇〉第二『經』……………………………………………一二五

黄帝四經

馬王堆漢墓帛書老子乙本卷前古佚書

〈篇〉第一『經法[1]』

第一章　道　法②

〔現代語訳 1〕

法の権威の源泉は道から生ずる。法というのは、基準を当てはめて得失すなわち是非を決め、曲直を明確にするものである。そこで道を掌握した人物は、法を創ったらむやみにそれを破るようなことはしないし、法が一旦確立したらむやみに廃止するようなことはしない。……みずから基準によって決定して、はじめて天下を正しく認識して惑うことがない。道は実体がなく無形で、その中枢は幽玄深遠なもので、万物が発生してくる源である。生きていく際に害になるものは、貪欲であり、満足することを知らないことである。生きていれば必然的に活動する。活動する際に害になるものは、時宜に適合しないことであり、時宜に適合しているが……である。活動すれば事柄が起こり、事柄が起こった際に害になるのは、逆らうことであり、事柄の目的を知らないことを弁えないことである。事柄が起れば必然的に人と対話するが、対話に際して害になるのは、約束を守らないことであり、他人をはばかることを弁えないことであり、自らを欺くことであり、空威張りして不足しているのに有り余っているとすることである。

道生法。法者、引得失以繩、而明曲直者殹（也）。故執道者、生法而弗敢犯殹（也）、法立而弗敢廢【也】。□能自引《さだ》以繩、然后見知天下而不惑矣。虛无刑（形）、其裻冥冥、萬物之所從生。生有害、曰欲、曰不知足。生必動、動有害、曰不時、曰時而□。動有事、事有害、曰逆、曰不稱、不知所爲用。事必有言、言有害、曰不信、曰不知畏人、曰自誣、曰虛夸、以不足爲有餘。

道は法を生ず。[3] 法とは、得失に引くに繩を以てして、曲直を明らかにする者なり。[4] 故に道を執る者は、[5] 法を生じて敢えて犯さず、法立ちて敢えて廢せざるなり。[6] [7] □能く自ら引《さだ》むるに繩を以てし、然《しか》る后《のち》に天下を見知して惑わず。[8] 虛にして形（刑）无く、[9] 其の裻《せき》は冥冥《めいめい》たるは、[10] 萬物の從《よ》りて生ずる所。生くるに害有るは、欲と曰い、足るを知らずと[11] 曰う。生くれば必ず動き、動きて害有るは、時ならずと曰い、時にして□[12]と曰う。動きては事有り、[13] 事に害有るは、逆らうと曰い、用を爲す所を知らざるを稱《はか》らず[14]と曰う。事には必ず言有り、言に害有るは、信ならずと曰い、人を畏るるを知らずと曰い、自ら誣《いつわ》る[15]と曰い、虛《むな》しく夸《ほこ》り、不足を以て餘り有ると爲すと曰うなり。

（1）　經法――『老子』乙本卷前第一番目の佚書。經は、常、永恒である。法は、法則。この書は主に刑名の説を講じ、法治を強調し、農戰を提唱し、統一を主張し、鮮明に法家思想を反映する。以上は『經法』本注。本篇はすべてで九小章に分かれ、四種の古佚書の総綱である。これはおもに「道は法を生ず」の原理を論述する。国家を治めるにはいかなる施政をなしたなら国家を安定強固にできるか。政策を制定するのになぜ天地を模範にし民心に符合しなければならないか。どのように君臣の道を把握するか、併せて第一に名に循って実を責める理論で臣下を統御することを提案した。歴史的経験を総括することから出発し、国家が危険になり滅亡する教訓を論述し、最後に「道」の本質と効用で全篇を概括していて、続く三篇の古佚書と呼応している。以上は余氏の提要。

（2）道法――章名。句首に「道は法を生ず」とあるので、「道法」と名づけた。本章は、道と法の治国に対する重要な意義を認識し把握することを論述する。以上は『經法』本注。『道法』は『經法』篇の総論で、第一に「道は法を生ず」の理論を提出し、国家を治めるには法制によらなければならないことを論述し、黄老思想が老子の学と異なる顕著な特徴をはっきりと示している。文中で「法とは、得失に引くに縄を以てして曲直を明らかにする者なり。云々」とあるのは、「刑名立たば、則ち黒白の分已《さだ》まる」の理論的根拠で、名に循って実を責める理論はここから確立した。以上は余氏の提要。

　いずれにしてもこの章は、道と法との基本的な関係を論述している。ただ究極の法源を人でなく、道という人の作為以前に置いていることから、この篇の法思想は自然法思想だということができる。従って実定法を基本とする法家思想とは異なる。

（3）道生法――底本注、『管子』心術上「故に事は法に督《すべ》られ、法は権より出で、権は道より出ず」、法法「憲律制度は必ず道に法《のっ》とる。……明王上に在れば、道法は國に行わる」をあげる。『經法』本注、道は、宇宙万物の法則を指し、法は、法律、制度を指すとし、『韓非子』解老「道なる者は、萬物の然りとする所なり、萬理の稽る所なり」をあげる。陳氏は、『鶡冠子』兵政「賢は聖を生じ、聖は道を生じ、道は法を生ず」や「道法」の語が『荀子』致士にみえると指摘する。

（4）引得失……直者殹（也）――底本注、『荀子』正名「正道を以てして姦を辨ずるは、猶お縄を引きて以て曲直を持《さだ》むるがごとし」をあげる。縄は、縄墨で、木工の曲直を正す工具。この句のいう意味は、法は、縄墨で曲直を区分するのと同様に、事柄の成敗得失を決定するということ。以上は『經法』本注。陳氏は、『左氏傳』昭公元年「其の封彊《きょうかい》を引《ただ》す」の杜預注「引は、正なり」、『春秋繁露』深察名號「曲直を審かにせんと欲すれば縄を引くに如《およ》ぶ莫し」をあげる。縄は、絹や麻で編んだ紐。草で編んだ紐は索。大工が直線を引くための道具として墨縄がある。「引」字は、旧本は「佐」と釈

文する。原本の写真版では、半分欠如するが、後文の「能く自ら引くに」の「引」字は「ψ」となっている。「佐」と解するには「工」字が不足。「引」と解するには「|」が不明確なようだ。「縄」と「引」との関連が深いことから「引」と解釈するのが妥当であろう。

(5) 執道者——『經法』本注、執は、掌握で、執道者は、広く「聖人」を指し、いわゆる「有道の名君」に他ならない。「有道者」という言葉は見かけるが、「執道者」の語は乙本『古佚書』に特徴的である。

(6) 弗敢廢【也】——底本注、『管子』法法「聖人は能く法を生じ、法を廢して國を治むる能わず」をあげる。底本は、欠字を「也」字としているが、原本の写真版では不明。

(7) □——陳氏は、欠字を、末尾下文の「故に能く至素至精……然る后に以て天下の正と爲る可し」と句法が同じなので、「故」と推定する。

(8) 見知天下而不惑矣——『經法』本注、見知は、認識する。後文に「見知するの道は、唯虚无有なり」とあるのと関係するか。見知は、見ると知るを合体させていることから、見や知から一歩進んで見通すといった意味か。

(9) 虛无刑(形)——実体がなく形をなしていない。底本注、『管子』心術上「虛無無形、之を道と謂う」をあげ、『文選』李善注の引用する『管子』では「虛無形之を道と謂う」とあり、今本『管子』は「無」が一字余計だとする。『經法』本注、虛无形は、道を指す。余氏によれば、李善注の『管子』引用は嵇康の「雜詩」注、晋武帝の華林園集詩の「應吉甫」注である。

(10) 其裻冥冥——裻は、衣背の中縫で、ここでは中枢の意味。一説では裻は、寂と読むべきだとする。冥冥は、幽深の意味。以上は底本注。『經法』本注、『管子』内業「凡そ道は无根无莖、无葉无榮、萬物以て生じ、萬物以て成る、之に命《な》づけて道と曰う」をあげる。余氏は、冥冥は、幽深とか昏暗のさまで、道の虚寂無形の表現とする。陳氏は、裻は、様々な解釈があるが、道の本体を形容しているとし、冥冥については、『道』「道の物爲る、……窈たり冥たり」(現『老子』二一）を承けた『管子』内業「冥冥乎として其の形を見ず、……萬物以て成る、之に命づけて道と曰う」をあげる。

(11)　不知足――底本注、『徳』「禍は足るを知らざるより大なるは莫し」(現『老子』四六)をあげる。

(12)　時而□――陳氏は、欠字を、『經』五正「義に反き時に逆らう」、本篇・四度「動静時ならざる逆と曰う」や韻の関係から、「倍」と推定する。余氏は、動を生産活動と解釈する。勿論そういう解釈がふさわしい場合もある。ただ『荀子』天論に「養備わりて動時なれば、天も疾ま使むる能わず」とあり、動は、運動のことと解される例もある。

(13)　動有事――余氏は、動を生産活動への従事、事をそれに伴う各種の具体的な事務と解する。陳氏は、妄動すれば妄りに事件を起こすと解する。この文章だけからでは明確なイメージはわからない。

(14)　不稱――『經法』本注、不称は、平衡がとれていないの意。稱は、稲や穂を手で持ち上げて目方を計ることが原義といわれる。本章第三段に「稱《はか》るに權衡を以てし」、「輕重稱《かな》わず」などの用例があり、ここの場合、どちらにも読める。底本の釈文は「不稱」で句読を切り、下の句を独立させている。下文の場合も底本の釈文は「虛夸」で句読を切る。ただ下文の場合は、下の句と続ける方が意味がよく通る。ここは「不稱」と「不知」の間に「而」でもあれば自然につながるが、続けて読むとすれば、「知らないことを稱らない(考量しない)」の意味にとるのがよいかと思う。下の「虛夸」以下の句の場合は、続けて読んでも不自然ではない。

(15)　自誣――自己欺騙。誣は、実行を伴わない虚言。底本注、『大戴禮記』曾子立事「行う能わずして之を言うは、誣なり」、『經』行守「一言有りて、一行旡き、之を誣と謂う」をあげる。

〔**現代語訳 2**〕

そこで同じく幽玄深遠なものすなわち道から生成するが、あるものは死に、あるものは生き、あるものは失敗し、あるものは成功する。禍いと幸福は同じく道から発生するのだが、それらの由来する源はわからない。正しく認識する方法は、ひたすら心を虚しくし先入観をもたないことである。心を虚しくして先入観をもたなければ、どれほど微細なものが形成されても、必ず実体と名称があるのだから、実体と名称がはっきりすれば、黒白の区別は明白になる。そこで道を把握した者が天下を観察するばあい、執着しないし、特定の立場に立たないし、作為的なことをしないし、片寄ることをしない。このようなわけで天下に事件が起これば、必ず実体と名称、名声と爵位など法令制度を整えることによって解決する。実体と名称がはっきりし、名声と爵位が確定したならば、過去の行為の責任から逃れ目的を隠すことはできないであろう。

故同出冥冥、或以死、或以生、或以敗、或以成。禍福同道、莫知其所從生。見知之道、唯虛无有。虛无有、秋稿（毫）成之、必有刑（形）名。刑（形）名立、則黑白之分已。故執道者之觀於天下殹（也）、无執殹（也）、无處也、无爲殹（也）、无私殹（也）。是故天下有事、无

故に同じく冥冥に出ずるも、或いは死に、或いは生き、或いは敗れ、或いは成る。[16] 禍福は道を同じくし、[17] 其の從りて生ずる所を知る莫し。[18] 見知するの道は、[19] 唯《ただ》虛にして有る無きのみ。虛にして有る无ければ、秋毫（稿）も之を成し、[20] 必ず形（刑）と名有り。[21] 形（刑）と名と立《さだ》まれば、則ち黑と白の分《くべつ》已《さだ》まる。[22] 故に道を執る者の天下を觀るや、執ること无く、處ること无く、爲すこと无く、[23] 私すること无し。是の故に天下に事有れば、形（刑）名聲號を自ら爲《おさ》めざるは无し。[24] 形（刑）

不自爲刑（形）名聲號矣。刑（形）名已立、聲號已建、則无所逃迹匿正矣。

――名已《すで》に立《さだ》まり、聲號已に建たば、則ち迹を逃れ正《もくてき》を匿《かく》す所无し。(25)

（16）同出冥……或以成――底本注は、『韓非子』解老「道とは、萬物の成る所以なり。其の物は冥冥……萬物之を得て以て死し、之を得て以て生じ、萬事之を得て以て破れ、之を得て以て成る」、『管子』内業「道なる者は……人の失いて以て死する所、得て以て生ずる所なり。事の失いて以て敗るる所、得て以て成る所なり」をあげる。冥冥は、本章の注（10）を参照。

（17）禍福同道――この句は、上文の「同じく冥冥に出ず」に他ならない。「冥冥」は「道」を指していう。この句の意味は、宇宙の万物は同じく道から出てくるが、人事の生死成敗はそれぞれ同じでない、人々はその原因がわからないということ。また次の注（18）に引く『淮南子』人閒を引用。以上は『經法』本注。多くは「同じく道から出てくる」と訳す。しかしすぐ続いて「其の從りて生ずる所を知る莫し」の文があることを考慮すべきであろう。「同門」であれば、「同じ門から出てくる」と明白に訳せるが、ここは起こる道筋は同じの意味ともとれる。高橋庸一郎氏は「起こる道筋は同じ」の意味に解している（「馬王堆帛書《老子》乙本卷前古佚書《經法》釈文注解（一）」『甲南國文』三一所収、一九八四年）。「同道」の用例は、ほかに本篇・四度「逆順は道を同じくして理を異にす」、『經』觀「聖人は……天と道を同じくす」とみえるが、用法は異なるようだ。Y氏は「同一の道を分かち合う」と訳す。

（18）莫知其所從生――底本注、『淮南子』人閒「夫れ禍の來たるや、人自ら之を生じ、福の來たるや、人自ら之を成す。禍と福とは門を同じくし、利と害とは鄰を爲す、神聖の人に非ざれば之を能く分つ莫し」をあげる。後文に「反りて之を无形に索むれば、故より禍福の從りて生ずる所を知る」とあるのと関係があろう。

(19) 見知之道――陳氏は、「之が道を見知するは」と読み、見知は認識、之は此で、上の死生成敗禍福だという。本篇・名理にも「神明なる者は、見知の稽なり。物有り始□、地に建ちて天に溢るるも、其の形を見る莫く、大いに天地の間に盈終して其の名を知る莫し。能く見知する莫し、故に逆成有り、……」とあり、「見知の稽」は、「神明」と密着して説かれ、またここでは見と知は、形と名に関連して使われていることに注意。

(20) 秋稿(毫)成之――秋毫は、禽獣は秋に生える羽毛が細いことから、極めて微細なものの比喩。微細な事物が出現すれば、必ず形や名があるということ。「秋毫成之」は、「秋毫之成」の誤りではなかろうか。以上は『經法』本注。余氏は、『孟子』梁恵王上「秋豪の末」の朱子注「毛は秋に至りて末鋭し」をあげる。秋毫については、『莊子』にも齊物論「天下に秋豪(毫に同じ)の末より大なるは莫くして、大山を小と爲す」、秋水「此れ其れ萬物に比ぶるや、豪末の馬體に在るに似ずや」などとみえる。

(21) 必有刑(形)名――底本注、『管子』心術上「物には固より形有り、形には固より名あり」と意味が近い。元来は形体ないし実体と名称。

(22) 刑(形)名立……之分已――形は、客観的事物の形体、状態。名は、事物の名称、概念。『尹文子』大道上「名は以て形を検し、形は以て名を定め、名は以て事を定め、事は以て名を検し、其の然る所以を察すれば、則ち形名の事物に與《お》けるや、其の理を隠す所无し」をあげ、名称と事実とが符合するか否かを考察して是非を判断する、そこで「形名立てば、則ち黒と白の分已《さだ》まる」という。刑名は、つまり名実で、名と実との関係に他ならない。申不害、韓非たちは刑名を主張し「名に循いて實を責める」賞罰の明快な法家路線を推進した、そこで常に「法術」と連称し、まとめて「刑名法術」といった。刑名の説は、この書の中にしばしばみえる。以上は『經法』本注。余氏は、『尹文子』大道上「名とは、形に名づくる者なり。形とは、名に應ずる者なり。……故に形名は、正さざる可からざるなり」とあり、ここの名は、法令、名分、言論などを指すとし、名称に従って実績を追求し、是非黒白を明白にする意味だとして、『韓非子』二柄「人主、将に奸を禁ぜんと欲すれば、則ち刑名を審合す。刑名とは、言と事なり」をあげる。陳氏は、本篇・名理「是非に分有り、法を以て之を斷ず」をあげ、刑名法術の学を開く先駆だと指摘し、『廣雅』釋詁「已は、成なり」、『國語』周語の韋昭注「成は、定まるなり」をあげる。已は確定の意味。

（23）无執毆（也）……无爲毆（也）——執する无しは、おのれの意見に固執しない。處る无しは、先に入ったものを主としない。無為の意味は、君主はただ名と法を掌握するだけで、決して具体的な事を管理しない、具体的なことは、関係する官吏が処理する。『韓非子』解老「无爲无思にして虛爲るを貴ぶ所以の者は、其の意、制する所无きを謂うなり」は、無為の目的は思慮が牽制されないことに在ることを指摘する。無私の私の字は、『韓非子』揚權にいう「人主は法を釋て私を用う」の私の字で、私意で是非曲直を判断することを指す。以上は『經法』本注。余氏は、『愼子』雜民「君臣の道は、臣は事を事として君は事とする無し、……臣は智力を盡くして以て其の事を善くして、君は爲す無し、……」、『韓非子』解老「人君は爲す無し、臣下は爲さざる無し」をあげる。『莊子』在宥にも「爲す無くして尊きは、天道なり、爲す有りて累わしきは、人道なり。主は天道なり、臣は人道なり」とみえる。

（24）刑（形）名聲號——『韓非子』主道「言有る者は自ら名を爲し、事有る者は自ら形を爲し、形名參同すれば、君乃ち事とする无し、之を其の情に歸す」、揚權「故に聖人は一を執りて以て靜かにして、名をして自ら命づけ使め、事をして自ら定め令め、……因りて之に任せ、自ら之を事とせ使め、因りて之に予え、彼將に之を擧げんとすれば、正に與に之と處り、皆な自ら之を定め使む」の二箇所の話は、本句の解釈とできる。韓非の考えは、天下に問題が起これば、関係の官吏に意見を述べさせ、職務を授け（言有る者は自ら名を為す）、事柄の処理の責任をとらせ（事有る者は自ら形を為す）、はじめて効果があがったか否かを点検する（形名参同）。「天下に事有れば、形名聲號を自ずから爲めざるは无し」とは、これを指していうに他ならない。声は、名声。号は、称号。以上は『經法』本注。陳氏は、声号は、名声称号で、称号とは、爵号や名位をいうとし、『國語』楚語韋昭注「號は、名位也」、『漢書』巻五七司馬相如傳・顔師古注「號は、爵號を謂う」をあげる。実体と名称、名声と爵位。Y氏は、形と名、名声とそれに見合う資格、名声と爵位は備わり、と訳す。

(25) 无所逃迹匿正矣——迹は、過去の行為、正は、弓矢の的の中心で、目標の意。過去の高位の責任を逃れ目的を隠すことはできないであろうの意。『禮記』中庸に「射は君子に似ることあり、諸を正鵠に失すれば、……」とある。底本注は、『申子』大體「名とは天地の綱、聖人の符。天地の綱を張り、聖人の符を用うれば、則ち萬物の情は之を逃るる所無し」(『羣書治要』三十六の引用)をあげる。无所は、无処。逃迹は、踪迹を逃避する。正を匿すは、目標を隠す。この句は上文を承け、事柄はすべて人が処理し、君主はただ処理した効果を点検するだけで、このためすべては君主の手中に在り、そこで「則ち迹を逃れ正《もくてき》を匿《かく》す所无し」というのである。以上は『經法』本注。余氏、陳氏は上引文は本文と意味が符合するという。Y氏は、そうすればどこにも、跡を隠蔽したり、真の目的を隠せはしないと訳す。

〔現代語訳 3〕

公平な者はよく見通し、最もよく見通せる者は功績があがる。最も公正な者は静かであり、最も静かな者は聖すなわち聡明である。片寄ることのない者は知恵があり、最も知恵がすぐれた者は天下の模範となる。棒秤のような測量器で量り、天当すなわち自然法則にかなった基準を参考にすれば、天下に問題が発生しても、必ず考察し験証される。問題は植林のごとく複雑で、倉の穀物のごとく繁多であっても、升量りや物差しのような基準が整っていれば、その神妙な働きをも捉えられる。そこで度量衡のような制度基準が整えば、国は治め整えることができる、というのである。断絶した国が再び存続し、滅亡した国が再び回復するのは、誰にもその神妙な働きはわからない。死んだものが生き返り、災禍を幸福に変えるのは、誰もその究極のところはわからない。むしろ無形の道にそれを求めたならば、もとより災禍や幸福の由来する源はわかる。変化に対応する方法は、秤を公平にすれば充分である。事の軽重の釣り合いがとれていないのは、失道すなわち基準に外れたことなのである。

公者明、至明者有功。至正者靜、至靜者耶（聖）。无私者知（智）、至知（智）者爲天下稽。稱以權衡、參以天當、天下有事、必有巧驗。事如直木、多如倉粟。斗石已具、尺寸已陳、則无所逃其神。故曰、度量已具、則治而制之矣。絶而復屬、亡而復存、孰知其神。死而復生、以禍爲福、孰知其極。反索之无刑（形）、故知禍福之所從生。應化之道、平衡而止。輕重不稱、是胃（謂）失道。

公なる者は明(26)、至明なる者は功有り。至正なる者は靜か、至靜なる者は聖（耶）(27)。无私なる者は智（知）、至智（知）なる者は天下の稽《てほん》と爲る(28)。稱《はか》るに權衡を以てし(29)、參《まじ》うるに天當を以てすれば(30)、天下に事有るも、必ず巧驗有り(31)。事は直《うえ》たる木(32)の如く、多きこと倉粟の如きも、斗石(33)已に具わり、尺寸已に陳《し》かるれば、則ち其の神を逃す所无し(34)。故に曰く、度量已に具われば、則ち治めて之を制すと(35)。絶えて復た屬《つづ》き、亡《ほろ》びて復た存するは、孰《たれ》か其の神を知らん。死して復た生き、禍を以て福と爲すは、孰か其の極みを知らん。反りて之を无形（刑）に索《もと》むれば、故《もと》より禍福の從りて生ずる所を知る。化に應ずるの道は(36)、衡を平かにして止む。輕重稱《かな》わざる(37)、是れ道を失うと謂（胃）う。

(26) 公者明——余氏は、下文と統一して「公」の上に「至」字があるべきだという。「无私」と対応すると考えれば、原文のままでよい。また『荀子』不苟に「公は明を生じ、偏《かたより》は闇を生じ、端愨《きまじめ》は通を生じ、詐僞は塞《そく》を生じ、誠信は神を生じ、夸誕《ほらふき》は惑いを生ず。この六生は、君子は之を愼みて、禹桀の分るる所なり」とみえ、公と明の関係がここと同じである。

(27) 至靜者聖（耶）——聖は、藤堂明保氏は、『説文』に「通ずるなり。耳＋呈の聲」とあるとし、おそらく聽（耳がよく通る）と同系のコトバであろう、という（『漢字語源辞典』四六六頁、學燈社、一九六四年）。

(28) 至知（智）者爲天下稽——稽は、標準、規範の意味。本篇・六分に「周遷動作は、天、之が稽を爲す。……天の稽なり。……地の稽なり。……人の稽なり。」などのほか、本篇・論「度の稽」「數の稽」「信の稽」、名理「見知の稽」の例がみえる。

(29) 稱以權衡——明確な基準で判定する。底本注、『韓非子』有度「得失を審かにし權衡の稱有る者は、以て遠事を聽けば、則ち主は欺くに天下の輕重を以てす可からず」をあげる（「失」については、異論もあるがいま陳奇猷の説に従う）。『經法』本注、權衡は軽重を量るもの、ここでは法度で是非を定めることを比喩した。余氏は、權は、秤の錘、衡は、秤の杆だといい、『淮南子』泰族「輕重を知らんと欲して以《よ》る无し、之に權衡を予うれば、則ち喜ぶ」をあげる。

(30) 天當——底本注、この語は本篇・國次、四度などにもみえるとし、四度「外内皆な順なるは、命づけて天當と曰う」をあげる。四度のここの引用の前には「内外皆な逆なるは、是れ重殃と謂い、身は危うく戮と爲り、國は危うく破亡す。」とある。逆については、四度の冒頭に「君臣、位を易える之を逆と謂い、賢不肖並び立つ之を亂と謂い、動靜時ならざる之を逆と謂い、……逆なれば則ち本を失い、亂なれば則ち職を失い、逆なれば則ち天を失い、……」とあって、逆の定義はあるが、順の定義はみえない。逆の反対と考えればよいか。天道すなわち自然法則に符合するの意味とされるが、具体的には明らかではない。

(31) 巧驗——巧は考と同じ、考え核《しら》べる、驗は、法令制度が驗証を得ること。『鶡冠子』學問「内に巧驗無し」をあげる。以上は陳氏注。

（32）直木――直は植の意味で、植木は数量多いことの喩え。『淮南子』兵略「兵は植えたる木の如く、弩《ゆみ》は羊角《ひつじのつの》の如し、人は羣《むらがり》多《おお》しと雖も、勢い敢えて格《いた》ること莫し」をあげる。以上は底本注。直は動詞として使われる。『左氏傳』襄公七年「曲を正すを直と爲す」とあり、曲がった木をまっすぐにする意味。下文「尺寸已に陳かるれば」は、まさしく尺寸で木材の曲直をはかることをいう。以上は『經法』本注。

（33）斗石已具尺寸已陳――斗は容量の単位で、十升、また十升の容量の升。石は、容量の単位で、十斗。尺寸は長さの単位で、十寸は一尺、また長さを計る道具。いずれも基準がしっかり定まっていればの喩え。底本注、『鶡冠子』王鈇「天の度は之を數えて行《めぐ》り、一に在りて少なからず、萬に在りて衆《おお》からず。同じきこと林木の如く、積むこと倉粟の如きも、斗石以（已《すで》）に陳かるれば、升は委《つぶさ》に失う無きなり」をあげる。

（34）无所逃其神――神は、変化の測り知れないこと。それをもしっかり捉えるの意。余氏は、『易』繋辭上「陰陽測られざる、之れ神と謂う」の韓康伯注「神なる者は、變化の妙、萬物を極めて言を爲す、形を以て詰《きわ》む可からざる者なり」をあげる。

（35）度量已……制之矣――度量は、物差しと升で、基準の喩え。底本注、『韓非子』揚權「下は其の私を匿《かく》し、用て其の上を試む。上は度量を操《あやつ》り、以て其の下を割《わか》つ。故に度量の立《さだ》まるは、主の寶なり」をあげる。『經法』本注、治は、監督する、制は、牽制すること。

（36）應化之道――変化に対応する方法、原則。底本注、『淮南子』主術「物至りて其の象を觀、事來たりて其の化《へんか》に應ず」をあげる。

（37）輕重不稱――陳氏は、『荀子』富國「禮なる者は、貴賤に等有り、長幼に差有り、貧富輕重に皆な稱有る者なり」をあげる。

〔現代語訳４〕

自然界の天地には恒久不変の法則があり、すべての民衆には恒久不変の仕事があり、貴賤の決定には恒久不変の位置づけがあり、臣下を養い集めるには恒久不変の原則があり、民衆を使役するには恒久不変の基準がある。自然界の天地の恒久不変の法則とは、春夏秋冬の四季の変化、昼夜の交替、草木の春夏の生長や秋冬の枯死、柔軟と剛硬の推移である。すべての民衆の恒久不変の仕事とは、男は耕作し女は機織りすることである。貴賤の決定の恒久不変の位置づけとは、有能な人物は高貴な地位に無能な人物は卑賤な地位につかせて、互いに妨げないことである。臣下を養い集める恒久不変の原則とは、その能力にもとづいて任用し、その能力の長所を誤らないことである。民衆を使役する恒久不変の基準とは、個人的利益を図らず国家的利益を優先することである。もしも恒久不変のしきたりの改変や基準を超過したばあいには、変則的な方法で対処する。正攻法と変則的対処法とそれぞれの活用の場がきまっていれば、名称……分離しない。

天地有恆常、萬民有恆事、貴賤有恆立(位)、畜臣有恆道、使民有恆度。天地之恆常、四時・晦明・生殺・輮(柔)剛。萬民之恆事、男農、女工。貴賤之恆立(位)、賢不宵(肖)不相放(妨)。畜臣之恆道、任能毋過其所長。使民之恆度、

天地に恆の常《ほうそく》有り(38)、萬民に恆の事有り、貴賤に恆の位(立)有り、臣を畜《やしな》うに恆の道有り、民を使うに恆の度《きじゅん》有り。天地の恆の常《ほうそく》は、四時・晦明《かいめい》・生殺・柔(輮)剛(39)。萬民の恆事は、男は農、女は工(40)。貴賤の恆の位(立)は、賢と不肖(宵)と相い妨(放)げず(41)。臣を畜う(42)、の恆の道は能に任せて其の長《すぐ》るる所を過《あやま》つこと毋《な》し。民を使うの恆の度は、私を去りて公を立つ(43)。恆を變え度を過ぐれば、奇を以て相い

去私而立公。變恆過度、以奇相御。正・奇有立（位）、而名□弗去。――御す[44]。正と奇[45]に位（立）有れば、而《すなわ》ち名□[46]は去《はな》れず。

(38) 恆常――『經法』本注、恒は、一定の、不変のの意、常は、法則のこと。恒は恒久、常は不変、法則の意味。『道』「道の道《い》う可きは、常の道に非ず、名の名とす可きは、常の名に非ず」（現『老子』一）がある。

(39) 四時晦明生殺輮（柔）剛――余氏は、『春秋繁露』王道通三「春は生を主《つかさ》どり、夏は長を主どり、秋は收を主どり、冬は藏を主どり、生は其の樂を溉ぎて以て養い、死は其の哀を溉ぎて以て藏す」や『易』繫辭上「剛柔相い摩して、八卦相い蕩《うご》く」の孔穎達疏「陽は剛にして陰は柔、故に剛柔共に相い摩し、更遞變化するなり」をあげる。陳氏は、『莊子』則陽「四時相い代り、相い生じ相い殺す」をあげる。

(40) 男農女工――『經法』本注、『漢書』酈食其傳「農夫は耒を釋て、紅女は機を下る」の顔師古注に「紅は、讀みて工と爲す」とあり、男農女工は、すなわち男は農耕、女は機織りを指す。『易』繫辭傳上の孔穎達疏に「女工は、即ち女紅、女織なり」とある。

(41) 賢不宵（肖）不相放（妨）――『經法』本注、賢は、才能ある人、不肖は、役立たずの人で、放は、并の字に読み、等しく同じのこと。余氏は、原文のまま「放」すなわち「并」の代替字でも「並立しない」の意で、意味が通るという。

(42) 畜臣――底本注、畜は、養育のこと。

(43) 去私而立公――私は、私門、公は、公室。底本注、『鶡冠子』度萬「法とは私を去り公に就か使む」、『韓非子』有度「故に當今の時、能く私曲を去り公法に就く者は、民安くして國治まり、能く私行を去り公法を行う者は、則ち兵強くして敵弱し」をあげる。余氏は、ほかに『鶡冠子』道端「私を廢し公を立つ」、『韓非子』五蠹「自環する者は之を私と謂い、私に背く之を公と謂う」、『管子』正「私を廃し公を立て、能く人を擧ぐるか」をあげる。

(44) 以奇相御――奇は、特殊、変則的なこと。御は、制御する。底本注、『鶡冠子』天則「閒を見れば則ち奇を以て相い御す」をあげる。

(45) 正奇――正と奇は相い対する。正は、一般、正常なことを指し。奇は特殊、変則的なことを指す。『德』「正を以て國を治め、奇を以て兵を用う」（現『老子』五七）、「正は復た奇と爲る」（現『老子』五八）をあげる。以上は底本注。陳氏は、『稱』「奇は奇に従い、正は正に従う、奇と正は、恆に廷を同じくせず」をあげる。

(46) □――陳氏は、欠字を「形」と推定する。すぐ上の正・奇は対応する言葉であり、本章第二段に「形名已立」の句もあるので、欠字は「名」に対応する「形」が考えられる。この句は「名称と実質は分離しない」の意味か。

〔現代語訳 5〕

そもそも事柄の大小に関係なく、事物は自然に居場所がきまっている。逆らっているか順応しているか死んでいるか生きているかで、事物は自然に名称がきまる。名称と実体が確定してしまえば、事物は自然に正しく整う。そこで道を把握した者のみが、先ず自然界の終始反復する法則を明察し、次いで君臣間の区別を弁え、終りに万物の終始反復する原因を詳しく洞察し、主宰者顔をして出しゃばらないことができる。そこで極めて素朴精微で、形をとらないものまで広く考察ができて、はじめて天下の統率者となることができる。

《道と法の関係》

凡事無小大、物自爲舍。逆順死生、物自爲名。名刑（形）已定、物自爲正。故唯

――凡そ事は大小と無く、物自ずから舍を爲す。(47) 逆順死生は、物自ずから名を爲す。(48) 名と形（刑）は已《すで》に定まれば、物自ずから正を爲す。(49) 故に

執【道】者能上明於天之反、而中達君臣之半、富密察於萬物之所終始、而弗爲主。故能至素至精、悎（浩）彌无刑（形）、然后可以爲天下之正。《道法》

唯《ただ》【道】を執る者のみ能く上は天の反に明るくして、(50)中は君臣の半《くべつ》に達し、(51)富は萬物の終始する所を密察して、(52)主と爲らず。故に能く至って素至って精、(53)浩《ひろ》きこと無形に彌《わた》り、(54)然る后に以て天下の正《かしら》と爲る。(55)

《道と法》

(47) 舎——底本注、事物が占拠する空間のこと。

(48) 逆順死生物自爲名——『經法』本注、逆順死生は、事物の性質により決定され、性質にもとづいて事物の名称と概念が確定する。

(49) 名刑（形）已定物自爲正——『經法』本注、事物の情況とその事物に対する概念がすでに確定すれば、その事物に対して正確な処理ができ、そこで「名と形は已に定まれば、物自ずから正と爲る」。

(50) 能上明於天之反——天の反は、自然界の反復の法則。反は、返ってくるの意。底本注、『管子』重令「天道の數《さだめ》は、至れば則ち反り、盛んなれば則ち衰う」、『淮南子』泰族「天地の道は、極まれば則ち反り、盈つれば則ち損《か》く」をあげる。旧本注、『呂氏春秋』大樂「天地は車輪、終れば則ち復た始まり、極まれば則ち復た反る」はこのこと。『經法』本注、天道の反復する道理を理解できていること。余氏は、『道』「大なれば曰《ここ》に逝《ゆ》き、逝けば曰に遠ざかり、遠ざかれば曰に反る」（現『老子』二五）、『呂氏春秋』大樂などは、このことだとする。また『德』「反るは、道の動《はたらき》なり」（現『老子』四四）ともみえる。

(51) 達君臣之半——底本注、半は畔の字に読むべきではないか、分界の意味。『經法』本注、君臣の半に達するとは、君道と臣道との区別を了解すること。余氏は、半は、境界、分のことで、君臣の分の意味だという。

(52) 富密——底本注、「富」は誤写であり、削り去るべきだ。余氏は、「富密」は慎密のことで、慎重周密の意味だという。

陳氏は、「上」「中」とあれば「下」というのが通例であるから、「富」は「不」の誤写で、更に「不」は「下」の誤りではないかという。いまかりに陳氏説を採る。

(53) 能至素至精——至素は、最も本質的なこと、至精は、最も精微なことで、これは事物を観察する深さを説明している。以上は『經法』本注。

(54) 皓(浩)彌无刑(形)——『經法』本注、浩は、広大、弥は、弥漫のことで、ここは事物を観察する広さを説明している。

(55) 天下之正——天下の統率者。底本注、『德』(甲本)「清靜なれば、以て天下の正と爲る可し」(現『老子』四五)をあげる。『經法』本注、正は、君長、統治者のこと。

第二章　國　次①

〔現代語訳 1〕

国が秩序を失えば、国の守護神である社稷は大いに損なわれる。他国を征伐して奪い取って独占するだけで〔有能な者たちに〕分け与え〔て封建し〕ないと、その国を徹底的に滅ぼすことはできない。天極すなわち自然の到達できる極限を十分に発揮しないと、征伐され衰亡した国はまた隆盛になる。間違った討伐や禁止は、かえって災いを招く。罰すべき国滅ぼすべき国を戒め討伐したら、その国を徹底的に廃墟にしなければならない。併合しても独占しない〔で有能な者たちに与えて封建する〕のを、天功すなわち自然にかなった功績という。自然界の天地はえこひいきをしないので、春夏秋冬の四季の推移は息《やす》むことがない。天地の秩序が定まれば、聖人はそれに倣って治める。自然の到達できる極限を超え自然にかなった基準にはずれるならば、自然は災いを降すであろう。人は努力して自然を征服したら、慎重に自然に違反することを回避する。反対に自然が人を征服したら、そのまま自然に順応して行動する。先ず自己を抑制して自己主張を後回しにし、必ず自然の到達できる極限を十分に発揮し、自然にかなった功績を独占してはならない。

國失其次、則社稷大匡。奪而无予、國不遂亡。不盡天極、衰者復昌。誅禁不當、反受其央（殃）。禁伐當罪當亡、必虛（墟）其國。兼之而勿擅、是胃（謂）天功。天地无私、四時不息。天地立（位）、耶（聖）人故載。過極失【當】、天將降央（殃）。人強朕（勝）天、愼辟（避）勿當。天反朕（勝）人、因與俱行。先屈後信（伸）、必盡天極、而毋擅天功。

國は其の次《ちつじよ》を失えば、則ち社稷《しやしよく》は大いに匡《みだ》れん。(2) 奪いて予《あた》うること无ければ、國は遂亡せず。(3) 天極を盡さざれば、衰うる者は復た昌《さか》えん。(4) 誅(5)禁當らざれば、反りて其の殃《わざわい》（央）を受けん。罪に當り亡に當るを禁伐するには、必ず其の國を墟（虚）にす。(6) 之を兼《あわ》せて擅《ほしいまま》にする勿《な》(7)し、是を天功(8)と謂（胃）う。天地は私无ければ、(9) 四時息《や》まず。天地位《さだ》（立）まり、聖（耶）人故《すなわ》ち載《おさ》む。(10) 極を過ぎ【當】を失すれば、(11) 天は將に殃《わざわい》（央）を降さんとす。人強《つと》めて天に勝《まさ》（朕）らば、愼み避（辟）けて當たる勿かれ。(12) 天反りて人に勝《まさ》（朕）らば、因りて與《とも》に俱に行わん。(13) 屈を先にし伸（信）を後にし、必ず天極を盡して、天功を擅にする毋かれ。

（1）國次――章名。首句に「國は其の次を失えば」とあるので「國次」と名づけた。この章は、国君はどのように統一戦争に従事するかを講ずるとともに、戦争の中にある二つの異なる路線に対して比較をしている。以上は『經法』本注。この篇で主に論じているのは、国家の政権はどうしたら安定し強固になるかである。国家の君主はいかにして統一戦争に従事し、戦争に潜む二種の異なる路線と方針を対比し、施政と外征はいずれも慎重な態度を持すべきこと、各種の事務に従事するにはいずれも自然法則に厳格に従うべきことを認識し、法律を定めれば必ず具合がよい。「誅禁當らざれば、反りて其の殃を受く」。もし「能く天極を盡し、能く天當を用う」るなら、「天功（自然の効果）」を獲得できる。そこで「過極失當」の極端な政策に堅く反対すべきである。これは第三の古佚書『稱』と呼応するものである。以上は余氏の提要。

（2）社稷大匡――社稷は、土地神と穀物神で、天子や諸侯が祭るもので、また国をも意味する。『禮記』曲禮「國君は社稷に死す」とあるのは、君主が国に殉ずること。『禮記』王制「天子の社稷は皆な大牢、諸侯の社稷は皆な少牢」、『白虎通義』社稷「人は土に非ざれば立たず、穀に非ざれば食《やしな》われず、……故に土を封じ社を立つるなり。稷は五穀の長、故に稷を立てて之を祭るなり」などとある。底本注、匡は、枉の字に読み、不正の意。『經法』本注、匡は、虧損の意。余氏は、匡は、湾曲不正の意だとし、また『禮記』禮器「衆は匡《みだ》れ懼れず」鄭玄注に「匡は、猶お恐るるがごときなり」とあり、恐れ慌てれば必ず混乱するから、混乱の意だとする。陳氏は、『經』前道「長く國家社稷を利す」、同書・兵容「其の國家以て危うく、社稷以て匡る」と、社稷と国家をともに用いる例をあげ、社稷は天下と解すべきだとし、さらに『稱』「國將に亡びんとすること有れば、天下は存すること能わず」をあげる。なお『國語』越語下「日は困《きわ》まりて還り、月は盈ちて匡《か》く」韋昭注に「困は、窮なり、匡は、虧なり」とある。

（3）奪而无……不遂亡――予は、封建するの意。次節に「其の土地を裂き、以て賢者を封ず」とあるのが、これに相当するか。底本注、『經』兵容「天は固より奪うこと有り予うること有り」、同篇・行守「之を奪いて予うること無ければ、其の國は乃ち遂亡せず」を参考にすべきだ。『經法』本注、奪は、他の国を奪う、予は、賢者に分封し与えること。余氏は、遂は、久しいの意、『詩』氓「言《ここ》に既に遂《ひさ》し」の鄭玄箋「遂は、猶お久のごときなり」をあげ、「不遂亡」は、其の国を滅ぼして永久に占有することはできないことだといい、陳氏は、遂は、徹底の意で、本当に滅亡させて永久に其の国を占領することができないの意味だとする。

（4）不盡天……者復昌――下文では人を征伐する者は、「必ず天極を盡す」のであり、この句の意味は、人を征伐して天極を尽すことができなければ、征伐された「衰えた者」が将来復興しうること。天極は、下の注（11）を参閲すべきだ。以上は底本注。『經法』本注、『國語』越語下「天極を過ぐる無かれ、數を究めて止む」の韋昭注「天道の至る所」をあげ、天極を尽さずは、天道の規定した限度に到達しないこと。余氏は、この句の意味は、天極を十分に発揮しないと征伐した相手の国が再び復興するだろうとの意で、天極は、天道の働きの達到できる客観的極限という。天極は、適切な訳語がないが、自然の到達できる極限、自然の最も根本的な法則と解しておく。

（5）誅禁――『經法』本注、誅は、討伐、禁は、禁止。

（6）必虛（墟）其國――『經法』本注、下文にいう「其の城郭を墮《こぼ》ち、其の鐘鼓を焚き、其の資財を布《わか》ち、其の子女を散じ」などのことに他ならない。

（7）兼之而勿擅――『經法』本注、兼は、兼併、擅は、独占で、下文にいう「其の地土を裂き、以て賢者を封ず」に他ならない。

（8）天功――自然にかなった功績。次節でも「故に聖人の伐つや、人の國を兼《あわ》せ、……其の地土を裂き、以て賢者を封ず、是れを天功と謂う」と定義される。

（9）天地无私――自然界はえこひいきをしないことを説く。『莊子』大宗師「天は私覆する無く、地は私載する無し」、同書・則陽「四時は氣を殊にし、天地は賜（私）せず故に歲成る」などと類似の思想がみえる。

（10）耶（聖）人故載――『經法』本注、故は、則で、ここは、天地はそれぞれの働きをし、聖人（君主）は則ち其の事を治めること。

（11）過極失【當】――極は、天極を指し、當は、天当（下文注（17）参照）を指す。『國語』越語下「天極を過ぐる無く、數を究めて止む」韋昭注に「極は、至なり。究は、窮なり。天道の至る所を過ぐる無く、其の數を窮めて止むなり」とある。以上は底本注。「當」字は、原本の写真版では欠字。「極」は、すなわち上文にいう「天極」、「當」は、本篇・道法、四度および下文にいう「天當」。極を過ぎ当を失すは、限度を超過すること。作者は、天の規定する限度内は為すべきだが、この限度を超えることはできない、と考える。以上は『經法』本注。余氏は、『管子』勢の引用する『國語』越語下は「天極を亡うなかれ、數を究めて止む」に作るという。

（12）　人強朕（勝）天愼辟（避）勿當――『經法』本注、敵が強大なときは（人強勝天）、謹慎して避けるべきで、下文にいう「先に屈し」である。

（13）　天反朕（勝）人因與俱行――『經法』本注、敵が衰微なときは（天反強人）、機に乗じて征討すべきで、下文にいう「後に伸ばす」である。

〔現代語訳 2〕

他国を併合したら、その国の城郭を修理し、その朝廷を占拠し、その国の音楽を享受し、その国の祭器や金銭財物を我がものとし、その国の娘たちを妻妾とする。このようなことは、……逆らって国を荒廃させ、国を危険にさらし滅亡に導くものという。そこで聖人だけが自然の到達できる極限を十分に発揮することができ、自然にかなった基準を使うことができる。自然界の天地の法則は、ただ三つの季節に功業があるだけである。功業が実現してそこに満足することを知らないと、身の危険を招き災いに逢うであろう。そこで聖人は討伐するとき、他国を併合したら、その国の城郭を破壊し、その国の楽器を焼き払い、その国の祭器や金銭財物を分かち与え、その国の後宮の娘たちを解放し、占領した土地に有能な人物を封建する、これを天功すなわち自然にかなった功績という。このようであれば功績は完成して廃れること無く、後に災禍に逢うこともない。

兼人之國。脩其國郭、處其郎（廊）廟、――人の國を兼《へいごう》せば、其の國郭《こくかく》を脩め、其の廊《ろう》（郎）廟《びょう》に處り(14)、其の鐘鼓

聽其鐘鼓、利其齍（資）財、妻其子女。○是胃（謂）□逆以芒（荒）、國危破亡。故唯耶（聖）人能盡天極、能用天當。天地之道、不過三功。功成而不止、身危又（有）央（殃）。故耶（聖）人之伐毆（也）、兼人之國、隋（墮）其郭城、梵（焚）其鐘鼓。布其齍（資）財、散其子女、列（裂）其地土、以封賢者、是胃（謂）天功。功成不廢、后不奉（逢）央（殃）。

を聽き、其の資（齍）財を利《と》り[15]、其の子女[16]を妻とす。○是れを□逆以て荒《やぶ》り、國危うく破れ亡ぶと謂（胃）う。[17]故に聖（耶）人は能く天極を盡し、能く天當[18]を用う。天地の道は、三功に過ぎず。[19]功成りて止めざれば、身は危うく殃《わざわい》（央）有（又）り。[20]故に聖（耶）人の伐つや、人の國を兼《へいごう》せば、其の城郭を墮《こぼ》（隋）ち、[21]其の鐘鼓を焚（梵）き、其の資（齍）財を布《わか》ち、[22]其の子女を散じ、其の地土を裂（列）き、以て賢者を封ず、是れを天功と謂（胃）う。功成りて廢《すた》れず、后に殃（央）に逢（奉）わず。[23]

（14）兼人之……其郎（廊）廟――兼は、併呑。国郭は、都城とその外側に拡張して作られた城壁に囲まれた町。廊廟は、朝廷のこと。『國語』越語下に「夫れ之を廊廟に謀る」とある。

（15）聽其鐘……其齍（資）財――鐘鼓は、打楽器、齍は、穀類を盛る祭器。「資」字に変えない方がよいか。財は、金銭物品など。

（16）子女――子女は、一般に子供や娘を指すが、ここでは娘を指す。『漢書』巻六武帝紀の元光二年の詔に「朕、子女を飾りて以て單于《ぜんう》に配し、金幣文繡、之に賂《おく》ること甚だ厚し」とある。

(17)　○是胃（謂）繡……危破亡――「是」の上は塗抹の字とされる。原本の写真版では、確かに塗りつぶしたらしく判読不能。陳氏は、欠字を、本篇・名理に「重逆□□……國危くして殃有り」と類似の表現があることにより、「重」と推定する。また本篇・四度に「内外皆な逆なる、是れ殃を重ぬと謂う、身は危うく戮と爲り、國危うく破れ亡ぶ」と同様の表現がある。

(18)　天當――本篇・四度に「順にて其の内を治め、逆にて外に用うれば、功成りて傷つく。逆にて其の内を治め、順にて其の外を用うれば、功成りて亡ぶ。……外内皆な順なる、命づけて天當と曰う」と、「天當」の定義がみえる。天当は、自然法則に符合すること、自然にかなった基準とされる。順の内容は具体的には明らかではない。逆については、本篇・四度の冒頭に「君臣、位を易うる之を逆と謂い、……動靜時ならざる之を逆と謂い、……」とある。いまその反対を、順と考えておく。

(19)　天地之道不過三功――三功は、何を指すか明らかではない。天極、天当、天功の三者を指すか。『經法』本注、功業は三回越えることはあり得ないということ。余氏は、天地人の三者の働きと功業を指すかといい、本篇・六分「天下に王たる者の道は、天有り、人有り、地有り。參者之を參用し、……而して天下を有つ。」をあげる。陳氏は、意味不明だが、本篇・論約「三時、功を成し、一時、刑殺するは、天地の道なり」とあり、三時の功とも、君主の為すべき正身、利民、厚生とも考えられる、という。Y氏は、『國語』越語下「范蠡進みて諫めて曰わく、夫れ國家の事、盈を持すること有り、傾くを定むること有り、事を節すること有りと。王曰く、三者を爲すは奈何んと。范蠡對えて曰く、盈を持する者は天と與にし、傾くを定むる者は人と與にし、事を節する者は地と與にす」を参照のことという。韋昭注は「持は、守なり。盈は、滿なり。定は、安なり、傾は、危なり。天と與にすは、天に法《のっと》るなり。天道は盈ちて溢せず、盛んにして驕らず。人と與にするは、人の心を取るなり。人道は好んで傾危を定むるの中、當に辭を卑くくし禮を尊ぶべし、女樂を玩好するは之を尊ぶに名を以てす。地と與にするは、地に法るなり。時至らざれば彊いて生ず可からず、事究まらざれば彊いて成す可からずの屬」とある。ここでは「天地の道」とあることから、本篇・論約の文が最もここと近似する。ここの二句は、挿入的な文ともみられる。

(20) 功成而……危又（有）央（殃）――余氏は、『道』「功遂げ身退くは、天の道なり」（現『老子』九）と同じ意味だという。

(21) 隋（墮）其城郭――底本の原文は「郭城」だが、原本の写真版では「城郭」で、底本は誤り。旧本、『經法』本も「城郭」と釈文する。『經法』本注、隋は隳の字に読み、砕き壊すこと。

(22) 布――『經法』本注、布は、分けること。

(23) 功成不廢后不奉（逢）央（殃）――本篇・四度に「順にて其の内を治め、逆をば外に用うれば、功成りて傷つく。逆にて其の内を治め、順をば其の外に用うれば、功成りて亡ぶ。……命づけて天當と曰い、功成りて廢せられず、後に殃に逢わず」と同様の表現がみえる。

〔現代語訳 3〕

成功を急いではいけない、怠惰で散漫であってはいけない、耕作は土壌の生産力を越えて酷使してはいけない、固執してはいけない。成功を急ぐと、自然はその恩恵を奪う。怠慢で散漫だと、土地は荒廃する。土壌の生産力を越えて酷使すると、自然災害を招く。人主が民衆と軋轢を起こすと、民衆は他国へ離散する。党派をつくり分裂すれば、……内互いに攻めあう。成功を急ぐと悩み、怠惰で散漫だと飢え、土壌の生産力を越えて酷使すると土地を荒廃させ、人主が民衆と軋轢を起こすと民心を失い、党派をつくり分裂すれば混乱する。これを五逆すなわち五つの道理違反という。五逆がすべて行われると、……土地の法則（綱）……旧来の秩序を変更し通常の規範を乱し、制度を気ままに変更し明確なものすなわち法律を改変し、心の赴くままに振る舞えば、身は危険に曝され、災禍を被る、これは自然の到達できる極限を超え自然にかなった基準にはずれたことである。《国の秩序》

毋陽竊、毋陰竊、毋土敝、毋故執、毋黨別。陽竊者天奪【其光、陰竊】者土地芒（荒）、土敝者天加之以兵、人執者流之四方、黨別【者】□内相功（攻）。陽竊者疾、陰竊者几（飢）、土敝者亡地、人執者失民、黨別者亂、此胃（謂）五逆。五逆皆成、□□□□□地之剛（綱）、變故亂常、擅制更爽、心欲是行、身危有【殃、是】胃（謂）過極失當。《國次》

陽竊する毋れ、陰竊する毋れ、土敝する毋れ(24)、故執《こしゅう》する毋れ(25)、黨別する毋れ(26)。陽竊する者は天【其の光を】奪い(27)、【陰竊する】者は土地荒（芒）れ(28)、土敝する者は天之に加うるに兵を以てし(29)、人執する者は之を四方に流し、黨別する【者】は□内相い攻（功）む(30)。陽竊する者は疾み、陰竊する者は飢（几）え、土敝する者は地を亡《うしな》い(31)、人執する者(32)は民を失い、黨別する者は亂る、此れを五逆と謂（胃）う。五逆皆な成り、□□□□□(33)、地の綱（剛）(34)、故を變え常を亂し(35)、制を擅《ほしいまま》にし爽を更《あらた》め(36)、心の欲を是れ行えば(37)、身危うくして【殃】有り、【是れを】極を過ぎ當を失うと謂（胃）う(38)。《國の次《ちつじょ》》

(24)　毋陽竊……毋土敝――「陽竊する毋れ」以下の一段は、『經』觀、『國語』越語下と内容的に関係がある。『經』觀「夫れ是の故に民を使うに人執する毋れ、事を擧ぐるに陽察する毋れ、地を力《つと》むるには陰敝する毋れ。陰敝する者は土は荒れ、陽察する者は光を奪われ、人執する者は兵に摐《うた》る」、『國語』越語下「古えの善く兵を用る者は、天地の常に因り、之と俱に行く（これは上文の「天反りて人に勝たば、因りて與に俱に行く」と意味が近い）。後るれば則ち陰を用い、先んずれば則ち陽を用う。近ければ則ち柔を用い、遠ければ則ち剛を用う。後るるも陰蔽する無かれ、先んずるも陽察する無かれ、人を用うるに埶《せい》する無かれ、往きて其の所に従う」の注「大いに舒び静かなるを陰蔽と爲す」をあげる。古代では竊と察の二字は音が近く通じて使われた。本章の「陽竊」は、『經』觀と『國語』越語下の「陽察」に他ならない。本章の「陰竊」は觀と『國語』越語下の「陰敝」（越語では「蔽」に作る）に相当する。「土敝」は二篇に無いが、『禮記』樂記に「土敝すれば則ち草木長ぜず」とみえ（この語はまた『呂氏春秋』音初にみえるが「敝」を「弊」に作る）、孔穎達の疏に「土の勞敝すれば、故より草木長ぜず」とある。「陽察」「陰敝」の意味は今後の考察に期待する。「黨別」は群臣の分党を指し、『老子』甲本卷後古佚書「伊尹論九主」の一段に「下は別黨せず、邦に私門無し」、「主の臣を別ちて以て其の黨を爲す」などの語は、参考にすべきだ。以上は底本注。事を挙げるは、軍隊を使って統一戦争を進めることを指す。『淮南子』兵略「夫れ地の爲めに戰う者は、其の王と成る能わず、身の爲めに戰う者は、其の功を立つる能わず。事を擧げて以て人の爲めにする者は、衆之を助け、事を擧げて以て自らの爲めにする者は、衆之を去る。衆の助くる所は、弱しと雖も強く、衆の去る所は、大と雖も必ず亡ぶ。」は、まさしく用兵を指していった。「土敝」については、底本注と同じ資料をあげ、土壌の生産力を使いすぎると、農作物は生長できないの意味だという。以上は『經法』本注。陽竊は、陽察すなわち明察に、陰竊は、陰敝（蔽）すなわち密かに怠けるに相当するか。陽察、陰敝の正確な意味はわからない。『莊子』齊物論「竊竊然として之を知る」司馬彪注に「竊竊は、猶お察察のごときなり」とある。また「土敝」は、地力を尽すすなわち土壌の生産力を使い切るの意か。『廣雅』釋言に「敝は、勞熟なり」とある。

(25)　毋故埶——底本注、埶は、槷の字に読み、磨擦不安すなわち軋轢《あつれき》の意（『周禮』考工記・輪人の注による）で、下文の「人埶」と同じ。余氏は、故は、怙と解釈し、『説文』「怙は、恃なり」をあげる。陳氏は、「埶」は「執」字とすべきだとし、故と固とは通用したので、固執するなの意かとし、本篇・道法の「無執」に他ならないという。「故埶」はすぐ続く文では「人埶」となっており、『經』觀でも「人埶」となっている。

(26) 黨別――旧本は、「黨□」と釈文する。原本の写真版では少し残欠があるが、欠字に近い。底本注、群臣が党派をつくり分裂する意で、甲本の巻後古佚書の『九主』「下は黨別せず、邦に私門無し」、「主の臣を別ち以て其の黨を爲る」などの語がみえ、参考すべきだ。

(27) 陽竊者天奪【其光】――旧本は、「陽竊者天奪□□」と釈文する。原本の写真版も欠字。余氏は、『廣雅』釋言「光は、寵なり」、『韓非子』解老「謂う所の光とは、官爵尊貴、衣裘壮麗なり」をあげ、其の光を奪うとは、爵位を奪い官職を辞めさせることだという。

(28) 【陰竊】者土地芒（荒）――旧本も「陰竊」と補っているが、原本の写真版では欠字。

(29) 土敝者天加之以兵――余氏は、『呂氏春秋』侈樂「冰の炎曰におけるが若きは反りて以て自ら兵《わざわい》す」の高誘注「兵は、災なり」をあげて、兵は、災だという。

(30) 【者】□内相功（攻）――「者」は、原本の写真版では欠字。欠字部分は、原本の写真版では残欠の字があるが判読不能。「外内」の語が本書ではよくみられるので、余氏、陳氏は、欠字を「外」と推定する。

(31) 亡地――旧本は、「地」字を「祀」の字に読む。原本の写真版では、少し欠落があって、どちらにも読める。

(32) 人埶――『經法』本注ですでに、磨擦不安の意という。人間関係の軋轢《あつれき》の意か。

(33) □□□□□――陳氏は、五字の欠文を、『莊子』在宥の「天の經を亂し、物の情に逆らう」、『荀子』天論の「其の天官を亂し、……其の天政に逆らう」や、押韻のことなどから、「亂天之經逆」と推定し、本文を「天の經を亂し、地の綱に逆らう」と解する。

(34) 地之剛（綱）――旧本は、「剛」字のままで、綱と読み替えしない。

(35) 變故亂常――『經法』本注、故は、旧法、常は、常規。故は、旧来のものを指すが、旧来の法律と限定できるか。

(36) 擅制更爽――底本注、更は、改める、爽は、明らかの意で、一説では、更は、続ける、爽は、差《たが》うの意。『經法』本注、擅制は、専制のこと、更爽は、絶えず法令を変換すること。制度を気ままに変更し明確な法律を改変するの意か。

(37) 心欲是行——このことばは、經篇・正亂章にもみえる。そこの注(53)を参照。

(38)【殃、是】胃(謂)過極失當——旧本は、「□□□過極失當」と釈文するが、原本の写真版では、「胃」字は判読できる。

第三章　君　正[1]

〔現代語訳 1〕

一年目は民衆の習俗のままにさせ、二年目は民衆に恩恵を施し、三年目には民衆の生活を豊かにし、四年目には法令を発布し、五年目には刑罰をもって行動を正し、六年目には民衆に畏敬させ、七年目には民衆を戦争に駆り立てられるようにする。一年目に民衆の習俗のままにさせれば、民衆の行動様式がわかる。二年目に民衆に恩恵を施せば、民衆は向上に努める。三年目に税金を免除すれば、民衆の生活は豊かになる。四年目に法令を発布すれば、民衆は畏敬する。五年目に刑罰をもって行動を正せば、民衆は空頼みをしないようになる。六年目に……七年目に民衆を戦争に駆り立てられるようになれば、強大な敵に勝てる。

一年従其俗、二年用其徳、三年而民有得、四年而發號令、【五年而以刑正、六年而】民畏敬、七年而可以正（征）。一年従其

一年は其の俗に従い[2]、二年には其の徳を用い[3]、三年にして民得ること有り[4]、四年にして號令を發し、【五年にして刑を以て正し、六年にして[5]】民畏敬し、七年にして以て征（正）す[6]可し。一年其の俗に従わ

俗、則知民則。二年用【其德】、民則力。三年无賦斂、則民有得。四年發號令、則民畏敬。五年以刑正、則民不幸（倖）。六年□□□□□□□。【七】年而可以正（征）、則朕（勝）強適（敵）。

ば、則ち民の則《のり》を知る。[7] 二年【其の徳を[8]】用うれば、民は則ち力《つと》めん。[9] 三年賦斂无ければ、[10] 則ち民得ること有り。四年號令を發すれば、則ち民畏敬す。五年刑を以て正さば、[11] 則ち民倖（幸）せず。[12] 六年□□□□□□。[13]【七】年にして以て征（正）す可くんば、[14] 則ち強敵（適）に勝（朕）たん。

（1）君正——章名。ここでは天下統一の戦争を進めるには、対内的に法治を実行し、平和時には耕作し戦時には戦う民を奨励する基盤に立つ必要を明述する。以上は『經法』本注。この章で主に論じているのは、執政者は民俗に従い、民情に依り権勢に因り利益で導き、政策と法令をみな民心に符合させるべきで、こうしてはじめて人民の擁護を獲得できる。ただ法度を破壊することに対しては、死刑にして容赦してはならない。その理論は「天には死生の時有り、國には死生の政有り」に基づき、新たに生まれ、日々に向上進歩する新たな事物を助け、腐敗し没落する旧勢力を一掃すべきで、必ず「文武並行」の政策を実行せねばならない、そうすれば天下の人々ははじめて服従する、そこで「文武の道を行うに審らかなれば、則ち天下賓せん」という。以上は余氏の提要。

（2）一年従其俗——『經法』本注、第一年目は、風俗習慣を変えないこと。

（3）二年用其德——民衆を愛し勉《はげま》すこと。下文に「德とは之を愛し勉《はげま》すなり」とある。『經法』本注、二年目は有徳の人を選び用いるといい、『周禮』夏官・司士の注「德とは賢者を謂う」をあげる。

（4）有得——『經法』本注、一定の収入があること。

（5）【五年而以刑正六年而】——旧本は、八字の欠文とするが、『經法』本は九字の欠文とする。原本の写真版では、他の行と比較すると九字は可能。

（6）征——『經法』本注、出征のこと。
（7）民則——『經法』本注、当地の人民の是非善悪の法則。
（8）【其德】——旧本も「【其德】」と釈文するが、原本の写真版は欠字。
（9）民則力——『經法』本注、力は、勉力すなわち努力すること。余氏は、原文は「民則力」だが、「則民力」とすべきだという。
（10）賦斂——『漢書』食貨志上の「賦有り税有り」の注に「賦は、口を計り財を發するを謂い、税は、其の田入を収むるを謂うなり」とあり、狭い意味では賦は人頭税であるが、賦斂は、一般的に広い意味での税を聚め収めること。
（11）以刑正——『經法』本注、法律で治めること。
（12）民不幸——『經法』本注、幸は、僥倖のこと。
（13）□□□□□□□——旧本は、ここは八字の欠文とする。陳氏は、この七字の欠文を、「民畏敬則知刑罰」と推定する。
（14）【七】年而可以正（征）——旧本も「七」を補うが、原本の写真版は欠字。底本注、『論語』子路「善く人民を教うること七年なれば、亦た以て戎《いくさ》に即《つ》かしむ可し」をあげる。

〔現代語訳 2〕

俗とは、民衆の心に沿ったものである。徳とは、慈しみ励ますことである。生活が豊かになるとは、禁令を止め関所や市場の税金を安くすることである。法令とは、民衆を組織して十人五人の単位でまとめ、有能な者と無能な者とを選別することである。刑罰でもって民衆の行動を正すとは、容赦なく断罪し処刑することである。……戦争に駆り立てることができるとは、民衆が君主への忠節のために死ぬことである。もし法令が発布されれば、必ず君主のもとに集まり君主と心を一つにして、理想を同じくし心を合わせ、君臣の間にいがみあいがなく、民衆の心が君主から離反していなければ、はじめて国を守り戦うことができる。

俗者順民心殹（也）。德者愛勉之【也。有】得者、發禁拕（弛）關市之正（征）殹（也）。號令者、連爲什伍、巽（選）練賢不宵（肖）有別殹（也）。以刑正者、罪殺不赦殹（也）。□□□□□□□殹（也）。可以正（征）者、民死節殹（也）。若號令發、必廏而上九、壹道同心、【上】下不趆（斥）、民无它志、然后可以守單（戰）矣。

俗とは、民心に順うなり。德とは、之を愛し勉《はげ》ます【なり】。得ること【有り】とは、禁を發《はい》し(15)關市の征《ぜい》（正）を弛《ゆる》（拕）むるなり(16)。號令とは、連ねて什伍(17)と爲し、賢と不肖（宵）とを選（巽）練して別つこと有るなり(18)。刑を以て正すとは、罪し殺して赦さざるなり。□□□□□□□(19)なり。以て征（正）す可しとは、民節に死するなり。若し號令發すれば、必ず廏《あつま》りて上に九《がっ》し(20)、道を壹《おなじ》くし心を同じくし、【上】下斥《あらそ》（趆）わず(21)、民に它志无ければ(22)、然る后以て守り戰（單）う可し。

(15) 發禁——『經法』本注、古代では、山林川沢の利益は、すべて王室の所有になり、人民が採ることが禁止されたが、発禁とは、一定限度内で人民に開放することを指す。

(16) 拕（弛）關市之正（征）殹（也）——『經法』本注、関所や市場の税金を低減することとし、『管子』大匡「桓公、位を践むこと十九年、關市の征を弛め、五十にして一を取る」をあげる。拕は、弛で、弛緩の意味。関市の征は、関所や市場の税金の徴収の意。『周禮』地官・閭師に「時を以て其賦を征す」とある。

(17) 什伍——古代では地方と軍隊の基層組織の単位を什伍と称した。地方では、五家を伍となし、十家を什とした。軍隊では、五人を伍とし、十人を什とし、別に伍長と什長を設けた。「連ねて什伍と爲す」とは、こうした方式で人民を組織したのである。『史記』巻六八商君列傳に「民をして什伍と爲して、相い牧司連坐せ令む」とある。以上は『經法』本注。古代の戸籍及び軍隊の制度。戸籍では五軒を伍として相互に保証させ、十軒を組織単位とし、それぞれに指導者を置いたともいう。『管子』立政に「十家を什と爲し、五家を伍と爲し、什伍には皆な長有り」とある。軍隊では、五人を伍とし、十人を什として組織した。

(18) 巽（選）練賢不宵（肖）有別殹（也）——『經法』本注、練は、揀に通じ、地方と軍隊の各級の官吏を選抜することを指し、そこで「賢と不肖と別有り」という。

(19) □□□□□□□□——原本の写真版では、欠文は八字か九字か不明。陳氏は、八字の欠文を「畏敬者民不犯刑罰」と推定する。

(20) 廏而上九——廏は、勼の字に読み、聚結の意。九は、仇の字に読み、合の意。『管子』君臣上「法制に常有れば、則ち民は散ぜずして上に合し、情を竭《つく》して以て其の忠を納る」をあげる。以上は底本注。『經法』本注、廏は、聚集、団結のことで、上文の「連ねて什伍と爲す」を指していうが、「上九」の意味は不明である。陳氏は、「上九」の「上」字は余分だとし、下の「【上】下不趆（斥）」の欠字の「上」字の誤写だという。上は、君主のことか。

(21) 【上】下不趆（斥）——旧本も、欠字を補って「【上】」とするが、原本の写真版では不明。『經法』本注、趆は、分裂で、心も徳も離れること。君臣がいがみ合わないことで、本篇・六分にも「上下趆わざれば、其の國は強し」とある。

(22) 它志——旧本は、「它【志】」と釈文する。原本の写真版では、「志」字は右辺の残片がわずかにある。『經法』本注、它は、邪のことで、『法言』問道に「君子は正しくして它ならず」とあり、它志は、下文にいう邪心に他ならない。また它は、他で、自分の君主以外に向かう心のことか。

〔現代語訳 3〕

法令が発布されてそれが必ず実行されるのは、習慣となっているからである。民衆が男女ともすすんで仕事に努力するのは、君主が民衆を愛するからである。戦争に駆り出したり農耕や労役に使役して、民衆が必ず従うのは、時宜にかなっているからである。恩賞を受けても恩恵と思わず、罰せられても当然だとするのは、処置が適正だからである。位階に貴賎の区別があるのは、有能か無能かの違いがあるからである。階層による衣服の規定が守られているのは、位階の貴賎の差異が決められているからである。国に盗賊がおらず、詐偽行為が発生せず、民衆が邪悪な心を持たないのは、生活の基本である衣食に困らず法律が厳正に施行されているからである。余裕のある状態で国を守れば、他国に奪い取られることはない。貧困な状態で他国を攻撃すれば反って討伐される。自然界には春夏の生長の時期と秋冬の衰死の時期があり、国には刑罰と慶賞の政治がある。自然界の春夏の生長の法則に従って恩恵を施すのを、文と名づけ、自然界の秋冬の衰死の法則に従って誅殺するのを、武と名づける。文と武が並行して実施されれば、天下の国々は服従するであろう。

號令發必行、俗也。男女勸勉、愛也。動之靜之、民无不聽、時也。受賞无德、受罪无怨、當也。貴賤有別、賢不宵（肖）衰（差）也。衣備（服）不相綸（逾）、貴賤等也。國无盗賊、詐僞不生、民无邪

號令發すれば必ず行わるるは、俗なればなり。[23] 男女勸《すす》み勉むるは、愛すればなり。之を動かし之を靜かにして、[24] 民聽かざる无きは、時なればなり。[25] 賞を受けて德とする无く、罪を受けて怨む无きは、[26] 當たればなり。貴賤に別有るは、賢と不肖（宵）と差（衰）あればなり。衣服（備）相い逾《こ》（綸）えざるは、貴賤に等あればなり。[27] 國に盗賊无く、

心、衣食足而刑伐（罰）必也。以有餘守、不可拔也。以不足功（攻）、反自伐也。天有死生之時、國有死生之正（政）。因天之生也以養生、胃（謂）之文、因天之殺也以伐死、胃（謂）之武。【文】武竝行、則天下從矣。

詐僞生ぜず、民に邪心无きは、衣食足りて刑罰（伐）必すればなり。餘り有るを以て守れば、抜く(28)可からざるなり。不足を以て攻（功）むれば、反りて自ら伐たるるなり。天に死生の時有り(29)、國に死生の政（正）有り。天の生に因りて以て生を養う、之を文と謂（胃）い、天の殺に因りて以て死を伐つ、之を武と謂（胃）う。【文】武竝びに行わるれば(30)、則ち天下從わん。

(23) 號令發必行俗也――法令が出されたならば、民衆は必ず実行する。これはすでに習慣となっているためだ。『商君書』立本に「若し兵未だ起たざれば則ち法を錯く、法を錯きて俗成り、而して用具わる」とある。以上は『經法』本注。法を置くは、法令を定めること。『管子』七法に「則に明らかならずして號令を出さんと欲するは、……」とあるが、「號令を出さんと」は、「儀を錯き制を畫さんと」に改めるべきだといわれる。ここでの号令は、法令のことか。

(24) 動之靜之――『經法』本注、出征と徭役とが、農作時期を誤らなければ、民衆は聴き従わないわけにはいかないことを指す。動かすとは、戦争に駆り立てること、静かにすとは、平和時に生産に従事することか。

(25) 時也――時宜に適し、農繁期などに労役を課したりしないこと。

(26) 受賞无……罪无怨――旧本は、「受賞无□受罪无怨」と釈文する。原本の写真版では、底本の「德受」の二字は判読不能。賞罰が適正であることの喩え。『管子』明法解に「法を以て罪を誅すれば、則ち民は死に就くも怨みず。法を以て功を量れば、則ち民は賞を受くるも德とする無し」と類似の表現があるが、これは法重視の立場である。

(27) 貴賤有……賤等也――差、等は、等級の差異の意。底本注、『淮南子』本經「職事を飾り、服等を制《きだ》め、貴賤を異にし、賢不肖を差《わか》つ」をあげる。

(28) 抜――奪い取る、攻め破るの意。『漢書』巻一高帝紀「緰《とう》を攻めて三日にして之を抜く」の注に「城邑を破りて之を取る、樹木を抜き、其の根本を得るが若し」とある。

(29) 天有死生之時――自然界には、春夏は成長の時期、秋冬は衰え枯れる時期があることを指す。『禮記』樂記に「天に死生の時有り、春夏は生長し、秋冬は衰死す」とある。余氏は、本篇・四度注(29)を参照という。

(30) 【文】武竝行――旧本も欠字を補って「【文】」とするが、原本の写真版は判読不能。

〔現代語訳 4〕

人の生活の基本は土地に在り、土地利用の基本は作物に適することであり、作物に適することが生かされるのは季節により、季節が活用されるのは農民により、農民が役に立つのは労働力であり、労働力の活用は節度を守ることによる。土地の適性を知り、良い時期を待って植え、農民の労働力を節度をもって使えば、富が生まれる。節度をもって税金を徴収すれば、民衆は豊かになる。民衆が豊かになれば恥を知るようになり、恥を知るようになれば命令を守ることが習慣となり刑罰に違反しなくなる。命令を守ることが習慣となり刑罰に違反しなくなることが、守備は堅固で戦争すれば勝利する方法である。法律制度は、最も公正な標準である。法律制度によって統治することができれば、混乱させることはできない。法律制度を制定できれば、混乱させることはできない。専ら公正で偏りが無く、賞罰が確実に実行されるのは、安泰な原因である。

人之本在地、地之本在宜、宜之生在時、時之用在民、民之用在力、力之用在節。地知宜、須時而樹、節民力以使、則財生。賦斂有度則民富、民富則有佴（恥）、有佴（恥）則號令成俗而刑伐（罰）不犯、號令成俗而刑伐（罰）不犯則守固單（戰）朕（勝）之道也。法度者、正之至也。而以法度治者、不可亂也。而生法度者、不可亂也。精公无私而賞罰信、所以治也。

人の本は地に在り、地の本は宜しきに在り(31)、宜しきの生ずるは時に在り、時の用は民に在り、民の用は力に在り、力の用は節に在り。地は宜しきを知り、時を須《ま》ちて樹《う》え(32)、民力を節して以て使えば、則ち財生ず。賦斂に度有れば(33)則ち民富み、民富めば則ち恥（佴）有り(34)、恥（佴）有れば則ち號令は俗を成して(35)刑罰（伐）は犯されず、號令は俗を成して刑罰（伐）は犯されざれば、則ち守れば固く戰（單）いて勝（朕）つの道なり。法度とは、正の至りなり(36)。而《よ》く(37)法度を以て治むる者は、亂す可からざるなり。而《よ》く法度を生ずる者は(38)、亂す可からざるなり。公に精にして(39)私无くして賞罰信なるは、治まる所以《ゆえん》なり。

（31）地之本在宜――『經法』本注、宜は、土地が植えた農作物に適していること。
（32）須時而樹――『經法』本注、須は、待つ、樹は、植えること。
（33）賦斂有度――『經法』本注、賦税の徴収には節度があること。
（34）民富則有佴（恥）――『管子』牧民に「倉廩實ちて則ち禮節を知る」とある句に類似する。
（35）號令成俗――原本の写真版では「成」字は判読不能。
（36）正之至也――旧本は、「正（政）之至也」と釈文する。

(37) 而——旧本は、「而（能）」と釈文する。而は、能の意。
(38) 而生法度者——旧本は、「而（能）」と釈文する。『經法』本注、法度を生ずは、法令を制定すること。
(39) 精公——公に純一である、公に徹するの意。精は、澄み切ったの意。

〔現代語訳 5〕

煩瑣な法令を除き、税金の徴収は節度をもって行い、農民を農繁期に使役しなければ、統治は安泰である。君主に父親らしい振る舞いがなければ、民衆は自分の子供のように使うことはできない。母親らしい慈愛がなければ、民衆の力を十分に発揮させることはできない。父母らしい振る舞いが十分であれば、自然界の天地の恵みと同じである。父の威厳と母の慈愛と天地の恵みの三者が揃って為されれば、万事は成就する。天下の才智に優れ勇敢な者を配下にできれば、防備の準備は整う。文と武の原則を慎重に実行すれば、天下の国々は服従するであろう。下した命令が民衆の心に合致すれば、民衆は命令に従う。差別なく恩恵を施し偏ることがなければ、民衆は君主を身近に感じる。《君主のあるべき政治》

苛事、節賦斂、毋奪民時、治之安。无父之行、不得子之用。无母之徳、不能盡民之力。父母之行備、則天地之徳也。三者

苛事(40)を〔省き〕、賦斂を節し、民の時を奪う毋かれ、之を治むること安きなり。父の行い无ければ、子の用を得ず。母の徳无ければ、民の力を盡くす能わず。父母の行い備われば、則ち天地の徳なり。三者備われば則ち事得られん。能く天下の豪傑（桀）驃（票）雄を収むれば(41)、

備則事得矣。能收天下豪桀（傑）票（驃）雄、則守御（禦）之備具矣。審於行文武之道、則天下賓矣。號令闔（合）於民心、則民聽令。兼愛无私、則民親上。《君正》

則ち守禦（御）の備え具わらん。文武の道を行うに審《つまびら》かなれば、則ち天下賓《あつ》まらん。(42) 號令、民心に合（闔）わば、則ち民は令に聴く。兼《ひろ》く愛し私无ければ、則ち民は上に親しむ。(43)《君の正《せいじ》》

(40) 苛事――底本注、「苛事」の上、一字書き落とされたと推定し、下文「節賦斂」と対句である。『經法』本注、苛は、苛刻、繁重のこと、「苛」の上に「省」字が脱落しているようだ。陳氏は、苛事は、煩瑣な政治のこと、欠字を「毋」か「省」と推定するのが正しいという。

(41) 豪桀（傑）票（驃）雄――旧本は、「票（剽）」と釈文する。人並み優れて勇敢な人。豪傑は、一般人より才智が優れた人。『孟子』盡心上に「夫の豪傑之士の若きは、……」とある。また『呂氏春秋』功名「人主賢なれば則ち豪桀之に歸す」の注に「才、百人に過ぐるを豪と曰い、千人を桀と曰う」ある。驃雄は、勇ましく優れた人。

(42) 賓――底本注、賓は、服従する。賓は、服従とか帰順の意。

(43) 兼愛无私則民親上――底本注、『管子』版法「兼愛して遺す無く、君必ず先ず教えに順うと謂えば、萬民は風に郷い、旦暮に之を利とし、衆は乃ち任に勝《た》う」をあげる。『經法』本注、愛には差別等級はないことを主張し、これを「兼愛」と称したが、人類が階級社会に分化してからは、こうした階級を超越した愛はない、云々。『孟子』滕文公下にも「楊朱墨翟の言、天下に盈つ」とあって、楊氏の為我主義に対して墨家の兼愛の博愛主義が、戦国中期に天下に喧伝されていたことがわかり、兼愛は、侵略戦争反対の非攻の主張と並ぶ代表的な思想。余氏は、兼愛は、墨家の代表的スローガンで、『墨子』に兼愛篇があり、儒家の血縁を重視した差別愛に対抗した平等な博愛主義の主張で、ここは墨家のこの学説を吸収したものであり、また『文子』道徳「兼愛して私無ければ、久しくして衰えず」は、ここの意味に近いという。

第四章　六　分(1)

〔現代語訳 1〕

国の状態を知ろうとすれば君主をみ、家の状態を知ろうとすれば父親をみる。国を統治できれば君主となれるし、家を管理できれば父親となれる。そもそも国の状態を知る際、国家の安定に逆行する六つの状況がある。子供が父に代わって父親の権威を持ち、臣下が君に代わって君主の権威を持つようであれば、強大な国であっても天下を支配する王者にはなれない。謀りごとに与する臣下が他国に官職を持っていると、その国は安泰でない。君主がそのことに気がつかないと、国の守護神である社稷は損害を被ることになる。君主が権威ある地位を失えば国は基本を失うことになるが、臣下が権威ある地位を失わなければ国の存続の基盤はあり、国は憂慮すべき状態ではあるが存続する。君主が権威ある地位を失えば国は荒廃し、臣下が権威ある地位を失えば命令は実行されない、このようなのを分裂して統率のとれない国という。君主が二人いる状態になれば、政治は混乱し、君主と皇后が権威を奪い合えば、国内に兵乱が起こる。このようなのを滅亡に向かう国という。正妻の生んだ長男が父に代わって父親の権威を持つのを、上に嚮《そむ》くといい、群臣は離れてゆき、大臣が君に代わって君主の権威を持つのを、君主への通路の閉塞といい、強国の場合は領土を割譲させられ、中ぐらいの国の場合は撃ち破られ、小国の場合は滅亡する。謀りごとに与する臣下が忠実でないのを、逆成すなわち道理への違背といい、国は安泰ではなくなるであろう。強国の場合は危険であり、中ぐらいの国の場合は領土を割譲させられ、小国の場合は撃ち破られる。君主は権威ある地位を失うが、臣下は職務権限を失わないのを、外根すなわち君主以外の基盤といい、災禍と隣接することとなろう。強国の場合は憂慮すべき状態であり、中ぐらいの国の場合は危険であり、小国の場合は領土を割譲させられる。君主が権威ある地位を失い、臣下が職務権限を失うのは、無本すなわち基本の喪失といい、君主も臣下も基盤がなければ、国は大損害を被ることになろう。強国の場合は撃ち破られ、中ぐらいの国の場合は衰亡し、小国の場合は滅亡する。君主は横暴で臣下が乱脈なのは、大荒すなわち大いなる荒廃といい、外からの侵攻と内乱があり、至高なる存在である天が災いを降すであろう（自然災害が発生するであろう）。〔このような情況では、〕国は大小の区別なく、すべて滅亡する。君主権が二分され、君主と皇后とで権威を争奪するのは、大迷すなわち大いなる混迷といい、国中到るところに戦乱がある。〔このような情況では、〕強国の場合は撃ち破られ、中ぐらいの国の場合は衰亡し、小国の場合は滅亡する。

観國者観主、観家観父、能爲國則能爲主、能爲家則能爲父。凡観國、有六逆。其子父、其臣主、雖強大不王。其〇謀臣在外

國を観る者[2]は主を観、家を観るものは父を観、能く國を爲むれば則ち能く主爲り、能く家を爲むれば則ち能く父爲り。凡そ國を観るには、六逆有り[3]、其の子、父たり、其の臣、主たらば[4]、強大と雖も王たらず。

立（位）者、其國不安、其主不吾（悟）則社稷殘。其主失立（位）則國无本、臣不失處則下有根、【國】憂而存。主失立（位）則國芒（荒）、臣失處則令不行、此之胃（謂）頵（頖）國。主兩則失其明、男女掙（爭）威、國有亂兵、此胃（謂）亡國。適（嫡）子父、命曰上曊、羣臣离志、大臣主、命曰雍（壅）塞、在強國削、在中國破、在小國亡。謀臣【在】外立（位）者、命曰逆成、國將不寧、在強國危、在中國削、在小國破。主失立（位）、臣不失處、命曰外根、將與禍閵（鄰）、在強國憂、在中國危、在小國削。主失立（位）、臣失處、命曰无本、上下无根、國將大損、在強國破、在中國亡、在小國威

其の○謀臣、外位（立）に在る者は、其の國安からず、(5)其の主悟《さと》（吾）らざれば則ち(6)社稷《しゃしょく》殘《そこな》わる。其の主、位（立）を失わば則ち國に本无きも、臣、處《ところ》を失わざれば則ち下は根有り、(7)【國】は憂うるも存す。(8)主、位（立）を失わば則ち國荒（芒）れ、臣、處を失わば則ち令行われず、(9)此れをこれ頖《はん》（頵）國と謂（胃）う。(10)主兩なれば則ち其の明を失い、男女、威を爭（掙）わば、(11)國に亂兵有り、此れを亡國と謂（胃）う。適（嫡）子、父たるは、命《な》づけて上曊《じょうひ》と曰い、(12)群臣は离《はな》れ志く、(13)大臣、主たるは、(14)命づけて雍《よう》（壅）塞《そく》と曰い、(15)強國に在りては削られ、中國に在りては破れ、小國に在りては亡ぶ。謀臣、外位（立）に【在る】者は、(16)命づけて逆成と曰い、(17)國は將《まさ》に寧《やす》からざらんとす。強國に在りては危うく、中國に在りては削られ、小國に在りては破らる。主は位（立）を失うも、臣は處を失わざる、命づけて外根(18)と曰い、將に禍と鄰（閵）せんとす。(19)強國に在りては憂え、中國に在りては危うく、小國に在りては削らる。主、位（立）を失い、臣、處を失うは、命づけて本无しと曰い、(20)上下、根无ければ、國は將に大いに損《そこな》われんとす。強國に在りては破られ、中國に在りては亡び、小國に在りては滅（威）ぶ。主は暴に臣は亂るる、命づけて大荒と曰い、(21)

（滅）。主暴臣亂、命曰大芒（荒）、外戎内戎、天將降央（殃）、國无小大、又（有）者威（滅）亡。主兩、男女分威、命曰大麋（迷）、國中有師、在強國破、在中國亡、在小國威（滅）。

外戎内戎あり、[22]天は將に殃（央）を降さんとす。國は小大と无く、有（又）る者は滅（威）亡す。主、兩にして、男女、威を分つは、命づけて大迷（麋）[23]と曰い、國中に師《ぐんたい》有り[24]。強國に在りては破られ、中國に在りては亡び、小國に在りては滅（威）ぶ。

（1）六分――章名。本章は国家興衰の原因を分析し、「六順」「六逆」が国家の存亡を決定する境界だと考え、中央集権を強化することの重要性を強調した。これにより篇名とした。分は境界線の意味。以上は『經法』本注。本章は、重ねて国家攻防の原因を分析し、「六順」「六逆」が国家存亡を決定する境界線だと認める。中でも君臣の道を分析し、君主は南面の術を理解して初めて群臣を統御でき、臣下は臣下たるの道理を理解して、真心を尽して君主に服務すべきこと、を指摘する。そこで「人主と爲り、南面して立つ。臣は肅敬して、敢えて其の主を蔽わず」であれば、ひたすら「主は度を執り、臣は理に循うは、その國霸昌す」ることになると説く。以上は余氏の提要。旧本は、「大分」と釈文する。陳氏も「大分」説をとる。原本の写真版では、「大」と「六」は類似していて判別がむずかしい。

（2）觀國者――国の状態を知ろうとすれば。底本注、『管子』霸言「故に國を觀る者は君を觀、軍を觀る者は將を觀る」をあげ、第一句はここと同じ意味。『經法』本注、「觀家」の下に「者」字が脱落しているのではないか、『管子』霸言「故に國を觀る者は君を觀、軍を觀る者は將を觀る」は、ここと同じ意味。

（3）六逆――陳氏は、子父、臣主、謀臣在外位、主失位、主暴臣亂、主兩、の六項だという。「主暴臣亂」は、下の注（10）に示すように陳氏がこの節で漏脱したと推定するもの。

（4）其子父其臣主――底本注、ここの「父」と「主」は動詞であり、子が父の権威を持ち、臣が君主の権威を持つ意味。

（5）其○謀臣……國不安──旧本は、「其臣謀臣……」と釈文する。原本の写真版では「臣」字が明白にみえるが、塗抹の痕も認められる。『經法』本注、君主の相談役として謀りごとをめぐらす臣下は君主の周囲に居るべきなのに、外廷にいるようでは、「其の國安からず」だ。外位は、外廷すなわち外朝のことだといわれる。外朝は、天子の政務をとる表向きの宮廷。また外国の朝廷ともいわれる。戦国期に縦横家が六国の相となったようなことか。陳氏は、外志ありの意と解釈する。謀臣が外廷で政務をとるようになれば、君主の思うようにならず君主に背離することになるからだという。

（6）不吾（悟）──底本注、吾は、目に従い五の音の字で、ここでは悟の字に読むのではないか。国の安泰でないことに気がつかないの意。

（7）臣不失處則下有根──『經法』本注、君主がその地位を失ったとき、大臣がなお一部の権力を行使できる、そこで「下に根有り」という。

（8）【國】憂而存──旧本は、「□憂而存」と釈文する。原文の写真版では「國」は欠字である。

（9）令不行──余氏は、この下と「此れを之　䫉（頓）國と謂う」の間に、脱文があるようで、下文の「主は位を失い、臣は處を失えば、命づけて本无しと曰い、上下根无ければ、國は將に大いに損われん」により、脱文は「上下无根」と推定する。

（10）䫉（頓）國──䫉は、頁に従い罕の音で、頓の異体字ではないか、読みは頓と同じで、渙散すなわち散りじりばらばらになるの意味。また下文によれば、ここの「主は位を失い、臣は處を失う」と「主兩なれば、男女は威を争う」の両項の相反する文の間に、なお「主暴にして臣亂る」の一項があるべきで、抄写した者が漏脱したのだ。以上は底本注。旧本は「積國」と釈文する。原本の写真版では「䫉」字の右旁は「貴」に読み取れる。左偏は「罕」か。陳氏は、次節の文により、この下には「主暴則生殺不當、臣亂則賢不肖竝立、此謂危國」の文があるべきで、抄写した者が漏脱したのだという。頓は、分かれるの意で、䫉国は統率のとれていない国。

(11)主兩則失其明——旧本は、「主兩則失□明」と釈文する。原本の写真版では「其」字は判読不能。主両は、后妃が君主の威権を持つことを指す。そこで下文に「男女、威を争う」とある。『韓非子』亡徴に「后妻淫亂し、主母穢を畜い、外内混通し、男女別無し、是れを兩主と謂う。兩主なる者は、亡ぶ可きなり」とある。参考にすべきだ。以上は底本注。余氏は、主両は、后妃の専制を指すという。

(12)上瞶——君主に逆らう。底本注、瞶は、悖の字に読むのではないか。『經法』本注、瞶は、拂の字に読み、背き戻る、逆らうこと。逆らうの意。最後の三句に一字誤りあるか。

(13)禼志——禼は離と同じ。離は、去る。『禮記』中庸「道なる者は須臾も離る可からざるなり」とある。志は、心が向かうところ、『論語』爲政「吾れ十又五にして、學に志す」とある。また目的、目標。余氏は、離れ走り去るの意にとる。

(14)大臣主——『經法』本注、大臣が君主の権威をもつこと。

(15)壅塞——ふさぐの意で、君主への情報を遮断し臣下が思うようにすること。『韓非子』主道に「臣、其の主を閉ざすを壅と曰い、臣、財利を制するを壅と曰い、臣、擅《ほしいまま》に令を行うを壅と曰い、臣、義を行うを得るを壅と曰い、臣、人を樹つるを得るを壅と曰う」とある。

(16)謀臣【在】外立(位)者——旧本も、「在」字を補うが、原本の写真版では欠字。

(17)逆成——規範に背く逆さまなことの実行。また妨害の完成。「逆成」は累見する。本書・論約には「死を養い生を伐つ、命づけて逆成と曰う」とある。本篇・名理にも「能く見知すること莫し、故に逆成有り、物乃ち下生す、故に逆刑有り」とある。

(18)外根——君主以外に基盤があること。

(19)將與禍閵(鄰)——『經法』本注、禍患と接近する意。災禍と紙一重の状況にある。鄰は、接近の意。『戰國策』秦策一に「株を削り根を掘れば、禍と鄰すること無く、禍乃ち存せず」とある。

(20) 无本——基本となるものがない。ここでの本とは、君主の権威ある地位と臣下の職務権限。

(21) 大荒——大いなる荒廃。『荀子』強國「大荒なる者は亡ぶ」の楊注に「大荒は、都、荒廃して治まらざるを謂うなり」とある。

(22) 外戎内戎——『經法』本注、戎は、兵すなわち軍隊で、外患があるうえに、内乱があるの意。戎は、兵乱の意。

(23) 大迷——『經法』本注、迷は、惑乱の意。大いに迷い惑って真相がよくわからない。

(24) 國中有師——『經法』本注、師は、兵乱のこと。師は、軍隊のこと、戦乱を意味する。

〔現代語訳 2〕

そもそも国の状態を観察するには、国家の安定に順当な六つの状況がある。君主がその権威ある地位を失わなければ国には基本がある。臣下が職務を失えば国の存続の基盤がなくなり、国は憂慮すべき状態であるが存続する。君主は民衆に恩恵を施し臣下は忠誠であれば、その国は安泰である。君主は君主らしく臣下は臣下らしくあり、上下にいさかいがなければ、その国は強盛である。君主は法度を守り、臣下は道理に適った行動をすれば、その国は覇者として栄える。君主は権威ある地位を獲得し臣下が会聚し服従すれば、王者となる。六つの順当な状況や六つの逆行する状況は、……国家の存亡興廃の境界線である。人の上に立つ君主は六つの境界線を把握して、それで生殺、以賞……、果断に処罰する。天下が太平で、立派な徳行を規準に掲げ、自然界の天地の働きと一体となって、すべてを包容して偏ることがなければ、もとより天下を統治する王者となるであろう。天下を統治する王者となるべき方途は、天の時と人の和と地の利が必要で、三者が交わり働いて、……天下を収めることができる。人主となれば、南面して天子の位に即く。臣下は厳粛に畏敬し、人主への情報をみだりに塞ぐことはしない。民衆は和み親しんで服従し、人主への意志疎通を塞ぐことはしない。民衆こぞって和み集まり睦じく人主のために喜んで働けば、土地は広大で人は衆く軍隊は強力であるから、天下に敵対するものはいなくなる。

凡觀國、有大〈六〉順。主不失其立(位)則國【有本。臣】失其處則下无根、國憂而存。主惠臣忠者、其國安。主主臣臣、上下不趚者、其國強。主執度、臣循理者、其國朝(霸)昌。主得【位】臣楅(輻)屬者、王。六順六逆□存亡【興壞】之分也。主上者執六分以生殺、以賞□、以必伐。天下大(太)平、正以明德、參之於〈于〉天地、而兼復(覆)載而无私也、故王天。王天下者之道、有天焉、有人焉、又(有)地焉。參(三)者參用之、

凡そ國を觀るには、六〈大〉順有り(25)。主其の位(立)を失わざれば則ち國に【本有り。臣】其の處を失わば(26)則ち下に根无く、國は憂えて存す。主は惠に臣は忠なる者は、其の國は安し。主は主たり臣は臣たり(27)て、上下趚《あらそわ》ざる者は、其の國は強し。主は度を執り、臣は理に循う者(28)は、其の國は霸(朝)昌なり(29)。主は【位】を得、臣は輻(楅)屬する者(30)は、王なり。六順六逆□(31)は存亡【興壞】の分なり(32)。主上なる者は六分(33)を執りて以て生殺し、以賞□、以て必伐す(34)。天下太(大)平にして、正すに明德(35)を以てし、之を天地に參《まじ》えて(36)、兼せて覆(復)載して私无きや(37)、故《もと》より天に王たり(38)。天下に王たる者の道は、天有り、人有り、地有(又)り(39)。三(參)者之を參《まじ》え用いて、□□(40)而《よ》く天下を有《たも》つ。人主と爲り、南面(41)して立つ。臣、肅敬して、敢えて其の主を蔽(敝)わず。下、比順(42)して、敢えて其の上を蔽(敝)わず。萬民、和

□□而有天下矣。爲人主、南面而立。臣肅敬、不敢敝（蔽）其主。下比順、不敢敝（蔽）其上。萬民和輯而樂爲其主上用、地廣人衆兵強、天下无適（敵）。

輯(43)して其の主上の用を爲すことを樂しみ、地廣く人衆《おお》く兵強ければ、天下に敵（適）无し。

（25）六順——陳氏は、主不失其位、主惠臣忠、主主臣臣、上下不趆、主執度臣循理、主得位臣輻屬のことだという。

（26）國【有本。臣】失其處——旧本は、「國□□【臣】失其處」と釈文する。原本の写真版では、三字の欠字。

（27）主主臣臣——『經法』本注、君主は君主の権力を行使でき、臣下は臣下としての職責を負えること。

（28）主執度、臣循理者——『經法』本注、君主は法度を掌握し、群臣は事の道理に従うことを尊重すること。臣下が事柄の筋道に逆らわない。

（29）朝（霸）昌——覇者となり栄える。

（30）主得【位】臣楅（輻）屬者——旧本は、「位」字を欠字とする。原本の写真版では欠字。属は湊と音も意味も近く、輻属は輻湊と同義であろう。帰し聚ることをいう。『淮南子』主術「百官は修め通じ、群臣は輻湊す」高誘注に「羣臣は君に歸すること、輻の轂に湊《あつ》まるが若し」とある。以上は底本注。輻は、車輪のなかの真っ直ぐな木であり、属は、湊の字に読み、集合の意味。臣下が輻属するとは、輻木が集まって車輪の周囲にあるようなもので、群臣が帰し従い集まって君主の周囲にいることだ。『淮南子』主術とその注の引用は、底本注と同じ。以上は『經法』本注。

（31）六順六逆□——陳氏は、欠字を「者」と推定する。

（32）存亡【興壞】之分——旧本は、「存亡□□」と釈文する。原本の写真版では、二字の欠字。国が存続するか滅亡するか復興するか壊滅するかの分かれ目、境界線。

（33）六分——六分は、ここでは六逆六順の境界線を指す。分は境界線。また『文子』下德、『淮南子』本經には「君なる者は六律を用う、……六律とは、生と殺なり、賞と罰なり、予と奪なり」といい、六分とは六律のことだともいう。

（34）以賞□以必伐——旧本は、欠字を「罰」と補う。『經法』本は、欠字でなく【信】として、注で『韓非子』難一「慶賞は信にして刑罰は必す」を引用し、伐は、罰に他ならないという。陳氏は、欠字を「罰」と推定する。Y氏は、注で、ここは『韓非子』難一の文章と必ずしも並行していないとして、「殺さるべきものを生かし、報償は間違いなく与えられ、罰せらるべきものは罰する」と訳しうるとしている。

（35）明德——『經法』本注、明德は、まったく立派な德行。『禮記』大學に「明德を明らかにす」とあるが、その「明德」とは別であろう。

（36）參之於〈于〉天地——底本注、『國語』越語下「夫れ人事は必将《かなら》ず天地と相い參《まじ》わる」の注「參は、三なり、天地人の事は三合し乃ち以て大功を成す可し」をあげる。『經法』本注、『國語』の引用のうえ、そこで「之を天地に參わる」とは、すなわち天地と合致すること。旧本、『經法』本も、「於」を「于」に釈文する。原本の写真版も「于」である。

（37）兼覆載而无私也——最初の而の字は能の字に読む。覆載は、古代の人は天は円く地は四角で、天は地の上を覆っているので、覆と称え、地は万物を生長させるので、載と称える。『文子』道原に「大丈夫は……天を以て蓋と爲し、地を以て車と爲す。……天を以て蓋と爲せば、則ち覆わざる所无きなり。地を以て車と爲せば、則ち載せざる所无きなり」とある。以上は『經法』本注。上文の本篇・國次「天地は私无し」の注（9）を参照のこと。すべてのものを受け入れて偏ることがない。『莊子』天地「夫れ道は萬物を覆載するなり」、同書・則陽「四時は氣を殊にす、天は賜（私）せず、故に歳成る」などとある。

（38）故王天——底本注、原文は「故王天」だが、「故王天下」とすべきで、「下」字の重文記号が脱落したのだ。すぐ続いて「王天下者」とある。旧本は、「故王天下」とし、すぐ続く「王天下者」の「下」字を補充の字とする。

（39）有天焉……又（有）地焉——『經』前道「國を治むるに前道有り、上は天の時を知り、下は地の利を知り、中は人事を知る」、『孟子』公孫丑下に「天の時は地の利に如かず、地の利は人の和に如かず」とあり、天地人の三才の重要性を説いている。

（40）參（三）者參用之□□——旧本は、「參者□用之□□」と釈文するが、原本の写真版では残欠の下の部分から、わずかに「參」と判読が可能。陳氏は、欠字を「然後」と推定する。『孟子』離婁下「然る後、能く天下を服す」と、類似の表現がみえる。

（41）南面——高位の者の称。古代では帝王の座位は南を向いていた、そこで人君のことを南面といった。『荘子』至樂に「南面の王の樂しみと雖も過ぐる能わざるなり」とある。

（42）比順——『經法』本注、比順は、和順のことといい、『管子』五輔「比順して以て敬す」をあげる。和み順う。『荀子』王制「天下をして順比從服せざる莫ら使む」、『詩』大雅・皇矣の毛傳「慈和して遍ねく服すを順と曰い、善を擇びて從うを比と曰う」、『管子』五輔「比順して以て敬す」などとあるのを参照。

（43）和輯——『經法』本注、和輯は、和睦のこと。

〔現代語訳　3〕

褒賞や恩恵は最下層の人々にも及び、刑罰……王者の基本である。しかし王者としての執るべき方法を知らなければ、天下を統治する王者とはなれない。王者としての執るべき方法を知る者は、馬を駆り立て馳せて狩猟しても取り尽すことなく、飲食を楽しんでも酒に溺れることなく、美女を愛好しても惑い溺れることなく、天下の軍隊と協同して戦えば、少ない出費で功績は挙がり、……国は豊かになり民衆は……。王者として執るべき方法を知らない者は、馬を駆り立て馳せて狩猟して取り尽し、飲食を楽しんで酒に溺れ、美女を愛好して惑い溺れ、天下の軍隊と協同して戦えば、出費はかさみ功績は挙がらず、戦って勝っても下した命令は……不、……失……空……與天……であれば国は貧困になり民心は荒廃する。……（聖の人）聡明な人物がその国を離れてしまうと、天下の国々は親しみ従わなくなる。このようにして知識人を尊重せず道徳的に優れた人物を手本と仰がないようだと、首都の住民は他国に移ってしまうであろう。

文德廏（究）於輕細、武刃於□□、王之本也。然而不知王述（術）、不王天下。知王【術】者、驅騁馳獵而不禽芒（荒）、飲食喜樂而不面（湎）康、玩好睘好而不惑心、俱與天下用兵、費少而有功、□□□□□□□□□□則國富而民□□□□□□其□【不】知王述（術）者、驅騁馳獵則禽芒（荒）、飲食喜樂則面（湎）康、玩好睘好則或（惑）心、俱與天下用兵、費多而无功、單（戰）朕（勝）而令不□

文德は輕細を究（廏）め[44]、武刃□□[45]、王の本なり。然り而して王術（述）を知らざれば、天下に王たらず。王【術[46]】を知る者は、驅騁馳獵して禽荒（芒）せず[47]、飲食喜樂して湎（面）康せず[48]、睘好を玩好して[49]心を惑（或）わさず。俱に天下と兵を用いて、費少なくして功有り[50]、□□□□□□□□□□[51]則ち國は富みて民は□□□□□□[52]其□[53]王術（述）を知らざる者は、驅騁馳獵すれば則ち禽荒（芒）し、飲食喜樂[54]すれば則ち湎（面）康し、睘好を玩好すれば則ち心を惑（或）わす。俱に天下と兵を用うれば、費多くして功无く、戰（單）い勝（朕）ちて令は不□□[55]失□□□□□□[56]空□[57]、與天□□[58]則ち國は貧しくして民は荒（芒）る。□[59]聖（耶）の人は留まら弗《ず》、天下は與《くみ》せ弗。此くの如くにして又た士を重んじて有道を師とする能わざること有（又）

□□失□□□□□□□空□與天□□則國貧而民芒（荒）。□耶（聖）之人弗留、天下弗與。如此而有（又）不能重士而師有道、則國人之國已（矣）。

らば、(60) 則ち國人は國《たこく》に之《ゆ》かん。(61)

---

(44) 文德廢（究）於輕細――『經法』本注、究は、深く入ること、軽細は、賎微の人。文徳は、褒賞や恩恵。軽細は、細民小民で微賎の人。究は、窮め尽す、行き渡るの意。

(45) 武刃於□□――旧本は、「□□刃（刃）於□□」と釈文する。原本の写真版では、「刃」の上は一字と推測され、判読不明。『經法』本は、「【武】刃」に作り、「刃」の上は、「武」一字の欠字とする。『經法』本注、刃の字の上の残欠は、本篇・四度により、武の字の可能性がある。陳氏は、二字の欠字を「當罪」と推定する。武刃は、武器を用いて切ること、ここでは刑罰を指すと思われる。本篇・四度「武刃にして文を以て其の後に随う」は、ここと同じ意味。

(46) 王【術】――旧本は「王【述】（術）」と釈文する。王者としての執るべき方法。

(47) 驅騁馳獵而不禽芒（荒）――馬を駆り立て馳せて狩猟しても取り尽くさない。底本注、『國語』越語下「王其れ且に馳騁弋獵《ちていよくりよう》せんとするも禽荒に至る無し、宮中の樂しみは酒荒に至る無し」をあげる。『經法』本注、田猟にけじめがなく、国事を執らないのを、禽荒という。また『孟子』梁惠王下に「獸に従いて厭くこと無き、之を荒と謂う」とある。

(48) 面（湎）康――『經法』本注、面は、湎の字に読み、深酒、康は、荒で、面康は、すなわち飲酒して荒れること。酒に溺れて楽しむ。『國語』越語下にいう「酒荒」のこと。

(49) 玩好（環）睘好――『經法』本注、『國語』越語下「女樂を玩好す」の韋昭注「玩好は、珍寶とするなり」をあげ、嬛好は女樂のことらしいとする。環好は、娟好で、姿態美好の意。姿態の美しい人を玩賞愛好すること。

(50) 費少而有功――旧本は、「費少而□功」と釈文する。原本の写真版では「有」は欠字。余氏も、欠字を「有」と補う。原本の写真版では、字は不明。

(51) □□□……□□□――ここは原本の写真版でも約十字の欠文。余氏は、前半五字の欠文を、下文により「戰勝而令行」と推定し、訳す。陳氏は、欠文を「戰勝而令行故福生於内則」と推定するが、この欠文の前には、「費少而有功」の文があり、『經』順道「戰勝於外、福生於内。用力甚少、名聲章明」に類似すること及び下文に「戰勝而令不□……失□……」とあることによる。

(52) □□□□□□□――旧本は、七字の欠文とする。陳氏は、欠文を「昌聖人其留天下」と推定するが、下文に「則國貧而民芒（荒）。□聖之人弗留、天下弗與」とあるのによる。

(53) 其□【不】――陳氏は、欠字を「與」と推定する。原本の写真版では、「其」の下、二字の欠字。

(54) 飲食――旧本は、「歙（飲）食」と釈文する。「歙（飲）」字は、原本の写真版では不明な字。

(55) 令不□□□――旧本は、「令不【行】□」と釈文する。原本の写真版では、欠文の三字は不明。陳氏は、欠文を「行故福」と推定する。

(56) 失□□□□□□□――旧本は、「失」の下、八字の欠文とする。陳氏は、欠文を「於内財去而倉廩」と推定するが、下文に「功得られて財生ず」とあるのを参考にする。原本の写真版では、正確な欠字数は不明。

(57) 空□――陳氏は、欠字を「虚」と推定する。原本の写真版では、恐らく一字不明。

(58) 與天□□――原本の写真版では「與天」はわずかに判読できる。陳氏は、欠字を「相逆」と推定する。原本の写真版では二字不明。

(59) □耶（聖）之人――陳氏は、欠字を「至」と推定する。原本の写真版では一字不明。

(60) 重士而師有道――知識人を尊重して道徳的に優れた人を先生とする。

（61）國人之國已（矣）――旧本は、「國人□國已（矣）之」と釈文する。原本の写真版では、「之」字は判読しがたい。『經法』本注、ここの意味は、国家が他人の国家になるであろう。なお西周や春秋の時代には、国人は、国都に居住する人を指す。

〔現代語訳４〕

天下の王者たるものは深遠な徳を持っていて、有……独知……天下を統治する王者となったが、天下の人々はその理由が解らない。天下を統治する王者たるものは、直轄地や封建された国の利害よりも知識人を尊重する、そこで国は尊重されて自身も安泰である。財貨よりも知恵ある者を尊重する、そこで功績が上がり財貨が増える。自分自身は遜り道徳的に優れた者を尊重する、そこで自身も尊重され命令は実行される。……天下……天下の人々は手本と仰ぐ。覇者は軍隊を充実させて服従しない者を征伐し、処罰すべき者を誅殺や禁固に処して利益を独占しない、そこで命令は天下に施行されて従わないものはない。これ以下の者は、軍事力で争いを繰り返し、滅亡も間もないというのに、滅亡の原因をまったく知らない。さて覇者王者といえば、……ただ王者だけが天下を差別なく包容して、万物はそれぞれそれなりに成長する。《国の興亡を分ける六種の境界線》

王天下者有玄德、有□□獨知□□□□王天下而天下莫知其所以。王天下者、輕縣――天下に王たる者は玄徳[62]有り、□□有り獨り知る[63]、□□□□[64]天下に王たりて天下は其の所以《ゆえん》を知る莫し。天下に王たる者は、縣國[65]を輕んじて

國而重士、故國重而身安、賤財而貴有知（智）、故功得而財生、賤身而貴有道、故身貴而令行。□□天下□天下則之。朝（霸）主積甲士而正（征）不備（服）、誅禁當罪而不私其利、故令行天下而莫敢不聽、自此以下、兵單（戰）力掙（爭）、危亡无日、而莫知其所從來。夫言朝（霸）王、其□□□唯王者能兼復（覆）載天下、物曲成焉。《六分》

士を重んず、故に國は重んぜられて身は安し。財を賤しみて智（知）有るを貴ぶ、故に功得られて財生ず。身を賤しみて道有るを貴ぶ、故に身は貴ばれて令は行わる。□□天下□天下は之に則る。[66] 霸（朝）主は甲士[67]を積みて服（備）せざるを征（正）し、罪に當たるを誅禁して其の利を私せず、故に令は天下に行われて敢えて聽かれざる莫く、此れより以下は、兵戰（單）力爭（掙）し、危亡は日无からん[68]、而して其の從りて來たる所を知る莫し。夫れ霸（朝）王と言うは[69]、其れ□□□〔私无ければ〕、唯だ王者のみ[70]能く兼せ天下を覆（復）載し[71]、物は曲《つぶさ》に成る[72]。《六つの分《わかれめ》》

（62）玄德——底本注、『德』「恒に稽式を知る、此れを玄德と謂う」（現『老子』六五）の河上公注「玄は、天なり。能く身を治め及び國を治めるの方式を知る、是れ天と德を同じくするを謂うなり」をあげる。神秘的な持ち前、働きの意。ほかに『德』（甲本）に「道は之を生じ之を畜い、……爲して恃まず、長じて宰たる勿し、此れを之玄德と謂う」（現『老子』五一）とある。

（63）有□□獨知——旧本は、「獨」字も欠字とする。陳氏は、欠字を「玄德」と推定する。原本の写真版では、「獨知」の二字は判読しがたい。

（64）□□□□——陳氏は、欠文を「王術、故而」と推定する。

(65)　縣國――県は中央政府の直轄地、国は封建した土地のこと。
(66)　□□天下□天下則之――旧本は、「□□□下□天下□」と釈文する。原本の写真版では、二番目の「天下」以外は判読しがたく、「則」字はどうにか推定できる。陳氏は、上の二欠字を「故王」、下の欠字を「王」と推定する。
(67)　甲士――『經法』本注、古代の兵士は甲をかぶっていたので甲士といった。
(68)　无日――不日すなわち日ならずと同じで、極めて短期間の意。
(69)　霸王――覇者王者のこと。『禮記』經解に「義と信、和と仁は、霸王の器なり」とある。また覇者の尊称とも言われ、『史記』趙世家に「趙の兵は江淮に横行し、諸侯畢く賀し、號して霸王と稱す」とある。
(70)　其□□□唯王者――旧本は、「其□□□□□□者」と釈文する。原本の写真版では、「其」と「者」の間は欠文または判読しがたい。陳氏は、欠文を「無私也」と推定する。
(71)　兼復（覆）載天下――これは「天覆地載」や「天地无私」を念頭においたもので、王者が、天地と同じ行動をとることを示している。
(72)　物曲成焉――旧本は、「物曲成【焉】」と釈文する。原本の写真版では、「焉」の上部が残存する。底本注、『易』繫辭上「萬物を曲成して遺さず」の孔穎達疏「變に随いて應じ、屈曲委細に、萬物成就するを言う」をあげる。曲は、委曲で、隅々まで行き届くの意。『經法』本注、万物はそれぞれに成長しうること。

第五章　四　度[1]

〔現代語訳 1〕

君主と臣下がそれぞれの地位が逆転するのを逆といい、有能な者と無能な者が同等の地位にあるのを乱という。活動と休息が時宜に適っていないのを逆という。赦免と処罰が適正でないのを暴という。逆であると国家存立の基本が失われ、乱であると職務が失われ、逆であると季節の推移に外れ、暴であると人々の信頼を失う。国家存立の基本が失われれば国が損なわれ、職務を失えば職権が侵され、季節の推移に外れれば飢饉になり、人々の信頼を失えば恨みをかう。すべての行動は自然を模範とする。自然の法則はわれわれと縁遠いものではなく、飛び込んで行けば一緒に居り、飛び出せば返っていく。君主と臣下がそれぞれ適正な地位にあるのを静といい、有能な者と無能な者が適正な地位にあるのを正といい、活動と休息が天地自然の推移に適っているのを文といい、誅伐禁令が時期に適い的確であるのを武という。静であれば国は安泰であり、正であれば国は治まり、文であれば政治は公明正大で、武であれば国は強力になる。安泰であれば君臣の秩序が得られ、治まればよい人材が得られ、公明正大であれば自然の恵みを得られ、強力であれば威信が行きわたる。天地自然の推移に適い、民衆の意向に適合すれば、文と武とが共に成り立つ、このことを上同すなわち上位者への一致と名づけるのである。

君臣易立（位）胃（謂）之逆、賢不宵（肖）竝立胃（謂）之亂、動靜不時胃（謂）之逆、生殺不當胃（謂）之暴。逆則失本、亂則失職、逆則失天、【暴】則失人。失本則□、失職則侵、失天則几（飢）、失人則疾。周畱（遷）動作、天爲之稽。天道不遠、入與處、出與反。君臣當立（位）胃（謂）之靜、賢不宵（肖）當立（位）胃（謂）之正、動靜參於天地胃（謂）之文。誅□時當胃（謂）之武。靜則安、正治、文則【明】、武則強。安得本、治則得人、明則得天、強則威行。參於天地、闔（合）於民心、文武并立、

君臣、位（立）を易うる[2]之を逆と謂（胃）い、賢と不肖（宵）と竝立する之を亂と謂（胃）い、動靜時ならざる[3]之を逆と謂（胃）い、生殺當《あた》らざる之を暴と謂（胃）う、逆なれば則ち本を失い、亂なれば則ち職を失い、逆なれば則ち天を失い、【暴なれば】則ち人を失う[4]。本を失わば則ち□、職を失わば則ち侵され[5]、天を失わば則ち飢（几）え、人を失わば則ち疾《にく》まる。周遷（畱）動作は[6]、天之が稽《もはん》[7]を爲す。天道は遠からず、入りて與に處り、出て與に反《かえ》る[8]。君臣は位（立）に當たる之を靜と謂（胃）い、賢と不肖（宵）と位（立）に當たる之を正と謂（胃）い[9]、動靜は天地に參《まじ》わる之を文と謂（胃）い[10]、誅□時にして當る之を武と謂（胃）う[11]。靜なれば則ち安く、正なれば治まり[12]、文なれば則ち【明かに】[13]、武なれば則ち強し。安なれば本を得[14]、治まれば則ち人を得《え》、明かなれば則ち天を得、強なれば則ち威行わる。天地に參わり、民心に合し、文武并立する、之に命づけて上同[15]と謂う。

命之曰上同。

（1）四度――章名。度は、尺度。本章は君臣、賢不肖、動静、生殺の矛盾を分析して、「四度を審らかに知れば以て天下を定むべき」ことを認めたので、「四度」を章名とした。以上は『經法』本注。本章で主に説いているのは、施政の基準と原則である。君臣は位置を換えることはできない、賢者と不肖とは並立できない、動静は時期を待たねばならない、生殺は正当でなければならない、これがすなわち「四度」で、やはり四条の施政の原則である。「四度」に違反すれば、国家は「本を失い」「職を失い」「天を失い」「人を失う」。これはまた反逆、動乱、天の時への違背、生産の阻害の根源である。そこで国を治める君主は「四度を審らかに知り」、はじめて「以て天下を定む可く、一國を安んず可し」ということになる。以上は余氏の提要。

（2）君臣易立（位）――『經法』本注、臣下が君主の位を奪うことの意。

（3）動静不時――『經法』本注、人民の服役に農期を誤ることに他ならず、そこで下文に「逆なれば則ち天を失う」とか「天を失えば則ち飢う」という。具体的には農繁期と農閑期を誤って力役に駆り立てることになろうか。

（4）【暴】則失人――原本の写真版では、「暴」は欠字で、つづく三字も判読しがたい。

（5）失本則□失職則侵――原本の写真版では、「失職」もほとんど判読できない。陳氏は、欠字を「損」と推定する。本篇・六分に「主位を失い、臣處を失うを、命づけて本无しと曰う、上下根无ければ、國將に大いに損せん」を参考にする。

（6）周畧（遷）動作――底本注、周遷の意味は、「周還」「周旋」と近いとし、『淮南子』兵略に「動作周還す」をあげる。陳氏は、『禮記』射義「進退周還は、〔必ず禮に中る〕」をあげる。進退動作、すなわちすべての行動を指す。周行で、反復循環の運行のことともいう。

（7）稽――『經法』本注、稽は、模範。

（8）入與處出與反――入って行けば一緒に居り、飛び出せば返っていく。身近なことの喩え。

（9）君臣當位――本篇・六分に「主は位を失い、臣は處を失う、命づけて本无しと曰う」とある、その反対。

（10）參於天地――陳氏は、動静が天の時、地の利に合致することという。天時は、自然界の季節の運行。地利は、土地の生産、土地は財を生み出すため。

（11）誅□時當胃（謂）之武――『經法』本注、欠字は「禁」の字ではないか、時は、時期に適すること、当は、ぴったり当ること。陳氏は、欠字を、本篇・國次「誅禁當らず」の語を根拠に、「禁」と推定する。時は、中たるの意。『禮記』學記「其の可に當たるを之れ時と謂う」、『管子』七法「時とは、名當たる所有るなり」などとある。また「武」については後節に「天の時に因り、天の毀を伐つ、之を武と謂う」とある。

（12）正治――底本注、正の字の下に則の字が脱落している。

（13）文則【明】――原本の写真版では、左右のわずかな残片はあり、「明」字であったらしいが、判読しがたい。

（14）安得本――底本注、安の字の下に則の字が脱落している。

（15）上同――余氏は、上下の一致、思想と行動との統一の意で、『墨子』尚同「天下の義を一同にす」は、ここの意味に近いという。本章、本篇・君正「上九」や『管子』君臣上「法制に常有れば、則ち民は散ぜずして上に合す」の「上合」と同じ意であろう。『墨子』尚同上「下比して上同する能わざる者は、此れ上の罰する所」とあるが、この「上同」は上位にある者に合わせ同調することで、一般に云う上下の一致ではない。尚同は上同と同じだといわれる。

〔現代語訳 2〕

君臣・賢不肖・動静・生殺の四つの関係の基準を詳細に理解していれば、天下を統一することができるし、一国を安定させることができる。国内は従順さが支配するが、対外的には対立的であると、治国の功績は挙がっても国は損なわれる。国内は対立が支配し、対外的には従順さで対応すると、対外的な功績は挙がっても国は亡びる。国内的にも対外的にもいずれも対立的であるのを、これを重殃すなわち二重の災禍といい、身は危険に曝され殺戮に逢い、国は危険に曝され破滅する。国内的にも対外的にもいずれも従順さで対応するのを、天当すなわち自然法則への符合と名づけ、功績は挙がって廃れず、将来も災禍に逢うことはない。評判が華々しく……者は、凡庸である。〔自然法則への〕従順が、活動である。正しさ〔すなわち適材適所〕は、事柄の基本である。道すなわち自然の法則を把握し人事の道理を遵守するには、基本から始め、従順を基本的な規準としなければならない。処罰すべき者を禁じ討伐する時は、自然の条理に適わなければならない。約束に違反すれば苦められ、刑罰を乱用すれば傷害をこうむる。逆すなわち対立に背いて当すなわち自然法則への符合に適えば、もし問題が起きた場合、功績は挙げられなくても、やはり天すなわち自然の災禍はないであろう。

審知四度、可以定天下、可安一國。順治其内、逆用於外、功成而傷。逆治其内、順用其外、功成而亡。内外皆逆、是胃（謂）重央（殃）、身危爲僇（戮）、國危破亡。外内皆順、命曰天當、功成而不廢、後不奉（逢）央（殃）。○聲華□□者用

四度[16]を審《つまびらか》に知らば、以て天下を定むべく、一國を安んずべし。順にて其の内を治め、逆をば外に用うれば[17]、功成りて傷つく。逆にて其の内を治め、順をば其の外に用うれば、功成りて亡ぶ。内外皆な逆なる、是れ重殃（央）[18]と謂（胃）い、身は危うく戮（僇）と爲り、國は危うく破れ亡ぶ。外内皆な順なるは、命づけて天當[19]と曰い、功成りて廢せられず、後に殃《わざわい》（央）に逢《あ》（奉）わず[20]。○聲華にして□□者は[21]、用

也。順者、動也。正者、事之根也。執道循理、必從本始、順爲經紀、禁伐當罪、必中天理。伓（倍）約則宭（窘）、達刑則傷。伓（倍）逆合當、爲若又（有）事、雖○无成功、亦无天央（殃）。

なり。(22) 順とは、動なり。(23) 正とは、事の根なり。(24) 道を執り理に循い、(25) 必ず本《もと》従《よ》り始め、(26) 順を經紀と爲し、(27) 當に罪すべきを禁伐すれば、必ず天理(28)に中《あた》る。約に倍《そむ》（伓）けば則ち窘《くる》（宭）しみ、(29) 刑を達すれば(30)則ち傷つく。逆に倍（伓）き當に合わば、(31) 爲若《も》し事有（又）らば、(32) 成功无しと○雖ども、(33) 亦た天殃（央）无し。

(16) 四度――四つの基準。君臣・賢不肖・動静・生殺の関係の適正な基準。
(17) 順治其内逆用於外――「逆」の定義は、本章第一段にあるが、「順」の定義はみえない。いま「逆」の反対と考えられるが、ここでの訳には適合しない。余氏は、順逆を順法・犯法すなわち無法と考える。Y氏は、従順と対立と訳している。
(18) 重央（殃）――『經法』本注、重殃は、災禍を二重にすること。
(19) 天當――自然法則に適った基準、自然法則への符合。
(20) 功成而……不奉（逢）央（殃）――本篇・國次に「是れを天功と謂う。功成りて廢れず、后に殃に逢わず」と同じ表現がみえる。
(21) ○聲華□□者――旧本は、「○聲華□□□□□□」と釈文し、○は「者」字を塗抹したとし、下の「順」字まで六字を欠文とする。原本の写真版では、○の「者」は塗抹の印がある。「華」以下「者」の間は判読しがたい。余氏は、欠字を「實寡」と補っている。陳氏は、欠字を、本篇・亡論「聲華にして實寡ければ、國を危うくして土を亡う」により、「實寡」と推定する。
(22) 用也――用は庸で、凡庸の意。余氏は、「用（庸）」と釈文し、この句の意味は、虚名はあるが実質は少ない人は凡庸だという。

(23) 順者、動也――『經法』本注、上文の「周遷動作は、天を之が稽《てほん》と爲す」を指していい、挙動が天道に順っている意味。

(24) 正者事之根也――適材適所は、人事の基盤である。「正」は、前節に「賢と不肖と位に當たる之を正と謂う」とある。陳氏は、「正は、中なり」(『文選』東京賦の李善注)とあり、事の根は、静を指す、本篇・亡論「正は靜を生ず」、『道』(乙本)「各々其の根に復歸するを靜と曰う」(現『老子』一六)の王弼注「靜は、根を謂うなり」とあり、靜は、内事を指し、根本だという。

(25) 執道循理――『經法』本注、循理は、事物の理に遵うこと。原則を把握し個別的な道理に従うの意か。

(26) 必從本始――必ず本源から探求すること。

(27) 順爲經紀――『經法』本注、順は、天道に順うことを指す。経紀は、綱紀、基準のこと。『淮南子』俶眞に「萬物百族は、各おのをして經紀條貫有ら使む」とある。以上は『經法』本注。綱紀すなわち基本的な基準の意。經紀は、秩序の意ともいう。

(28) 天理――自然の条理、筋目。『莊子』養生主に「天理に依り、大郤を批《う》ち」とあり、成玄英の疏に「天然の腠理に依る」とある。腠理は、一般に条理を意味する。腠は、肌肉の間の隙間、理は、皮膚の紋理。

(29) 伓(倍)約則宭(窘)――底本注、伓は、倍の異体字ではないか(音は本来、不に従った音である)、背の字と同じに使われる。『經法』本注、倍約は、すなわち背約で、約束を守ることを廃棄する意味で、宭は、困窮のこと。『鶡冠子』近迭に「主道高しとする所は、約束より貴ときは莫し、……言に倍き約に負《そむ》かば、各おの將に故有らんとす」とある。

(30) 達刑――「達刑」の語はまた本篇・亡論にみえる。『經』觀に「聖人……天刑に達せず」とある。達は、汰の字に読み、淘汰の意。『爾雅』釋詁に「汰は、墜なり」とあり、達刑の意味は天の刑法を減損する意。以上は底本注。達は、脱の仮借字ではないか、意味は、刑を適用すべきなのに、刑を適用しないか或いは減刑すること。『詩』大雅・瞻卬に「彼宜しく罪有るべきに、女（汝）之を覆脱す」とあるのは、まさしくこの意味だ。古代の刑という名称は、用兵と刑事案件に対する処理の両面の意味を包括するが、帛書での刑は、常に用兵を指す。以上は『經法』本注。余氏は、達は、放恣、専らに擅《ほしいまま》にする意だとし、『詩』鄭風・子衿「挑兮達兮」の朱熹集傳「達、放恣也」をあげ、刑罰の乱用の意味にとる。陳氏は、『説文』「達は、行きて相遇わざるなり」をあげ、天の刑罰に合致しないこととし、『經』觀「天刑に達せず、襦せず傳せず」をあげる。

（31）倍逆合當――底本注、逆に背いて当に合するの意。倍逆は、すなわち逆に背くこと、また順である。合当は、天当に合うこと。以上は『經法』本注。

（32）爲若又（有）事――底本注、「如若」とほぼ同じ。陳氏は、事は、戦争とする。

（33）雖〇无成功――旧本は、〇を「成」字の塗抹とする。原本の写真版では塗抹の印がある。

〔現代語訳 3〕

毋……、死を阻止して苦痛の中に生き長らえてはいけない、実質のない名声を求めてはならない。名声が実質より越えているのを、名称の破壊という。陽気が極限まで達すると還って殺気が生じ、陰気が極限まで達すると還って生気が生ずる、これを陰陽の定めへの反逆という。陽気が極限まで達すると外部に殺気が生じ、陰気が極限まで達すると内部に生気が芽生える。陰陽の変化の法則に逆らったうえに、それぞれの位置を逆転するならば、大きくは国家が滅亡するであろうし、小さくは個人的に災禍に逢うであろう。……新たに生まれる陽を扶け起こす。当すなわち〔自然法則に〕適った者は有……。極限に達して反転し、隆盛になって衰退するのは、天地自然の法則であり、人間社会の道理である。逆すなわち対立と順すなわち従順とは、道すなわち原則を同じくするが、理すなわち筋道は異なる。逆と順とを詳細に理解するのを、道紀すなわち原則の基準〔の把握〕という。強者が弱者に遜《へりくだ》れば、如何なる国にも勝てよう。高貴な者が卑賤な者に遜れば、如何なる人材も獲得できよう。有能な者が無能な者に遜れば、……不……。

毋□□□□、毋御死以生、毋爲虛聲。聲洫（溢）於實、是胃（謂）威（滅）名。極陽以殺、極陰以生、是胃（謂）逆陰陽之命。極陽殺於外、極陰生於內。已逆陰陽、有（又）逆其立（位）。大則國亡、小則身受其央（殃）。□□□□□□□、□□建生。當者有□。極而反、盛而衰、天地之道也、人之李（理）也。逆順同道而異理、審知逆順、是胃（謂）道紀。以強下弱、以何國不克。以貴下賤、何人不得。以賢下不宵（肖）、□□不□。

毋□□□[34]、死を御《ふせ》ぎ以て生きる毋《なか》れ、虛聲を爲す毋れ。聲、實より溢《こ》（洫）ゆる[35]、是れ滅（威）名と謂（胃）う。陽を極めて以て殺《さい》し、陰を極めて以て生ず[36]、是れ陰陽の命に逆らう[37]と謂（胃）う。陽を極むれば外に殺《そ》がれ、陰を極むれば内に生ず。已に陰陽に逆らい、又（有）た其の位（立）に逆らえば、大なれば則ち國は亡び、小なれば則ち身は其の殃（央）を受く。□□□□□□□[38]生を建つ。當たる者は□有り[39]、極まりて反り、盛んにして衰えるは、天地の道なり[40]、人の理（李）なり。逆順は道を同じくして理を異にし、逆順を審かに知る、是れ道紀[41]と謂う。強を以て弱に下らば、何《いずれ》の國か（を以て）克《か》たざらん[42]。貴を以て賤に下らば[43]、何人か得ざらん。賢を以て不肖（宵）に下らば、□□不□[44]。

(34) □□□□――旧本は、三字の欠文とする。原本の写真版では、明確ではないが四字の欠文と推定される。陳氏は、欠文は「止生以死」と推定する。

(35) 聲洫（溢）於實――前漢の文では「溢」字は「洫」と書くことが多い。古書にもまたこの例がある。『莊子』齊物論「以て其の老洫を言うなり」とあり、『經典釋文』では「洫の字はある本ではまた溢に作るが、同じ。音は逸」という。以上は底本注。『經法』本注、すなわち名がその実をこえることで、やはり上の句の「虚聲」に他ならない。

(36) 極陽――底本注、本篇・道法の注（50）を参考のこと。

(37) 逆陰陽之命――古代の陰陽刑徳説によれば、陽は生を主とし、陰は殺を主とする。『漢書』董仲舒傳「陰は、刑氣なり、陽は、德氣なり」、「春は、天の生ずる所以なり、仁は、君の愛する所以なり、夏は、天の長ずる所以なり、德は、君の養う所以なり、霜は、天の殺す所以なり、刑は、君の罰する所以なり」、「春夏は慶賞し、秋冬は刑罰す」をあげ、故に陽気が極盛の時に転じて殺を為し、陰気が極盛の時に転じて生を為す、このような状況を陰陽の命に逆らうと称する。以上は余氏の説。

(38) □□□□□□□□――旧本は、五字の欠文とする。原本の写真版では、八字近いことは確か。陳氏は、欠文を「故因陽伐死、因陰建生」と推定し、建は、扶植の意味だという。

(39) 當者有□――陳氏は、欠字を「數」と推定する。

(40) 極而反……之道也――底本注、本篇・道法の注（49）をみよ。『經法』本注、『管子』重令「天道の數は、至らば則ち反り、盛んなれば則ち衰う」は、ここと意味が同じ。究極まで行くとまた元に戻る。『管子』重令に「天道の數は、至らば則ち反り、盛んなれば則ち衰う」、『淮南子』泰族に「天地の道は、極まらば則ち反り、盈つれば則ち損す」などとある。すべて自然界の運行の法則を指している。

(41) 道紀――『經法』本注、紀は、綱領、基準。余氏は、道の基準、綱紀という。

(42) 以何國不克――底本注、原文の何の字の上の以の字は、余計な字であろう。

(43) 以貴下賤――『德』に「故に貴は賤を以て本と爲す」(現『老子』三九)とある。

(44) □□不□――旧本は、「□□□□」と釈文する。原本の写真版では、四字判読しがたい。陳氏は、欠字を「何事」および「治」と推定する。

〔現代語訳 4〕

コンパスで描いたものを円といい、指しがねで描いたものを方すなわち四角といい、……錘を吊り下げ位置を定めるのを正すなわち正位置といい、水の平面を平すなわち水平という。物差しで測るのは、大小長短であり、竿秤で計るのは、軽重の正確さであり、升で量るのは、数量の多少である。以上の八つの基準は、実際応用する際の規範である。日月星辰の運行の周期、四季の推移の正確な運行、活動と休息の時期、凋落と生長の時期は、自然界の法則である。地形は高低の違いを覆い隠さず、土地は肥瘠の実状を隠さないのは、地勢の法則である。君臣関係の地位が損なわれず、知識人はそれぞれにかなった地位を与えられ、能力に応じて職務を与えられ長所を生かし、私すなわち偏りを捨てて公すなわち公平を優先するのは、人間社会の規範である。美しさと醜さには名称がつけられ、逆すなわち対立と順すなわち従順は形に表れ、真実と偽りには内実がある。支配者である王公は……把握して天下の統率者となる。自然の四季の推移の法則に従って、自然に滅亡するような国を討伐するのを、武という。武力で討伐した後で文で統治すれば、成功するであろう。文が二、武が一の割合で統治する者は王者である。君主たるの原則に違い人の道に外れ、狂い惑った行為をしながらそれに気がつかなければ、必ず殺戮されるであろう。柔弱な者は罪もないのに危険にさらされ、防ぎきれないで殺戮される、これを真の柔弱というのである。剛直で正しい者は、……ゆき詰まらない。名声と功績とが符合する、そのために永久に安泰でありうる。名声と功績とが符合せず、名声が実績よりも先行するのは、原則に外れたことであり、その結末は必然的に自身の禍患を招く。黄金や宝石をため込むのは、怨みを招く源である。女道楽や宝石の愛好や極端な浪費は、混乱のもとである。怨みを招く源を固守し、混乱のもとを育てているようでは、聡明な人が現れても、救うことはできない。《国家興亡を決定する四つの施政の基準》

規之内曰員（圓）、柜（矩）之内曰【方】、【縣】之下曰正、水之【上】曰平。尺寸之度曰小大短長、權衡之稱曰輕重不爽、斗石之量曰小（少）多有數。八度者、用之稽也。日月星辰之期、四時之度、【動靜】之立（位）、外内之處、天之稽也。高【下】不敝（蔽）其刑（形）、美亞（惡）不匿其請（情）、地之稽也。君臣不

規に之れ内《あた》るは圓（員）と曰い、矩（柜）に之れ内《あた》るは【方】と曰い[45]、【懸】の下は正と曰い[46]、水の【上】は平と曰う[47]。尺寸にて之れ度《はか》るは小大短長と曰い、權衡にて之れ稱《はか》るは輕重爽《たが》わずと曰い、斗石にて之れ量るは少（小）多數有りと曰う。八度とは[48]、用の稽なり[49]。日月星辰の期[50]、四時の度[51]、【動靜】の位（立）[52]、外内の處は[53]、天の稽なり[54]。高【下】[55]は其の形（刑）を蔽（敝）わず、美惡（亞）は其の情（請）を匿《かく》さざるは[56]、地の稽なり[57]。君臣は其の位（立）を失わず、士は其の處を失わず、能に任じて其の長ずる所を過ぎるなく、私を去りて公を立つるは[58]、人の稽なり[59]。美惡（亞）には名有り、逆順には形（刑）有り、

失其立（位）、士不失其處、任能毋過其所長、去私而立公、人之稽也。美亞（惡）有名、逆順有刑（形）、請（情）僞有實、王公執□以爲天下正。因天時、伐天毀、胃（謂）之武。武刃而以文隨其後、則有成功矣。用二文一武者王。其主道離人理、處狂惑之立（位）處不吾（悟）、身必有瘳（戮）。柔弱者无罪而幾、不及而翟、是胃（謂）柔弱。剛正而□者□□而不廢。名功相抱（孚）、是故長久。名功不相抱（孚）、名進實退、是胃（謂）失道、其卒必□身咎。黃金珠玉臧（藏）積、怨之本也。女樂玩好燔材、亂之基也。守怨之本、養亂之基、雖有耶（聖）人、不能爲謀。《四度》

情（請）僞には實有り[60]、王公は□[61]を執りて以て天下の正《かしら》と爲る。天の時に因り、天毀を伐つ[62]、之を武と謂（胃）う。武刃にして文を以て其の後に隨えば[63]、則ち成功有らん。二文一武を用いる者は王なり[64]。主道を失い、人理を離れ[65]、狂惑の位（立）に處りて悟（吾）らざれば[66]、身は必ず戮（瘳）せらるること有らん。柔弱なる者は罪なくして幾《あや》うく[67]、及ばずして翟《ころ》さる[68]、是れ柔弱と謂（胃）う。剛正にして□者は、□□[69]して廢（究）せず。名と功と相い孚《あ》（抱）う[70]、是の故に長久なり。名と功と相い孚（抱）わず、名進みて實退く[71]、是れ失道と謂い、其の卒《おわ》りは必ず身の咎□[72]。黃金珠玉藏（臧）積するは、怨みの本なり。女樂玩好燔材は[73]、亂の基なり。怨みの本を守り、亂の基を養えば、聖（耶）人有りと雖ども、謀《はかりごと》を爲す能わず[74]。《四つの度《きじゅん》》[75]

(45) 規之内……内曰【方】──旧本は、「【方】」を補うが、原本の写真版では、欠字。『經法』本注、規は、古代の円を正しく描く工具、矩は、四角を画く工具。規はコンパス、矩は定規、方は四角。

(46) 【縣】之下曰正──旧本は、「□之下曰正」と釈文する。原本の写真版では、「縣」は欠字。『經法』本は、縣字の箇所を欠字とし、注で、「之」の上の残欠の字は「繩」ではないかという。錘を吊り下げて位置を定めたところが正しい位置。なお『墨子』法儀に「百工方を爲すに矩を以てし、圓を爲すに規を以てし、直は繩を以てし、正は縣を以てす」とあるのにより、この句の下に「繩之中曰直」の句があるべきだと、陳氏は推定する。繩が無いと、八度にならない。また陳氏は、『周禮』考工記・輿人「立つ者は懸に中たる」、『韓非子』有度「權衡懸かりて重きは〔減じて〕輕きに益し、斗石設けられて多きは〔減らして〕少きに益す」をあげる。

(47) 水之【上】曰平──旧本は、「水之〔上〕曰平」と釈文する。原本の写真版では、「上」字はない。之の字の下に上の字が脱落しているのではないか。『墨子』法儀「百工は方《しかく》を爲るに矩を以てし、圓を爲るに規を以てし、直は繩を以てし、正は縣を以てす」とあり、この句の上には「繩に之れ中るは直と曰う」の一句があるべきで、それではじめて「八度」の数と合致するのではないか。以上は底本注。

(48) 八度──『經法』本注、上文では、規、矩、繩、水平、尺寸、權衡、斗石など七種を叙述しているだけだ。余氏は、八つの基準すなわち規、矩、繩、懸、水、尺寸、權衡、斗石の八種で、本文で列挙しているのは七項で、一項書き漏らしているという。

(49) 用之稽──実用の基準。稽は、法則、模範。

(50) 日月星辰之期──天体の運行の法則。

(51) 四時之度──旧本は、「度」を欠文とする。原本の写真版では、判読しがたい。四季の規則的な巡り。

(52) 【動靜】之立（位）──旧本は、「□□之立」と釈文する。原本の写真版では、旧本の欠字部分は判読しがたい。ここは、天という自然界のことを述べている箇所なので、寒暖による活動と休息の時期を述べたものか。
(53) 外内之處――天という自然界のことを述べた箇所なので、前節に「陽を極むれば外に殺《そ》がれ、陰を極むれば内に生ず」とあるのを参考にすれば、外は秋冬の草木の凋落の時期、内は春夏の草木の生長の時期の意か。
(54) 天之稽――自然界の運行の法則。
(55) 高【下】――原本の写真版では、「【下】」は判読しがたい。高山と川や谷の意。
(56) 美亞（惡）不匿其請（情）――美悪は、肥沃な土地と痩せた土地。情は、実状。『孟子』滕文公上に「物の齊しからざるは、物の情なり」とある。
(57) 地之稽――地勢の法則。稽は、法則、模範。
(58) 去私而立公――個人的利益を排除して国家的利益を優先させる。余氏は、私は、私門之利益、公は、公室諸侯国の利益という。
(59) 人之稽――人間社会の規範。
(60) 逆順有形（刑）請（情）僞有實――『經法』本注、情は、真情のこと、偽は、いつわること。逆は、法を犯す。順は、法を守る。情は、真情。偽は、嘘をつく。以上は余氏注。ここでも逆順は、先の訳に従う。
(61) 王公執□――旧本は、「□□□□」と釈文する。原本の写真版では、四字とも判読しがたい。陳氏は、欠字を「之」と推定する。
(62) 因天時伐天毀――『經法』本注、因は、順応、伐は、討伐で、天毀は、上文の本篇・國次「當罪當亡」の国を指す。自然必然的に滅亡するもの。
(63) 武刃而以文隨其後――『經法』本注、『帛書』は刃の字と刃の字とは混乱していて、刃はすなわち創の字であり、開始を指し、一説では刃は牣の字に読み、充満と解釈する。武力で討伐した後で……。

(64) 用二文一武者王也――武は用いるが文を重視すれば王者だ。『管子』樞言に「一陰二陽を用いる者は霸、盡く陽を以いる者は王」とあるのを参照。陰は、刑や武。陽は、徳や文。

(65) 其主道離人理――ここの「其」字は、もと「亓」に作り、「失」字と誤ったのではないか。「失主道」は「離人理」と対の文。『鶡冠子』天則に「斯れ其れ人情を離れて天節を失う者なり」とあり、「人理を離れ」は、「人情を離れ」というのとほぼ同じ。以上は底本注。『經法』本注、其の字は、帛書では亓と書き写していて、失の字と近く、失の字の誤りではないかという。其と失は、原本の写真版の字はもともと極めて類似している。

(66) 處狂惑之立（位）處不吾（悟）――底本注、「不」の上の「處」字は「而」の誤りではないか。『經法』本注、狂惑は、『賈子』大政に「善を知りて行わ弗る之を狂と謂い、惡を知りて改めざる之を惑と謂う」とあり、後の「處」は「而」の誤りではないか。

(67) 无罪而幾――『經法』本注、幾は、危である。

(68) 不及而翟――防ぎきれないで殺戮される。『經法』本注、翟は趯の字に読み、悰すなわち悲しむこと。余氏は、翟は、戮の字に作るべきではないかという。

(69) 剛正而□者□□――旧本は、「□正而□者□□」と釈文する。原本の写真版では、残欠の上部から「剛」字が推測される。陳氏は、欠字を、「強」および「臨罪」と推定する。

(70) 名功不相抱（孚）――『經法』本は、「抱」と釈文し、注で、抱は孚の字に読み、符合のことという。

(71) 名進實退――旧本は、「□進□□」と釈文する。原本の写真版からは「進」以外は判読はむずかしい。ただ「退」字の辶の左側の残欠は確認できる。

(72) 其卒必□――陳氏は、欠字を「有」と推定する。

(73) 女樂玩好燔材――燔材は、繁載と解釈する。古代の貴族は、女樂玩好を絶えず身辺に置いて、外出にはそれらを必ず載せて行った。『管子』七臣七主に「瑤臺《ようだい》玉鋪《ぎょくほ》は處るに足らず、馳車千駟は乗せるに足らず、女樂三千人を材《の》せ、鐘石絲竹の音絶えず」とあり、材もやはり載と解釈するのは、ここと同じだ。以上は底本注。『經法』本注、燔材は、蓄載の字に読むのではないか、蓄は、盛んなこと。女楽は、歌舞する伎女。玩好は、賞玩嗜好のもの。また燔材は、財物を焚焼すること、財物を耗費することの比喩とも解釈される。そうすれば、贅沢なことを列挙したと解釈される。

(74) 不能爲謀——旧本は、「不能□□」と釈文する。原本の写真版では、「能」字がわずかに判読できるかどうか。「爲謀」の二字は判読不能。

(75) 四度——旧本は、「四□」と釈文する。原本の写真版では「四」の下は判読不能。

第六章　論①

〔現代語訳 1〕

君主とは、天地を模範とするものであり、命令の発令者であり、人民の安心立命を図る者である。天を模範としなければ自らの神聖さを失い、地を尊重しなければ自らの基盤を失う。四季の推移の正確な運行に従わなければ民衆は恨む。外朝と内朝の位置づけを決めず、情況の変化に適応しないと、内政も外交も困難に陥る。八種の政令がみな誤ると、……天を模範とすれば自らの神聖さを獲得し、地を尊重すれば自らの基盤を獲得する。四季の推移の正確な運行に従えば、民衆は恨むことはない。外朝と内朝の位置づけが適切で、情況の変化に適応すれば、内政も外交もうまくいく。八種の政令に失策がなければ、天地自然の法則と合致するであろう。天は一すなわち道を把握して、日月星辰を輝かせ、陰陽の二気を生みだし、八種の政令をうち建て、七種の法令を実行して、はじめて四方の果てまで施行され、それ以内のすべての国は命令に従わないものはなくなる。

人主者、天地之□也、號令之所出也、□□之命也。不天天則失其神、不重地則失其根。不順【四時之度】而民疾。不處外內之立（位）、不應動靜之化、則事宭（宭）於內而擧宭（宭）於【外。八】正皆失、□□□□。【天天則得其神。重地】則得其根。順四【時之度】□□□而民不□疾。【處】外【內之位、應動靜之化、則事】得於內、而得擧得於外。八正不失、則與天地總矣。天執一、明【三、定】二、建八正、行七法、然后□□□□□□□之中无不□□矣。

人主とは、天地の□なり(2)、號令の出ずる所なり、□□の命なり(3)。天を天とせざれば(4)則ち其の神を失い、地を重んぜざれば則ち其の根を失う。【四時の度に(5)】順わざれば則ち民は疾む。外內の位（立）を處《さだ》めず(6)、動靜の化に應ぜざれば、則ち事は內に宭《くるし》（宭）みて擧は【外に】宭（宭）む。【八】正皆な失い(7)、□□□□(8)。【天を天とすれば則ち其の神を得る。地を重んずれば(9)】則ち其の根を得る。四【時の度に】順い(10)、□□□而民不□疾(11)。外【內の位に處り、動靜の化に應ずれば、則ち事は】內に得て(12)、擧は外に得(13)。八正失わざれば(14)、則ち天地と總《がっ》せん(15)。天は一を執り(16)、【三を】明らかにし二を【定め】、八正を建て(17)、七法を行い、然る后□□□□□□□(18)中无不□□矣(19)。

（1）論——章名。本章は、正と反の両面から国家の「存亡興廃」の原因を探求検討している。すなわち章中でいう「論ずれば則ち存合興壊の在る所を知る」である、そこで「論」を章名とした。以上は『經法』本注。本章は主に、いかに天地に法り、四季の変化に従い、動静の変化に応じて、自己の統治策を制定するか、を論述する。君主は自然法則に基づいて人事を審察し、「六柄」を把握し、「三名」を詳しく視るべきである。「六柄備われば則ち王」、「三名察すれば則ち盡く情僞を知りて惑わず」と考える。この道理に照らして国家を治めれば、「國を有たば將に昌え、罪に當るは先ず亡び」、国家をうまく治められる。注意すべきことは、最初に「名に循いて實を責める」統治理論を提出したが、これは道家の「黄学」と「老学」を区分する重要な指標の一つで、また道家「黄学」の後世に対する影響が最も深く広い点である。以上は余氏の提要。

（2）天地之□——余氏は、本篇・六分により、欠字を「本」と推定する。陳氏は、本篇・四度により「稽」と推定する。

（3）□□之命也——陳氏は、欠字を「爲民」と推定する。

（4）不天天——底本注、天を天とするは、天を手本とすること。『經法』本注、天を天とするは、天を尊重する、天に倣い法ること。

（5）【四時之度】——旧本は、すべて欠字とする。原本の写真版では、すべて欠字。

（6）不處外内之立（位）——底本注、処は、定めること。『經法』本注、処は、占有すること。

（7）擧𡧯（竁）於【外八】正皆失——原本の写真版では「外八」は、欠字および判読不可能。『經法』本注、擧は、行動、行為。

（8）□□□□——陳氏は、欠文を「與天地離」と推定する。

（9）【天天則得其神重地】——旧本は、六字の欠文とする。原本の写真版では欠文の字数は不明。

（10）順四【時之度】——旧本は、「順四□□□」と釈文する。原本の写真版では欠文。

（11）□□□而民不□疾——旧本は、「□□□而民□□疾」と釈文する。原本の写真版では「不」の残片と思われるものがある。陳氏は、三字の欠文の箇所は欠文ではなく、抄写後の消したあととする。後半の欠字を「有」と推定する。

（12）【處】外【内之位應動靜之化則事】得於内——旧本は、「□外□□□□□□□□【事】」と釈文する。原本の写真版では、「處」の左辺の残片が認められるが、「外」以外はすべて欠文。

(13) 而得擧得於外――底本注、「擧」の上の「得」字は、当然余計な字である。
(14) 八正――底本注、上下の文に拠れば、八正は当然、外内の位、動静の化及び四時の度を指す。余氏は、八正は、天天・重地・順度・處位・應化などだが、遺漏があるか、あるいは『史記』の八位の教令かという。
(15) 與天地總矣――『經法』本注、総は、結合して一緒になること。
(16) 天執一――余氏は、一は、道だという。
(17) 明【三定】二建八正――旧本は、「□□□□□八正」と釈文する。原本の写真版では、「二」字および「建」の残片は確認できるが、「三定」は欠字。陳氏は、明は、生成、三は、下文の日月星辰を指し、二は、陰陽を指すという。
(18) 后□□□□□□――旧本は、「后」を「後」と釈文し、六字の欠文とする。原本の写真版では「后」であり、欠字数は不明。陳氏は、欠文を「施於四極、而四極」と推定する。
(19) 中无不□□矣――旧本は、「中无不□□□□」と釈文する。原本の写真版では、「不」の下、二字の欠字で、「矣」は判読できないが、その下に欠字はない。陳氏は、欠字を「聽命」と推定する。

〔現代語訳 2〕

虫やけものなどのあらゆる動物は、無……平常の規範から外れることはないのは、天と一体となっているからである。天は一すなわち道を把握して日月星辰を輝かせる。太陽は間違いなく東から昇り間違いなく西に沈み、こうして南北の方位がはっきりするのは、運行の節目の模範である。月は間違いなく見え始め間違いなく満月は欠け始め、その盈ち欠けが恒常的なのは、定めの模範である。星々には一定の進行速度があり、一定の軌道から外れないのは、信頼できることの模範である。天は日月星辰を輝かせて陰陽の二気を定め、昼と夜が分かれ、陰と陽が分かれ、長と短が分かれる。天は陰陽の二気をさだめて八正を建立したので、四季の推移は正確に運行し、活動と休息には季節的秩序が決まり、男女にはそれぞれの位置がきまった。天は八正を建立して七法を実行する。明瞭で正確なのは、自然界の法則である。ぴったり符合するのは、自然界の節目である。運行が正確なのは、自然界の正確な周期である。極限まで発展すると反転するのは、自然界の本性である。必然性は、自然界の定めである。……者自然が万物の本性を生かすためである。以上のこれらをば、七法と名づける。七法がそれぞれその名称に合致する、これを物という。それぞれの物が〔道に適合した場合〕、これを理という。理が存在するところをば、〔順〕と名づける。物が道に合致しない場合は、理に外れているという。理に外れている場合は、背逆と名づける。背逆と順従がそれぞれの性質により決められるならば、国の存亡興廃は知ることができる。

岐（蚑）行喙息、扇蜚（飛）耎（蝡）動、无□□□□□□□□□□不失其常者、天之一也。天執一以明三。日信出信入、南北有極、【度之稽也。月信生信】死、進退有常、數之稽也。列星有數、而不失其行、信之稽也。天明三以定二、則壹晦壹明、□□□□□□□【天】定二以建八

蚑《き》（岐）行喙息《こうかいそく》し、扇飛《せんひ》（蜚）耎《ぜん》（蝡）動《どう》し(20)、无□□□□□□□□□□(21)其の常を失わざる者は(22)、天と之《これ》一なればなり(23)。天は一を執り以て三を明らかにし(24)、日は信に出で信に入り(25)、南北に極有るは(26)、【度の稽なり。月は信に生じ信に】死し(27)、進退に常有るは、數の稽なり。列星に數有りて、其の行を失わざるは、信の稽なり(28)。天は三を明らかにして以て二を定むれば、則ち壹《あるい》は晦《くら》く壹は明るく(29)、□□□□□□□□(30)、【天は】二を定め以て八正を建つれば(31)、則ち四時に度有り、動靜に位

正、則四時有度、動靜有立（位）、而外内有處。天建【八正以行七法。】明以正者、天之道也。適者、天度也。信者、天之期也。極而【反】者、天之生（性）也。必者、天之命也。□□□□□□□□□者、天之所以爲物命也。此之胃（謂）七法。七法各當其名、胃（謂）之物。物各□□□□胃（謂）之理。理之所在、胃（謂）之□。物有不合於道者、胃（謂）之失理。失理之所在、胃（謂）之逆。逆順各自命也、則存亡興壞可知【也】。

（立）有りて、外内は處有り。[32] 天は【八正を】建て【以て七法を行う】。[33] 明以て正なるは、天の道なり。適とは、天の度なり。[34] 信とは、天の期なり。[35] 極まりて【反える】とは、[36] 天の性なり。必とは、[37] 天の命なり。□□□□□□□□者、[38] 天の、物の命爲る所以なり。此れを之れ七法と謂（胃）う、[39] 七法各々其の名に當る、之を物と謂う。物各□□□、[40] 之を理と謂う。理の在る所之を□と謂（胃）う。[41] 物、道に合わざること有る者は、之を理を失うと謂（胃）う、失理の在る所、之を逆と謂（胃）う。逆順各々自ら命《きだ》まれば、則ち存亡興壞は知るべき【なり】。[42]

（20）岐（蚑）行喙息、扇蜚（飛）耎（蝡）動——旧本は、「蚑」を「【岐】」とするが、原本の写真版では「蚑」字は確認できる。底本注、これらは各種動物を指すとし、『淮南子』原道「蚑行喙息し、蠉飛蝡動す」、俶眞「蠉飛蝡動し、蚑行噲息す」をあげる。『經法』本注、蚑行は多足虫、喙息は、口で呼吸する動物、扇飛は、羽で飛行する動物、蝡動は、骨格がなく体をくねらせて（爬行する）這う動物。余氏は、『新語』道基「跂行喘息、……」、『淮南子』俶眞「跂行喙息、……」をあげる。

(21) 无□□……□□□——陳氏は、十字の欠文を「徳無怨、待之死而候之生」と推定する。

(22) 不失其常者——旧本は、「□□其常者」と釈文する。原本の写真版では「不失」はわずかに残片があり、推測できないことはない。

(23) 天之一也——旧本は、「其□一也」と釈文する。原本の写真版では、底本のように釈文できる。ただ「天」か「其」かは判定できない。前後の文脈から推定するしかない。

(24) 明三——『經法』本注、三は、下文の日月星を指していう。余氏は、明三は、日月星辰のことという。

(25) 日信出信入——太陽の出入には一定の時間がある。以下の一段は『鶡冠子』泰鴻「日は信に出で信に入り、南北に極有るは、度の稽なり。月信に死に信に生まれ、進退に常有るは、數の稽なり。列星は其の行を亂さず、代わりて干《おか》さざるは、位の稽なり」とほぼ同じである。『帛書』には残欠があり、「度之稽也」と「月信生信」の八字を補った。以上は『經法』本注。

(26) 南北有極——『經法』本注、南北に偏るには一定の限度がある。

(27) 【度之稽也月信生信】死——旧本は、ここの九字をすべて欠文とする。原本の写真版では、欠字数は不明だが、「死」字は判読できる。『經法』本注、度の稽は、度数の根拠、月の運行には一定の法則があり、古代人は、月には死生があると考え、夏の初めの新月を生とみなし、月が見えなくなるのを死とみなした。

(28) 列星有……之稽也——『鶡冠子』泰鴻「日は信に出で信に入り、南北に極有るは、度の稽なり。月は信に死に信に生まれ、進退に常有るは、數の稽なり。列星は其の行を亂さず、代りて干《おか》さざるは、位の稽なり」とあり、本文の欠字はこれに拠り補う。泰鴻の下文は続いて「天の明は三以て一を定むれば、則ち萬物は至らざる莫し。三時は生長し、一時は熬刑し、四時にして定まり、天地は盡せり」という。その言葉は、また帛書の下の文と近く、参考にできる。以上は底本注。

(29) 壹晦壹明——『經法』本注、二は晦明の両現象を指し、晦は夜ふけ、明は白昼のこと。余氏は、晦・陰は、夜のことという。
(30) □□□□□□□□——陳氏は、欠文を「壹陰壹陽、壹短壹長」と推定する。
(31) 【天】定二以建八正——原本の写真版では「天」は右下の残片があるだけでほとんど欠字。『經法』本注、八正は、下文の「四時に度有り、動靜に位有りて、外内は處有り」を指す。
(32) 外内有處——上の「度有り」「位有り」「處有り」とあることからすれば、それぞれに秩序が定まることのようである。上の文脈からすれば、外朝と内朝との位置づけが確定すること。また『周禮』天官・宮正「外内を辨じて時に禁ず」の賈公彦疏に「外人は男子を謂い、内人は婦女を謂う」ともあり、ここでは外内を男女ととっている。
(33) 天建【八正以行七法】——旧本は、「天建□□□□□」と釈文する。原本の写真版では、欠字数は不明。
(34) 適者天度也——旧本は、「□者天度也」と釈文する。原本の写真版では「適」字上部の残片があり、『道原』にみえる「適」字上部と合致するので、底本の釈文でよい。適は、適当、天は、広く自然をさす。度は、法則。自然の変化と発展には、一定の法則があり、事柄の当然な筋道である。「天」の字の下は「之」の字が脱落しているのではないか。以上は『經法』本注。
(35) 天之期——『經法』本注、日月星辰は一定の時間によって運行し、違えることはない、そこで「信」という。
(36) 極而【反】者——原本の写真版では「反」は欠字。
(37) 必者——『經法』本注、必は、必ずとすること、肯定すること。
(38) □□□……□□者——陳氏は、九字の欠文を「順正者天之稽也有常」と推定する。
(39) 七法——『經法』本注、上文の「明以正」「適」「信」「極而反」「必」と帛書の残欠の二項で、すべてで七項を指す。
(40) 物各□□□□——余氏は、欠文を「合其道者」、陳氏は、欠文を「合於道者」と推定する。
(41) 理之所在胃（謂）之□——『管子』君臣上「是の故に交を別ち分を正す之を理と謂う、理に順いて失わず之を道と謂う」の言葉はここと近い。ここの「謂之」の下の一字は、残存する筆劃からみて、「道」字ではないようで、「順」字であろうか。以上は底本注。『經法』本注は「理之所在胃（謂）之【順】」と釈文する。陳氏は、欠字を「順」と推定する。

（42）【也】——旧本は、欠字とする。原本の写真版では欠字。

〔現代語訳 3〕

強大さは威厳を生みだし、威厳は聡明を生みだし、聡明は公正を生みだし、公正は静かさを生みだす。静かであれば平安であり、平安であれば寧《やす》らかであり、寧らかであれば素朴であり、素朴であれば精微となり、精微であれば測り知れない。測り知れない極みに到達すれば、認識が迷い惑わされることはない。帝王というのは、この一連の方法を把握している。そのようなわけで天地自然の根本法則を保持して、天と同様の見方でみて、四方の極遠の国にまであまねく……、六種の治国の統治術を使って天下を統治し、三種の名と実の関係を詳細に考察して万事を処理する……、天道に背逆しているかいないかを考察して覇者・王者・危国・亡国のいずれになるかの道理を探求し、情況の行方を考察し、名と実とが相応することを見通し、真実か偽りかをすっかり弁別できて迷い惑うことがなくなれば、はじめて帝王であるための道すなわち原則は完成する。六種の国を統治する統治術は、一番目は観察であり、二番目は整理分析であり、三番目は行動であり、四番目は反復考慮することであり、五番目は改革であり、六番目は教化である。観察すれば国が衰亡するか隆盛になるかが分かり、整理して分析すれば国の存亡興廃の原因の所在が分かり、軍事行動を起こせば強国を打破し弱小国を助け起こすことができ、反復考慮すれば是非を弁別して間違うことはなく、改革すれば衰亡する点を除き隆盛になる点を育てることができ、教化を実行すれば美徳を培育し邪悪を取り除くことができる。この六種の統治術が具備すれば王者である。三種の名とは、一番目は正名で、名と実とが符合して国が安定すること、二番目は倚名で、名と実とが符合しないで法が廃れて国が混乱すること、三番目は無名で、名に従って実を求めないで強国も滅亡する。三種の名と実の関係が考察されれば事態に対応した方法がとられるであろう。

【強生威、威】生惠（慧）、惠（慧）生正、【正】生靜。靜則平、平則寧、寧則素、素則精、精則神。至神之極、【見】知不惑。帝王者、執此道也。是以守天地之極、與天俱見、盡□于四極之中、執六枋（柄）以令天下、審三名以爲萬事□、察逆順以觀于朝（霸）王危亡之理、知虚實動靜之所爲、達於名實【相】應、盡知請（情）僞而不惑、然后帝王之道成。六枋（柄）、一曰觀、二曰論、三曰僮（動）、

【強は威を生じ、威は】慧（惠）を生じ[43]、慧（惠）は正を生じ、【正は】靜を生ず[44]。靜なれば則ち平、平なれば則ち寧、寧なれば則ち素[45]、素なれば則ち精、精なれば則ち神[46]。至神の極みは、【見】知惑わず[47]、帝王なる者は、此の道を執るなり、是を以て天地の極を守り[48]、天と倶に見、盡く四極の中に□し[49]、六柄を執りて以て天下に令し、三名を審かにして以て萬事の□と爲し[50]、逆順を察して以て霸（朝）王危亡の理を觀、虚實[51]動靜の爲す所を知り、名實【相い】應ずるに達すれば[52]、盡く情（請）僞を知りて惑わず、然る後に帝王の道成る。六柄（枋）は、一に曰く觀、二に曰く論、三に曰く動、四に曰く轉、五に曰く變、六に曰く化。觀れば則ち死生の國を知り、論ずれば則ち存亡興壞の在る所を知り、動けば則ち能く強を破り弱を興し、轉ずれば則ち韙（諱）

四曰轉、五曰變、六曰化。觀則知死生之國、論則知存亡興壞之所在、動則能破強興弱、轉則不失諱（韙）非之□、變則伐死養生、化則能明德徐（除）害。六枋（柄）備則王矣。三名、一曰正名一曰立（位）而偃、二曰倚名法（廢）而亂、三曰強主威（滅）而无名。三名察則事有應矣。

非の□を失わず[53]、變ずれば則ち死を伐ち生を養い、化すれば則ち能く德を明らかにして害を除（徐）く[54]。六柄（枋）備われば則ち王なり。三名とは、一に曰く正名、位（立）して偃《やす》し[55]、二に曰く倚名、廢（法）せられ乃ち亂る[56]、三に曰く強主滅[57]（威）びて名无し。三名察[58]せらるれば則ち事應ずること有らん。

（43）【強生威威】生惠（慧）——旧本は、「□□□生惠（慧）」と釈文する。原本の写真版では四字は欠文。底本注、『商君書』去強「強は威を生じ、威は惠を生ず」をあげる。『經法』本注、『商君書』により欠文を補った。

（44）【正】生靜——旧本は、「正生靜」と釈文する。原本の写真版では「正」の重字符号がみえないが、前後の文からあったと推定できる。また「生」字は最下の横線のみが残存する。

（45）寧則素——余氏は、素は染色しない絹糸で、『道』「素を見て朴を抱く」（現『老子』一九）をあげる。

（46）精則神——余氏は、『淮南子』精神「素なれば則ち精、精なれば則ち神」の高誘注「精とは人の氣、神とは人の守なり」、『管子』内業「精なる者は、氣の精なる者なり」、同書・心術上「靜なれば則ち精、……明なれば則ち神ならん」をあげる。

（47）至神之極【見】知不惑——『鶡冠子』道端に「至神の極みは、之を見て忒《たが》わず」とある。旧い校勘では「忒は一本では或に作る」とある。いま考えるに「或」としたのは当然「惑」字に読むべきであり、帛書と合致する。更に「見之」はまた当然「見知」に作るべきではないか。音が近いので誤ったのだ。以上は底本注。『經法』本注、『鶡冠子』を引用し、これにより帛書の欠字に「見」字を補った。旧本は、「至神之【極】□□知不惑」と釈文する。原本の写真版では、「極」字「知」字の偏のみ確認でき、欠字は一字と推定される。

(48) 守天地之極――『經法』本注、天地の限度を掌握すること。

(49) 盡□于四極之中――旧本は、「于」字も欠字とするが、原本の写真版では「于」字は確認できる。『經法』本注、東西南北四箇所の境界を指す。余氏は、四極は、四方の辺境で、『淮南子』地形「四極之内」、『爾雅』釋地「東は泰遠に至り、西は邠國に至り、南は濮鈆《ぼくえん》に至り、北は祝栗に至る、之を四極と謂う」などをあげる。陳氏は、欠字を「施」と推定する。

(50) 審三名以爲萬事□――原本の写真版では、欠字部分の残欠は判読できない。陳氏は、欠字を「稽」と推定する。

(51) 虛實動靜――虚実も動静もひろく情況を指す。動静については『漢書』巻九六西域傳「動靜に變有り、以て聞す」があげられる。

(52) 達於名實【相】應――旧本は、「達於名實□應」と釈文する。原本の写真版では、「相」字は欠字。

(53) 轉則不失諱（韙）非之□――旧本は、「榑（轉）則不失諱（韙）非之□」と釈文する。原本の写真版では、「榑」字。『經法』本注、韙は、是である。陳氏は、欠字を「分」と推定する。

(54) 能明德徐（除）害――旧本は、「能□德徐（除）害」と釈文する。原本の写真版では、「明」字の偏の残片が確認できる。

(55) 正名一曰立（位）而偃――底本注、「立」字の上の「一曰」の二字は余計な文字ではないか、偃は、安の字に読む。「名」字の下の「一曰」は余計な字である。而は、乃の字に読み、偃は、安の字に読む。「位乃ち安し」の意味は、君臣上下がそれぞれその地位におちつくということ。法家が提出した正名とは、名と実が相応であることを主張し、旧制度を改変することを要求し、新しい封建社会の生産関係と適応させようとした。これは孔子の鼓吹する正名とまったく違う。『申子』大體「昔者、堯の天下を治るや名を以てし、其の名正しければ則ち天下治まる。桀の天下を治むるや亦た名を以てするも、其の名倚《かたよ》りて天下亂る」（『羣書治要』巻三六の引用による）、『韓非子』揚權「名正しければ物定まり、名倚れば物徙る」がある。以上は『經法』本注。

(56) 倚名法（廢）而亂――倚は攲の字に読む、不正のこと。而は乃の字に読む。名や法を正さなければ混乱する。『管子』樞言に「名正しければ則ち治まり、名倚《かたよ》れば則ち亂れ、名无ければ則ち死す、故に先王は名を貴ぶ」とある。以上は『經法』本注。陳氏は、『管子』白心「奇名は自ら（則）廢す」とあり、廢は法度を荒廃させることという。

(57) 強――『經法』本注、強は、強情の意味で、『道』（乙本）に「自ら勝つ者は強し」（現『老子』三三）とある。

(58) 三名――「三名」については、下に引用する関係する文字を参考すべきだ。『管子』樞言「名正しければ則ち治まり、名倚《かた》よれば則ち亂れ、名无ければ則ち死す。故に先王は名を貴ぶ」、同書・白心「名を正せば自ら治まり、名を奇《かた》むければ自ら廢す（以上の文字は王念孫の校訂により改めた）。名正しく法備われば、則ち聖人は事とする無し」、『申子』大體「昔者《むかし》堯の天下を治むるや名を以てし、其の名正しければ則ち天下治まる。桀の天下を治むるや亦た名を以てし、其の名倚《かたよ》りて天下亂る」、『韓非子』揚權「一を用いるの道は、名を以て首と爲す。名正しくして物定まり、名倚りて物徙《うつ》る」をあげる。以上は底本注。

〔現代語訳 4〕

労働と休息とが時宜に適せず、農作物の播種植樹が土地に適合しないならば、天地自然の法則に違背する。臣下が君主に親しみをもたず、諸々の人々が自らの職務に親しまなければ、内理すなわち社会の規範に違背する、自然と社会の規範に違背するのは、衰亡する国であり、討伐されるべきである。これに反対なのが自然と社会の規範に順応するものであり、生気に満ちた隆盛になる国であり、このような国は養い育てるべきである。自然や社会の規範に違背するか順応するかがはっきりすれば、真実と虚偽とは明確になる。軍事力が強大なときは虚弱さを示し、軍事力が不足なときは余り有るように装う。このようであれば、天下が一旦戦争になったときは民衆を発動して天下の人々を聴き従わせることができ、平和なときは安心して生産に従事するようにすれば天下は安静である。名称と実質が符合すれば社会は安定する。名称と実質が符合しなければ天下に紛争がおこる。万物は自然に正しくなり、名称は自然に確定し、万事は自然に安定する。上述の正名・奇名・无名が理解されれば、真実と虚偽とを十分に弁えて惑わされることはなく、国は隆盛に向かうであろうし、罪に当たる者は先ず滅亡する。《真の統治術の論述》

動靜不時、種樹失地之宜、【則天】地之道逆矣。臣不親其主、下不親其上、百族不親其事、則内理逆矣。逆之所在、胃（謂）之死國、伐之。反此之胃（謂）順之所在、胃（謂）之生國、生國養之。逆順有理、則請（情）僞密矣。實者視（示）【人】虛、不足者視（示）人有餘。

動靜時ならず、種樹に地の宜を失わば[59]、【則ち天[60]】地の道逆《さか》らわん。臣は其の主に親しまず、下は其の上に親しまず、百族は其の事に親しまざれば、則ち内理逆らわん。逆の在る所、之を死國と謂（胃）い、之を伐つ[61]。此に反するをこれ順の在る所[62]と謂（胃）い、之を生國と謂（胃）い、生國は之を養う。逆順は理《おさまること》有らば、則ち情（請）僞密ならん。實なる者は【人に】虛を示（視）し[63]、足らざる者は人に有餘を示（視）す。其の事有るを以てこれを起こせば則ち天下聽き[64]、其の

以其有事起之則天下聽、以其无事安之則天下靜。名實不相應則定、名實不相應則靜（爭）。勿（物）自正也、名自命也、事自定也。三名察則盡知請（情）僞而【不】惑矣、有國將昌、當罪先亡。《論》

事なきを以てこれを安んずれば則ち天下靜かなり。名實相い應ずれば則ち定まる。[65] 名實相い應ぜざれば則ち爭（靜）う。[66] 物（勿）自ずから正しく、名自ずから命づけ、事自ずから定まる。[67] 三名察せらるれば則ち盡く情（請）僞を知りて惑わ【ず】[68]、國を有たば將に昌《さか》えんとし、罪に當れば先ず亡ぶ。《統治論》

(59) 種樹失地之宜——旧本は、「穜（種）樹……」と釈文する。原本の写真版では、「穜」字。『經法』本注、種樹は、栽培のこと、地の宜しきを失すとは、土地に適応しない植物を栽培すること。
(60) 【則天】——旧本は、二字を欠字とする。原本の写真版でも欠字。
(61) 胃（謂）之死國伐之——底本注、下文の例によれば、「死國」の二字は再度重ねてあるべきだ。余氏は、「死國」は、衰亡する国のこと。
(62) 反此之胃（謂）順之所在——底本注、「順」の字は再度重ねてあるべきだ。
(63) 實者視（示）【人】虚——原本の写真版では、「人」字は欠字。
(64) 以其有……天下聽——底本注、仕事がある時に、民衆を集めて徭役につかせれば、天下は聴き従う。
(65) 名實不相應則定——底本注、不の字は余計な文字ではないか。
(66) 靜（爭）——『經法』本注、靜は、爭の字に読むのではないか。
(67) 名自命也事自定也——『尸子』分「一を執りて以て靜か、名をして自ら正さ令め、事をして自ら定め令む」（『韓非子』揚權に類似語がある）、『申子』大体「……動く者は搖らぎ、靜かなる者は安らか。名自ら正しければ、事自ら定まる。是を以て有道者は名自りして之を正し、事に隨いて之を定むるなり」、『管子』白心「是を以て聖人の治むるや、身を靜かにして以て之を待ち、物至りて名は自ら之を治む」、『韓非子』主道「故に虚靜にして以て待ち「令」（令の字は余計な文字）、名をして自ら命づけ令め、事をして自ら定め令む。……言有る者は自ら名を爲し、事有る者は自ら形を爲す。形と名とを參同すれば、君は乃ち事とする無し」などは、いずれも意味はここと近い。以上は底本注。本篇・道法の注（24）を參閲のこと。この話はつねに古代の法家の著作にみえるとして、『申子』大體を引用する。以上は『經法』本注。

（68）【不】惑矣――原本の写真版では、「不」字は欠字。

第七章　亡　論[1]

〔現代語訳 1〕

およそ禁令を侵犯し道理を廃棄すると、必然的に至高者からの譴責を受けるであろう。一国に六種の危険な要素が備わっていたならば、その国は絶滅する。一国で三種の無実の罪人が殺され、法令を廃棄するようであれば、その国は滅亡する。一国の君主でありながら三種の情報遮断がなされていたならば、領土を喪失し君主は交替させられる。一国に三種の不吉な事象を備えていたならば、反って災禍を自らに招く。君主で驕《お》奢《ご》る者は殺され、臣下で驕奢る者は処刑される。文徳を軽視して武功を重視すれば、損害を被る。階級制度や法令が整っていながら正すことをしないと、死滅する。財利をむさぼり、軽々しく約束を破り、刑罰を濫用し、反乱の首謀者となり、怨恨の媒介をなす。これら五種の人々は、いずれも反って災禍を自らに招く。

国を防衛するとき地勢の険阻なことを頼りにする国は領土を削減され、国を治めるとき強兵を頼りにする国は弱体化する。軍隊を出動して道理にはずれ、討伐する対象が不適当であれば、天は二重の災禍を下すであろう。天道に違背する行為（逆節）が成就しないのは、天の助けを得たことである。天道に違背する行為が成就したならば、天は国の寿命は全うさせないでより厳しい懲罰を下すであろう。事態が頂点に達したら安静にしていなければならないし、正しい行動を取らなければならない。事態が頂点に達して安静でいられないのは、天道に違背することである。正しい行動を取れないのは、天命に符合しないことである。服従した民衆を大量に殺し、投降した人々を殺戮し、罪のない者を処刑すれば、すべて反って自らに禍災を招く。討伐する対象が有罪の者であれば、幸せは五倍になり、討伐する対象が無罪の者であれば、災禍は十倍になって返ってくる。

凡犯禁絶理、天誅必至。一國而服（備）六危者威（滅）。一國而服（備）三不辜者死、廢令者亡。一國之君而服（備）三壅者、亡地更君。一國而服（備）三凶者、禍反【自】及也。上洫（溢）者死、下洫（溢）者刑。徳溥（薄）而功厚者隋（隳）、名禁而不王者死。抹（昧）利、襦傳、達刑、爲亂首、爲怨媒、此五者、禍皆反自及也。守國而侍（侍）其地險者削、

凡そ禁を犯し理を絶たば(2)、天誅必ず至る。一國にして六危を備《そな》（服）うる者は滅《ほろ》（威）ぶ。一國にして三不辜を備（服）うる者は死し(3)、令を廢する者は亡ぶ。一國の君にして三壅(4)を備（服）うる者は、地を亡《うしな》い君を更《あらた》む。一國にして三凶を備（服）うる者は(5)、禍反りて【自】らに及ぶなり(6)。上の溢《おご》（洫）る者は死し、下の溢（洫）る者は刑せらる(7)。徳薄《うす》（溥）くして功厚き者は隳《こぼ》（隋）たれ(8)、名は禁じて王《さかん》ならざる者は死す(9)。利を昧《むさぼ》（抹）り(10)、襦傳し(11)、刑を達し(12)、亂の首《かしら》と爲り、怨謀を爲す(13)、此の五者は、禍皆な反りて自らに及ぶなり。國を守りて其の地の險を恃（侍）む者は削られ(14)、國を用いて(15)其の強を恃（侍）む者は弱し。兵を興し理を失い、伐つ所當らざるは、天は二殃（央）(16)を降す。

用國而恃（侍）其強者弱。興兵失理、所伐不當、天降二央（殃）。逆節不成、是胃（謂）得天。逆節果成、天將不盈其命而重其刑。贏極必靜、動舉必正。贏極而不靜、是胃（謂）失天。動舉而不正、【是】胃（謂）後命。大殺服民、僇（戮）降人、刑无罪、過（禍）皆反自及也。所伐當罪、其禍五之。所伐不當、其禍什之。

逆節[17]成らざる、是れ天を得ると謂（胃）う。逆節果たして成らば、天は將に其の命を盈たさずして其の刑を重くす。贏極まれば必ず靜かにして[18]、動擧は必ず正し。贏極まりて靜かならず、是れ天を失うと謂（胃）う[19]。動擧して正しからず、【是れ】後命と謂（胃）う[20]。大いに服民[21]を殺し、降人を戮（僇）し、无罪を刑すれば、禍（過）は皆な反りて自らに及ぶなり。伐つ所罪に當たらば、其の禍は之を五にし[22]、伐つ所當たらざれば、其の禍は之を什にす。

（1）亡論――章名。本章は、国家滅亡の原因を論述するので、「亡論」を章名とする。以上は『經法』本注。本章は、国家興亡損敗の歴史的経験を総括する基礎に立って、国家、君主の危亡の道を論述する。「一國にして六危を備える者は滅び、一國にして三不辜を備える者は死し、令を廢する者は亡ぶ。一國の君にして三壅を備える者は、地を亡い君を更え、一國にして三凶を備える者は、禍反りて自らに及ぶなり」とある。章中に述べる「伐つ所は罪に當れば、其の禍は之を五にす」は、黄老の学の主張する「禁攻寢兵」の思想を反映する。以上は余氏の提要。

（2）犯禁絶理――『經法』本注、犯禁は、禁止したことをすること、絶は、拋棄する、絶滅すること。余氏は、『韓非子』五蠹「俠は武を以て禁を犯す」をあげ、犯禁は、禁令を犯すことという。

（3）服（備）三不辜者――余氏は、『呂氏春秋』先識覧「法式を用いず、三不辜を殺す」をあげる。陳氏は、三不辜とは、三種の無罪の人が処刑されることという。「三不辜」については、本章第二段にみえる。

（4）三壅――壅は、蔽のこと。壅蔽は、すなわち隔絶。『史記』巻六秦始皇本紀に「先王、雍蔽は國を傷《やぶ》るを知る、故に公卿大夫士を置き、以て法を飾り刑を設けて、天下治まる」とあり、三壅は、下文に具体的な説明がある。以上は『經法』本注。

（5）一國而服（備）三凶者――陳氏は、ここは「一國之君而備三凶者」に作るべきで、上文の「一國之君而備三壅」の「之君」はここに移すべきだという。

（6）禍反【自】及也――旧本は、「禍反【自及】也」と釈文する。原本の写真版では、「自及」の二字は欠文。

（7）上洫（溢）者死、下洫（溢）者刑――『經法』本注、上は、君主を指し、下は、官吏を指す、溢は、驕奢のこと。

（8）功厚者隋（隳）――『經法』本注、功は、武功を指し、隳は、毀滅すること。

（9）名禁而不王者死――『經法』本注、名は、名分や階級制度を指し、禁は、押し止めること、王は旺の字に読み、盛んなこと。余氏は、この句は、法治を用いずまた王と称えることのできない人は最後には滅亡する意味だという。陳氏は、名は、名号、各種の名分等級制度、禁は、禁令、各種の法令制度、而は、如果、王は、匡の字に読み、正だとし、『春秋繁露』深察名號「王とは、匡なり」、『法言』先知「四國是れ王」の李軌注「王は、匡なり」をあげる。

（10）抹（昧）利――抹は、昧の字に読む、貪ること。『左氏傳』襄公二十六年「一來に昧ぼる」の注に「猶お貪り冒すがごとし」とある。以上は底本注。

（11）襦傳――下文に「約して之に倍く、之を襦傳と謂う」とあり、襦は、繻の字に読まれるのではないか。繻も伝も、いずれも古代に関所を通過する時の通行証で、その他の責取、調発することができる符契とは同じでない、そこで人から大切にされない。『漢書』巻六四終軍傳には、終軍が関所にはいると、関所の官吏は終軍に繻を与えたが、軍は繻を棄てて去ったと記す。東漢の李充の『函谷関賦』に「言服を察して以て譏ること有り、襦傳を捐てて論ずる勿し」とある。いずれも「襦傳」は常に人に軽々しく棄てられることをいう。ここの「襦傳」は固い約束を軽々しく破ることを比喩している。

以上は底本注。『經』觀に「聖人は正以て天を待ち、靜以て人を須《ま》つ。天刑を達せず、襦せず傳せず。天の時に當り、之と與に斷ず。當に斷ずべきに斷ぜざれば、反りて其の亂を受けん」とある。襦は、繻の字に読む。『漢書』終軍傳の注に「張晏曰く、繻は、符なり。書帛裂きて之を分つこと、券契の若し。蘇林曰わく、繻は、帛邊なり。舊と關の出入には皆な傳を以てし、傳煩なれば、因りて繻頭を裂き、合して以て符信と爲すなり」とある。傳は銅あるいは竹で作る。襦傳はいずれも古代の通関の手形で、その他の符契が求め取りあげたり調発したりできるのとは違い、すでに関所を通過したりあるいは関所を通過したくない者は、直ちに棄て去ってもはや重視しない。ここでは固い約束を軽々しく破ることの比喩に使っている。以上は『經法』本注。

(12) 達刑——この語は、本章・四度にすでにみえる（四度注(30)を参照)。陳氏は、『説文』「達は、行きて相遇わざるなり」をあげ、天の刑罰に合致しないことといい、『經』觀「天刑に達せず、襦せず傳せず」をあげる。余氏は、達は、放恣の意という。

(13) 爲怨媒——『漢書』巻五四李廣蘇建傳に「隨って其の短を媒蘖す」の顔師古注に「齊人は麴餅を謂いて媒と曰う」とある。怨媒は、怨恨を引き起こす媒介のこと。以上は『經法』本注。なお『漢書』の孟康注は「媒は、酒教、蘖は、麴なり。其の罪を釀成するを謂うなり」という。

(14) 侍（恃）其地險者削——余氏は、地険は、地勢が険わしく要害であるとし、『孟子』公孫丑下「國を固むるに山谿の險を以てせず」の趙岐注「險阻の固めに依らず」をあげる。

(15) 用國——『經法』本注、「用國」は、上文の「守國」に対するもので、用国は用兵の国で、進攻する国のこと。

(16) 二央（殃）——『經法』本注、二殃は、重殃のこと。余氏は、二重の災禍という。

(17) 逆節——逆節は、天道に逆らった行為を指す。『國語』越語下「逆節萌え生ず」（『管子』勢にもみえる）がある。以上は底本注。『經法』本注、逆節は、天道に違背した罪悪行為のこと、上文の「兵を興し理を失し、伐つ所當らず」を指していう。

(18) 贏極必靜——底本注、贏は、盈であり、長である。『經法』本注、盈極まるは、極限に到達すること、必靜は、再び行動できないこと。

(19) 是胃（謂）失天——旧本は、「是胃（謂）失□」と釈文する。原本の写真版では、「天」字の上の「一」字のみある。

(20) 【是】胃（謂）後命——原本の写真版では、「是」字は欠字。『經法』本注、後は、及ばない、到達しないこと。余氏は、天命に符合しないことという。

(21) 服民——『經法』本注、服は、服従、帰順のこと、服民は、帰順した人。

(22) 所伐當罪其禍五之——底本注、『説苑』談叢「伐つ所にして當らば、其の福は之を五にし。伐つ所當らざれば、其の禍は之を什にす」をあげ、「其禍五之」の「禍」は、「福」の誤りではないか。余氏は、これは本篇・四度「禁伐、罪に當れば、必ず天理に中る」と意味は同じという。

〔現代語訳 2〕

侵略を受けても国を固守しようと思わず、下なる民衆は勝手気ままに土地の境界を変えて自分の土地とする……人民を徹底的に救済することができず、反って災禍を招き入れるのは、危険のもとである。評判は華やかだが実質が乏しければ、国を危険に曝し国土を喪失する。農繁期に大土木工事を起こすのを、道理の無視と名づける。禁令を侵犯し道理を無視すれば、至高者の誅罰は避けられない。六種の危険とは、第一は嫡子が父親の権力を持つこと。第二は大臣が君主に代わり君主の権力を持つこと。第三は謀りごとに優れた側近の臣下の心が君主から離反すること。第四は諸侯が随意に官吏を任免することを許すこと。第五は君主の側近が互いに結託して君主への情報を遮断すること。第六は君主の血縁者たちが徒党を作り君主に逆らうこと。これら六つの危険を克服しなければ、災禍が自分の身に及ぶであろう。いわゆる三種の無実の罪人〔の殺害〕とは、第一にわけもなく有能な人物を殺すこと。第二に帰服した民衆を殺すこと。第三に罪のない者を処刑すること。これらが三種の無実の罪人〔の殺害〕である。三壅すなわち三種の情報遮断とは、内朝の后妃の権威が君主以上であるのを閉塞といい、外朝の大臣の権威が君主以上であるのを背逆といい、外朝の大臣も内朝の后妃もいずれもその権威が君主以上であれば、君主は孤立に陥る。このような状態で国を保有すれば、防衛は堅固でなく、戦争すれば負ける。これを一番目の情報遮断という。内朝の后妃から外朝の大臣に命令するのを惑いといい、外朝の大臣から内朝の后妃に命令するのを乱賊といい、内朝の后妃と外朝の大臣が徹底的に争えば、首都を危険に陥れる。これを二番目の情報遮断という。一人の人物が君主を随意に操るのを、正確な情報の遮断といい、内朝の后妃と外朝の大臣が君主を取り囲むのは、何重もの情報遮断といい、外朝の大臣と内朝の后妃が一体となれば、国は別の国になる。これを三番目の情報遮断という。三凶すなわち三種の凶悪なこととは、一番目は戦争を愛好すること。二番目は天道に違背して無理押しをすること。三番目は主観的な心の赴くままに任せること。これを三凶という。天下の利益をむさぼれば、天下の患いを自らに招く。一国の利益をむさぼる者は、一国の災禍を自らに招く。約束をしながらそれを破るのは、襦傳すなわち軽々しい約束破棄という。処罰すべき国を討伐しながら、利益に目が眩んで反対の行動をとるのは、達刑すなわち刑罰の濫用という。一方で目上の者を殺害し、他方では目下の者を追い払うのを、乱首すなわち混乱の首謀者という。外国と結んだ条約を守らないのは、怨媒すなわち怨恨の媒介という。国を保持して

國受兵而不知固守、下邪恒以地界爲私者□。救人而弗能存、反爲禍門、是胃(謂)危根。聲華實寡、危國亡土。夏起大土功、命曰絶理。犯禁絶理、天誅必至。六危、一曰適(嫡)子父。二曰大臣主。三曰謀臣【離】其志。四曰聽諸侯之所廢置。五曰左右比周以雍(壅)塞。六曰父兄黨以儹。危不朕(勝)、禍及於身。【三】不辜、一曰妄殺殺賢。二曰殺服民。三曰刑无罪。此三不辜。三雍(壅)、内立(位)朕(勝)胃(謂)之塞、外立(位)朕(勝)胃(謂)之儹、外内皆朕(勝)則君孤直(特)。以此有國、守不固、單(戰)不克。此胃(謂)一雍(壅)。

國は兵を受けて固守するを知らず、下は邪恒に地界を以て私と爲す者は□[23]。人を救いて存する能わず、反りて禍の門を爲すは、是れ危うきの根と謂(胃)う。聲華《はなや》かに實寡《すく》なければ[24]、國を危うくし土を亡《うしな》う。夏に大いなる土功を起こすは[25]、命づけて絶理と曰う[26]。禁を犯し理を絶たば、天誅必ず至る。六危とは、一に曰く嫡(適)子は父たり[27]。二に曰く大臣主たり[28]。三に曰く謀臣は其の志を【離す】[29]。四に曰く諸侯の廢置する所を聽《ゆる》す[30]。五に曰く左右は比周し以て壅(雍)塞す[31]。六に曰く父兄は黨して儹《さから》う[32]。危きに勝《たえ》(朕)ざれば[33]、禍は身に及ぶ。【三】不辜とは[34]、一に曰く妄《みだ》りに賢を殺す[35]。二に曰く服民を殺す。三に曰く无罪を刑す。此れ三不辜なり[36]。三壅(雍)とは、内位(立)勝《まさ》(朕)る[37]之を塞と謂(胃)い、外位(立)勝(朕)る[38]之を儹と謂(胃)い、外内皆な勝(朕)ざらば則ち君は孤特(直)なり[39]。此れを以て國を有たば、守りは固からず、戰(單)えば克《か》たず。此れを一壅(雍)と謂(胃)う。中從り外に令《よ》す【之を】惑いと【謂(胃)い】[40]、外從り内に令す之を□〔賊〕と謂(胃)い[41]、外内爭(靜)いを遂ぐれば[42]、則

從中令外【謂之】惑、從外令中胃（謂）之□（賊）、外内遂靜（爭）、則危都國。此胃（謂）二雍（壅）。一人擅主、命曰蔽光。從中外周、此胃（謂）重廱（壅）。外内爲一、國乃更。此胃（謂）三廱（壅）。三凶、一曰好凶器。二曰行逆德。三曰縱心欲。此胃（謂）【三凶。昧】天【下之】利、受天下之患。抹（昧）一國之利者、受一國之禍。約而倍之、胃（謂）之襦傳。伐當罪、見利而反、胃（謂）之達刑。上殺父兄、下走子弟、胃（謂）之亂首。外約不信、胃（謂）之怨媒。有國將亡、當□□昌。《亡論》

ち都國を危うくす。此れ二壅（雍）と謂（胃）う。一人 主を擅《ほしいまま》にする、命《な》づけて蔽光と曰い(43)、中外從り周《かこ》う(44)、此れ重壅（雍）(45)と謂（胃）い、外内 一と爲らば、國乃ち更《あらた》まる(46)。此れ三壅（雍）と謂（胃）う。三凶とは、一に曰く凶器を好む。二に曰く逆德を行う。三に曰く心欲を縱《ほしいまま》にす(47)。此れ【三凶】(48)と謂（胃）う。天【下の】利を【昧《むさぼ》（抹）らば(49)】、天下の患《わずらい》を受く。一國の利を昧（抹）る者は、一國の禍を受く。約して之に倍《そむ》く(50)、之を襦傳と謂（胃）う。當に罪すべきを伐ち、利を見て反す、之を達刑と謂（胃）う。上は父兄を殺し、下《しも》は子弟を走《お》う、之を亂の首《かしら》と謂（胃）う。外に約して信ならず、之を怨媒と謂（胃）う。國を有つも將に亡びんとし、當□□昌(51)。《滅亡論》

(23) 私者□——原本の写真版では、欠字の箇所は判読できない。

(24) 聲華實寡——『經法』本注、声華は、名声が大変大きいこと、実寡は、何の才能もないこと。

(25) 夏起大土功——土功は、築城や開渠などの工事を指す。『禮記』月令「孟夏の月、……土功を起こす毋れ……季夏の月、……以て土功を興す可からず……」がある。以上は底本注。余氏は、大土功は、大土木工事という。

(26) 命曰絶理——『經法』本注、夏は農繁期で、人民を大土木工事に駆り立てるのは、道理を絶滅させること。

(27) 適(嫡)子——余氏は、嫡妻の生んだ子、あるいは嫡妻の生んだ長子という。

(28) 大臣主——余氏は、大臣主たりは、大臣が君主に代わって行為することで、『管子』白心「臣にして其の君に代わるは篡なり」をあげる。

(29) 謀臣【離】其志——陳氏は、本書・六分や帛書『繆和』「羣臣虚位にして、皆外志有り」を参考に「離」ではなく「外」字を補う。

(30) 聽諸侯之所廢置——『經法』本注、聴は、聴いて任せること、放任して管理しないこと、廃は、廃し除くこと、置は、設立すること。

(31) 左右比周以雍(壅)塞——『經法』本注、『荀子』臣道「朋黨比周して、主を環み私を圖るを以て努めと爲す」、『韓非子』孤憤「朋黨比周し以て主を蔽う」をあげ、比周は、相互に結託すること。余氏は、比周は、結党営私だといい、『論語』爲政「君子は周して比せず、小人は比して周せず」などをあげる。しかし注では「孔曰く、忠信を周と爲し、阿ねり黨するを比と爲す」とある。

(32) 父兄黨以儹——『韓非子』八姦「何をか父兄と謂う。曰く、側室公子は、人主の親愛する所なり、大臣廷吏は、人主の與に度計する所なり。此れ皆な力を盡し議を畢し、人主の必ず聽く所なり」とある。儹は、佛の異体字ではないか、仮りて払とし、違戻の意味。以上は底本注。『韓非子』とともに、『戰國策』秦策四「父兄」の高誘注「公族を謂う」をあげ、いわゆる父兄とは、君主の伯叔や兄弟などのこと。党は、結党のこと。儹は、拂の字に読み、逆らい抵抗することといい、『荀子』性惡「則ち兄弟相い拂奪せん」をあげる。以上は『經法』本注。

(33) 危不朕(勝)——底本注、危の字の上、六の字が脱落しているのではないか。

(34)【三】不辜――原本の写真版では「三」字は欠字。
(35) 一曰妄殺殺賢――『經法』本注、「妄殺賢」に作るべきで、一「殺」字が余計なようだ。
(36) 此三不辜――底本注、『呂氏春秋』先識覧「妲己、政を為し、賞罰に方無く、方式を用いず、三不辜を殺す」をあげる。
(37) 内立（位）朕（勝）――『經法』本注、内位は、后妃を指す。
(38) 外立（位）朕（勝）――『經法』本注、外位は、大臣を指す。
(39) 君孤直（特）――直は、特と古音では近く通用した。孤特は、孤立し単独で頼るところがないこと。以上は底本注。
(40) 從中令外【謂之】惑――原本の写真版では、「謂之」は欠字。
(41) 從外令中胃（謂）之□――原本の写真版では、「□」は欠字。底本注、『史記』八七李斯列傳「且つ夫れ外從り中を制する之を惑と謂い、下從り上を制する之を賊と謂う」の文は、ここと近い。『經法』本注、欠字は「賊」の可能性がある。
(42) 外内遂靜（爭）――底本注、遂は、逐の字ではないか、帛書『周易』は「逐」字は常に「遂」と書き写している。
(43) 一人主……曰蔽光――「擅」上の「主」字は当然余計な字である。『韓非子』内儲説上「夫れ日は天下を兼せ燭らさば、一物も當る能わざるなり。人君、一國を兼せ燭らさば、一人も壅ぐ能わざるなり」をあげる。以上は底本注。『經法』本注、『韓非子』の引用文を、さらに「故に將に人主に見えんとする者は夢に日を見る。夫れ竈は、一人煬《かし》げば、則ち後人は從りて見る無し」まであげ、「蔽光」までの注としている。
(44) 從中外周――『經法』本注、周は、包囲、封鎖のこと。
(45) 重廱（壅）――『經法』本注、重壅は、二重に壅蔽すること。
(46) 國乃更――『經法』本注、更は、更換で、君主を更迭する意味。
(47) 三凶、一……縱心欲――底本注、『國語』越語下「夫れ勇なる者は逆德なり、兵なる者は凶器なり、爭なる者は事の末なり。陰かに逆徳を謀り、好みて凶器を用うれば、人に始まる者は人の卒うる所なり」は、ここと意味が近い。『經法』本注、凶器を好むは、用兵を好む、戦争を好むこと。余氏は、逆徳は、天道に違背して無理を押し通すことという。

(48)【三凶】——原本の写真版では、この二字は欠字。

(49)【昧】天【下之】利——原本の写真版では、「昧」は判読不能、「天下之」は欠字。

(50) 約——余氏は、約は、条約の締結という。

(51) 當□□昌——原本の写真版では、二字は欠字、「當」字は右辺の残欠が認められる。陳氏は、欠字を「罪復」と推定し、これは本篇・論「國を有たば將に昌えんとし、罪に當れば先ず亡ぶ」と相反する文だという。

第八章　論　約(1)

〔現代語訳 1〕

文徳教化で始まり最後に武力を用いるのは、天地自然の道すなわち法則である。四季の推移に節度があるのは、天地自然の理すなわち法則である。日月星辰の運行に規律があるのは、天地自然の紀すなわちおきてである。春夏秋の季節は生育・成長・収穫の功業があり、冬の季節は衰枯させるのは、天地自然の法則である。四季の推移は確定しており、まったく錯誤が起こりようがなく、恒常的な法則がある、……或いは君主を擁立したり或いは廃位させたり、或いは生かしたり或いは殺害したり、四季が交代で主役となり、四季の推移は終わるとまた始まるようなものである。人間社会の事柄の法則は、対立か従順かに限られる。功業が自然の限度を超過すると、自然の報復を受けるであろう。功業があるべき水準（天）に到達しないと、何の名声も残らない。功業が自然（天）に符合すれば、大いなる名声が挙がる。これが人間社会の事柄の法則である。従順であれば生存でき、秩序だっていれば成功し、対立すれば死亡し、失……名。自然の法則に違背すれば、国には君主がいなくなる。

始於文而卒於武、天地之道也。四時有度、天地之李（理）也。日月星晨（辰）有數、天地之紀也。三時成功、一時刑殺、天地之道也。四時時而定、不爽不代（忒）、常有法式、□□□、一立一廢、一生一殺、四時代正、冬（終）而復始。【人】事之理也、逆順是守。功洫（溢）於天、故有死刑。功不及天、退而无名。功合於天、名乃大成。人事之理也。順則生、理則成、逆則死、失□□名。伓（倍）天之道、國乃无主。

文に始まりて武に卒《おわ》るは、天地の道なり。四時に度有るは、天地の理（李）なり。日月星辰（晨）に數有るは、天地の紀なり。三時功を成し、一時刑殺するは(2)、天地の道なり。四時は時にして定まり(3)、爽《たが》わず忒《たが》（代）わず(4)、常に法式有るは、□□□(5)。一《あるい》は立て一は廢し、一は生じ一は殺し、四時代わるがわる正《しゅ》たりて(6)、終（冬）りて復た始まる。【人】事の理や(7)、逆順を是れ守る。功は天より溢《こ》（洫）ゆ、故に死刑有り。功、天に及ばざれば、退きて名无し。功、天に合すれば、名は乃ち大成す。人事の理なり。順なれば則ち生き、理あらば則ち成り、逆らわば則ち死し、失なわば□□名(8)。天の道に倍《そむ》かば(9)、國は乃ち主无し。

（1）論約——章名。約は、要《かなめ》で、本章は、道の主要内容を論述するので、「論約」と名づける。以上は『經法』本注。本章の主旨は、人事は天地四季の法則に符合すべきことを論述するにある。すなわち文中で強調する「之を天地の恆道に參え、乃ち禍福死生存亡興壞の在る所を定む」である。このようであれば「萬擧して理を失わず、天下を論じて遺策无し」と考える。章中では再度「名を審らかにし形を察す」ることの重要性を強調する。以上は余氏の提要。

（2）三時成功一時刑殺——三時は、春夏秋の三季を指し、一時は、冬季を指す。『鶡冠子』泰鴻「三時生長し、一時煞刑し、四時は而《すで》に定まり、天地盡す」がある。以上は底本注。余氏は、『春秋繁露』陰陽義「是の故に天の道は、三時を以て成生し、一時を以て殺死す」をあげる。

（3）四時時而定——四季は時に照らして変化する。定は、確実。以上は『經法』本注。余氏は、「而」上の「時」字は余計だという。陳氏は、「時」字は誤って重複したとして削除し、「而」は、既、已の意という。

（4）不爽不代（忒）——爽も、忒もいずれも齟齬するの意。『易』豫・彖辭「四時忒わず」は、ここと同じ意味。以上は底本注。『經法』本注、差わず錯まらずのこと。

（5）□□□——旧本は、四字の欠文とする。原本の写真版では、最低でも四字の欠文と推定される。陳氏は、五字の欠文とし「天地之理也」と推定する。余氏は、欠字を四字とする。

（6）四時代正——『經法』本注、上文の「三時成功、一時刑殺」を指す。

（7）【人】事之理也——原本の写真版では、「人」字は欠字。

（8）失□□名——旧本は、三字の欠文とする。原本の写真版では、二字の欠字と推定できる。陳氏は、欠字を「則無」と推定する。

（9）伓（倍）天之道——『經法』本注、倍は、違背のこと。

〔現代語訳 2〕

まともな君主のいない国は、対立する者と従順な者とが相互にせめぎ合っている。国の根本を破壊し国の功業を廃棄するならば、混乱が生まれ国は滅亡する。もしも天に罪を得るようであれば、領土は失われ君主は地位を追われる。自然の恒常的な法則に従わず、民衆の労働力を節制しないと、如何なることをしても功業は伴わず、死滅に向かうものを養育して生気にみちたものを破壊するのを、逆成すなわち天道に違背し無理を押し通すことと名づける。そのような者は人に殺戮されなければ、必ず至高者は天の懲罰を受ける。天道に違背した行為が芽生え始めたとき、真面目に直そうとしないと、彼は自ら刑罰を受けることになろう。そこで道を把握した者が天下を観察するとき、必ず詳細に事物の起因を観察し、それらの実質と名称を考察する。実質と名称が確定してしまえば、対立と従順とはその立場が決まり、死滅に向かうか生気に満ちているかが明確になり、生存するか滅亡するか勃興するか壊滅するかが決着する。そうして初めてこのことを天地自然の恒常的な法則に照らして、そこで災禍か幸福か死か生か存続か滅亡か勃興か壊滅かの所在が確定する。このようなわけで行う事はすべて道理に外れず、天下の大事を論じて遺漏がない。それ故に天子を擁立し、三公を補佐役に置いて、天下が教化される、これを有道〔の国〕と名づける。《国家興亡論の要約》

无主之國、逆順相功（攻）。伐本隋（隳）功、亂生國亡。爲若得天、亡地更君。不循天常、不節民力、周遷而无功。養死伐生、命曰逆成。不有人僇（戮）、必有天刑。逆節始生、愼毋【先】正、皮（彼）且自氐（抵）其刑。故執道者之觀於天下也、必審觀事之所始起、審其刑（形）名。

主無きの國は、逆順相い攻（功）む。本を伐ち功を隳《こぼ》（隋）たば、[10] 亂生じ國亡ぶ。爲若《もし》天に得ば、[11] 地を亡《うしな》い君を更《か》えん。天の常[12]に循わず、民の力を節せざれば、周遷[13]して功无し。死を養い生を伐つは、命づけて逆成と曰う。人戮（僇）有らざれば、必ず天刑有り。逆節始めて生じ、[14] 愼みて【先ず】正すこと毋ければ、[15] 彼（皮）は且《まさ》に自ら其の刑に抵《いた》（氐）らんとす。[16] 故に道を執る者の天下を観るや、必ず審かに事の始めて起こる所を觀、[17] 其の形（刑）名を審かにす。形（刑）名已に

刑（形）名已定、逆順有立（位）、死生有分、存亡興壞有處。然后參之於天地之恆道、乃定禍福死生存亡興壞之所在。是故萬舉不失理、論天下而无遺策。故能立天子、置三公、而天下化之、之胃（謂）有道。《論約》

定まらば、逆順に位（立）有り、死生に分有り、存亡興壞に處《ところ》有り。然る后に之を天地の恆道に參じて、乃ち禍福死生存亡興壞の在る所を定む。是の故に萬舉[18]して理を失わず、天下を論じて遺策[19]なし。故に能く天子を立て、三公を置きて、天下之に化す[20]、之れ有道と謂（胃）う。《興亡論の約《ようやく》》

（10）伐本隋（隳）功――旧本は、「隋（隳）」を欠字とする。原本の写真版では、「隋」の右半分の残欠らしいものが認められる。『經法』本注は、伐は、破壊、本は、根本、隳は、毀ち壊すことという。

（11）爲若得天――『經法』本注、現代語の如果、すなわちもしもの意味。余氏は、「得天」は、「罪を天に得る」ことだという。陳氏は、「得天」は「失天」とすべきだという。

（12）天常――『經法』本注、天理のこと。

（13）周遷――本篇・四度注（6）を参照。周遷動作を挙動と訳す。

（14）逆節始生――旧本は、「始生」を「如生」と釈文する。原本の写真版では、当該の字は右旁に「台」とあるので、「始」字が正しい。『經法』本注、本篇・亡論注（17）をみよ。逆節は、天道に違背する罪悪行為だとされる。

（15）愼毋【先】正――旧本は、「先」を欠字とする。原本の写真版では、下辺の残欠はあるが欠字に近い。

（16）氏（抵）其刑――底本注、『管子』勢「逆節萌え生じ、天地未だ刑せざるに、先ず之が政を爲さば、其の事乃ち成らず、其の刑を繆受す」をあげる。『經法』本注、抵は、当たること、自ずから其の刑に抵るは、すなわち自ずから其の刑に当たる。

(17) 審観――『經法』本注、審観は、詳細に考察すること。

(18) 萬擧――『經法』本注、萬擧は、一切のことを為すこと。

(19) 遺策――『經法』本注、遺策は、失算、数えそこなうこと。

(20) 化之――『經法』本注、これに化すは、その教化を受けること。

第九章　名　理（1）

〔現代語訳 1〕

道というのは、神明すなわち神妙な洞察力の根源である。神妙な洞察力とは、内なる法の中にあって、内なる法の外に表れるものである。内なる法の中にあるとき、言葉で表現しなくとも信用される。内なる法の外に表れるとき、言葉に表現されて変えられない。内なる法の中にあるとき、静かであって移し動かすことができない。内なる法の外に表れるとき、動くが変化させることはできない。静かであって転移せず、動いても変化しない、そこで神秘的という。神妙な洞察力とは、完全な認識の稽《いたり》すなわち鍵である。ある物が万物に先だって……、地上に建ち天にまで満ち溢れるが、その形状は誰も知らない。その物は天地の間に充満するが、その名称は誰も知らない。完全に認識（見知）することができない、それ故に法則に違背し無理を押し通す行為がなされる。群衆はそこで生に背くようなことをする、そこで刑罰の濫用が出現し、災禍がわが身に波及する。滅亡のもとを養い、生成のもとを討伐し、自分の基盤を討伐して血縁者を離散させ、自分の盟友を討伐して……。その結果、国は必然的に混亂し、無名のままに終わる。

道者、神明之原也。神明者、處於度之内而見於度之外者也。處於度之【内】者、不言而信。見於度之外者、言而不可易也。處於度之内者、靜而不可移也。見於度之外者、動而〇不可化也。動而靜而不移、動而不化、故曰神。神明者、見知之稽也。有物始□〔生〕、建於地而洫（溢）於天、莫見其刑（形）、大盈冬（終）天地之間而莫知其名。莫能見知、故有逆成、物乃下生、故有逆刑。禍及其身。養其所以死、伐其所以生。伐其本而離其親。伐其與而□□□、後必亂而卒於无名。

道とは、神明の原《みなもと》なり(2)。神明とは、度の内に處りて(3)度の外に見《あら》わるる者なり。度の【内に】處るとは(4)、言わずして信ぜらる。度の外に見わるるとは、言いて易うべからざるなり。度の内に處るとは、靜かにして移るべからざるなり。度の外に見わるるとは、動きて化すべからざるなり。靜かにして移らず(5)、動きて化せず、故に神と曰う(6)。神明とは、見知の稽《いたり》なり(7)。物有り始めて□(8)、地に建ちて天に溢《あふ》（洫）れ、其の形（刑）を見わす莫く、大いに天地の間に盈終（冬）して其の名を知る莫し(9)。能く見知すること莫し、故に逆成有り(10)、物乃ち下生す(11)、故に逆刑有り。禍は其の身に及ぶ。其の死する所以を養い(12)、其の生くる所以を伐つ。其の本を伐ちて其の親を離《わか》つ。其の與を伐ちて□□□(13)、後必ず亂れて无名に卒る。

（1）名理――章名。本章は「名理を審察し」「名に循い理を究める」ことを主張するので、「名理」と名づけた。以上は『經法』本注。本章は『經法』全篇の総括である。主に「道」の本質と効用を論述し、「道」の特徴は「其の形を見る莫く、大いに天地の間に盈終して其の名を知る莫し」であることを指摘する。「道は法を生ず」ることから、本章は「是非に分有り、法を以て之を斷ず。虚靜謹聽し、法を以て符と爲す」を強調し、是非曲直の判断にはすべて法令を以って基準とすると考える。処世では「柔を重んずる者は吉、剛を重んずる者は滅ぶ」の道家理論を強調する。これは『黄帝四經』の第二『經』篇と第四篇『道原』に呼応するものである。以上は余氏の提要。

（2）道者神明之原也——底本注、『鬼谷子』本經陰符七「故に道とは、神明の源なり」をあげる。『經法』本注、原は、すなわち源、本源。余氏は、神明は、精神だとし、『楚辭』遠遊「神明の清澄を保たん兮」をあげる。

（3）處於度之内——『經法』本注、度は、法度。

（4）處於度之【内】者——原本の写真版では、「内」は欠字。

（5）動而靜而不移——底本注、靜の字の上の「動而」二字は、上文にひかれた余計な字だ。

（6）動而不化故曰神——底本注、『管子』内業「是の故に聖人は時と與に變じて化せず、物に従いて移らず、能く正能く靜にして、然る後に能く定まる」は、ここと意味が近い。

（7）見知之稽——完全な認識のきわみ。

（8）有物始□——原本の写真版では、「始」の下は欠字。『經法』本注、物は、ここでは道を指す。陳氏は、「始生」は『乙本古佚書』の習語だとし、欠字を「生」と推定する。

（9）莫見其……知其名——『經』行守に「形無く名無く、先天地に先だちて生ず」とある。

（10）逆成——『經法』本注、本篇・論約に「死を養い生を伐つは、命づけて逆成と曰う」というので、下文の「其の死する所以を養い、其の生くる所以を伐つ」は、逆成を指していう。

（11）物乃下生——余氏は、「物乃下生」の上に脱文があるようだといい、物とは、群衆だという。陳氏は、物は、事で、下は「伓（倍）」字の欠けた字だといい、また別に物は、下文の「萬物羣材」の物で、下は分を失する意味だともいう。

（12）養其所以死——旧本は、「養其所【以】死」と釈文する。原本の写真版では、「以」字は判読不能。

（13）伐其與而□□□——原本の写真版では、三字の欠文。余氏は、與は、同盟者、朋友だといい、『荀子』王霸「其の與を欺かず」をあげる。陳氏は、與は、與国のこと、欠字を「敗其根」と推定するが、押韻からして、原文は「敗其根而伐其與」だったと考える。

〔現代語訳 2〕

火に焼かれ水に入れて焼きをいれられるようなことは、事柄の相反する面である。意気盛んで驕りたかぶりやがて痩せ枯れるようなのは、生の相反する面である。そもそも万事万物は、それぞれの常規を逸して早く成長すると、必ず死亡もそれに対応して早く訪れる。以上の三種の状況はいずれも自身の常規を逸して活動し、成功を求めようとする者である。必ず成功せず、返って必ず災禍が自らに及ぶことになる。剛強を柔弱に換える者は生き延び、柔弱を剛強に換える者は討伐される。柔弱を尊重する者は幸いを得、剛強を尊重する者は滅亡する。許諾とは、言葉に表現された符合即ち合意であり、許諾しないとは、言葉に表現された拒絶である。既に許諾したことが確実に守られないならば、知能が大変混亂しているのである。既に許諾したことが確実に守られるならば、内心の中にあるからである。

如燔如卒（淬）、事之反也。如繇（由）如驕（矯）、生之反也。凡萬物羣財（材）、銚（佻）長非恒者、其死必應之。三者皆動於度之外而欲成功者也、功必不

燔《や》くが如く淬《やきをいれ》（卒）るが如きは、事の反なり。[14] 由《よ》（繇）るが如く矯《おご》るが如きは、[15] 生の反なり。[16] 凡そ萬物羣材（財）は、佻《はや》（銚）く長じ恆に非ざる者は、[17] 其の死必ず之に應ず。[18] 三者は皆度の外に動きて功を成さんと欲する者なり。功必ず成らず、禍必ず反って□□□。[19] 剛を以て

成、禍必反□□□。以剛爲柔者栝（活）、以柔爲剛者伐。重柔者吉、重剛者威（滅）。若（諾）者、言之符也。已者、言之絶也。已若（諾）不信、則知（智）大惑矣。已若（諾）必信、則處於度之内也。

柔を爲す者は活（栝）き、柔を以て剛を爲す者は伐たる。(20) 柔を重んずる者は吉、剛を重んずる者は滅（威）ぶ。若諾（若）とは、言の符なり、已とは、言の絶なり。(21) 已諾（若）して信ならざれば、則ち智（知）は大いに惑う。已諾（若）して必ず信なれば、則ち度の内に處るなり。

(14) 如燔如卒（淬）事之反也——燔は、火で焼くこと。卒は、淬の字に読み、いま「淬火」という。水と火は本来相い容れない、「火は水と合う」ような場合は、事柄の道理にそわない、そこで「事の反」という。以上は底本注。『經法』本注、燔は、蕃の字に読み、茂盛のこと、卒は、悴の字に読み、衰落のこと。余氏は、「事の反」の事は、死の字の誤りではないか、下文の「生の反」と対応するという。また淬は、焼きをいれる、ひきしめるの意ともいわれる。

(15) 如繇（由）如驕（矯）——由は、随従のこと。驕は、矯の字に読む。矯払は「其の性を屈する」こと、そこで「生の反」と言う。ここは矛盾している両面が、相互に制約し、闘争しているうちに発展する、ことを言う。上文にいう「故に逆成有れば、物は乃ち下生す」に他ならない。以上は底本注。『經法』本注、燔は、蕃の字に読み、茂盛のこと、驕は、槁の字に読み、枯槁のこと。

(16) 生之反也——余氏は、この句の意味は生の反面はすなわち死だという。以上の四句は、正確な意味はわからないというのが、正直なところ。

(17) 絩（佻）長非恆者——絩は、佻の字に読むべきだ。『方言』十二「佻は、疾なり。佻《はや》く長ずは、常規を逸して俄に生長することを指す」、『淮南子』主術「則ち奇材は佻《にわ》かに長じて次《じゅんじょ》を干《おか》す」とある。以上は底本注。『經法』本注、佻長は、暴長、恒に非ずは、異常。

（18）其死必應之――『經法』本注、この句の意味は、生長が非常に早いと、死ぬのも早いということ。
（19）禍必反□□□――原本の写真版では、四字の欠文と推定される。陳氏は、この欠字を根拠は示さず「自及也」と推定する。
（20）伐――『經法』本注、伐は、伐たれること。
（21）若（諾）者言……之絶也――底本注は、諾は、応諾を表す言葉、已は、拒絶を表す言葉という。

〔現代語訳 3〕

天下に事件があれば、必ずその名称を詳細に調べる。名称に従って実質を求める方法での帰結は、正しさは必ず幸せをもたらすし、不正は必ず災禍をもたらす。正しさと不正とが明確に分けられ、その後で法律で裁決する。虚心冷静に意見を聴取し、法律を判断の根拠とする。名称に従って実質を求める方法を貫徹するのを詳細に考察するのを、事物の道理の探求という。ひたすら公平で片寄りがなく、完全に認識して惑わされなければ、どのように立ち上がるべきかを弁える。そこで道を把握した者が天下を観察する場合、天道を認識して事物の理に循えば、是非善曲直を分別することができ、物事の顚末を把握することができる。そこで名称に従って実質を求める方法で物事の道理を探求することができる。実質と名称は言葉に表現され、言葉と実質が整合一致すれば、禍福や廃立は、影が形に従ってでき、響きが声に従って生じ、秤が軽重を隠さないように、実質によって決まる。そこで道を把握した者だけが虚心平静で公正であることができ、乃見……、はじめて名称に従って実質を求める理論と方法の実質を獲得する。

天下有事、必審其名。名□□循名廄（究）理之所之、是必爲福、非必爲材（災）。是非有分、以法斷之。虚靜謹聽、以法爲符。審察名理名冬（終）始、是胃（謂）廄（究）理。唯公无私、見知不惑、乃知奮起。故執道者之觀於天下、□見正道循理、能與（擧）曲直、能與（擧）冬（終）始。故能循名廄（究）理。刑名出聲、聲實調合、禍材（災）廢立、如景（影）之隋（隨）刑（形）、如向（響）之隋（隨）聲、如衡之不臧（藏）重與輕。故唯執道者能虚靜公正、乃見□□、乃得名理之誠。

天下に事有らば、必ず其の名を審かにす。名□□(22)名に循い理を究（廄）むるの之《ゆ》く所は、是《ぜ》は必ず福と爲り、非は必ず災（材）と爲る。是非に分有り、法を以て之を斷ず。虚靜にして謹しみ聽くは、法を以て符と爲す。(23)名理の終（冬）始を審かに察するは、(24)是れ究（廄）理と謂（胃）う。唯公にして私无ければ、見知惑わず、乃ち知は奮起す。故に道を執る者の天下を觀る□、(25)正道循理を見て、能く曲直を擧（與）げ、(26)能く終（冬）始を擧（與）ぐ。故に能く名に循い理を究（廄）む。刑名は聲を出し、聲と實と調い合すれば、(27)禍災（材）廢立は、(28)影（景）の形（刑）に隨（隋）うが如く、響（向）きの聲に隨（隋）うが如く、衡《はかり》の重と輕とを藏《かく》（臧）さざるが如し。(29)故に唯道を執る者は能く虚靜公正にして、乃ち□□(30)を見、乃ち名理の誠を得。(31)

（22）名□□——原本の写真版では、「名」の下は二字の欠字。陳氏は、「名理」は連言だとして欠字を「理者」と推定する。

（23）以法爲符——『經法』本注、法を是非を判断する標準とすること。

（24）審察名理名冬（終）始——底本注、「名理」の下の「名」字は余計な字か、あるいは間違った字ではないか。

(25) 觀於天下□——旧本は、欠字の下で句読を切り、欠字を上の句につける。原本の写真版では、欠字は一字。陳氏は、ここと論約章などに頻出する句法だとして、欠字を「也」と推定する。底本は、欠字を下の句につける。

(26) 與(擧)——『經法』本注、挙は、挙出のこと。

(27) 聲實調合——底本注、『韓非子』揚權「刑名を周合すれば、民は乃ち職を守る」をあげ、「周合」は「調合」と読むべきではないか、「聲實調合す」は「刑名周合す」と意味が近い。『經法』本注、調合は、協調する、符合すること。余氏は、名と実が一致することという。

(28) 禍材(災)廢立——底本注、この句の意味は不可解で、本来は「禍福廢立」となっていたのではなかろうか、「材」は間違った字だ。『經法』本注、材は福の字の誤りではないか。

(29) 如衡之不臧(藏)重與輕——『經法』本注、衡は、天秤の横杆、蔵は、掩蓋すなわち覆い隠すこと。

(30) 乃見□□——原本の写真版では、「見」の下は二字欠字。陳氏は、上の「正道を見、理に循う」を承けたとして、欠字を「正道」と推定する。

(31) 名理之誠——『經法』本注、誠は、実質。

〔現代語訳 4〕

国内では動亂が重積し、対外的には面目を失する国は討伐される。国内で刑罰が乱用され対外的政策で失敗する国は絶滅する。天道に違背して放恣無礼な振る舞いをして節度を弁えない国は滅亡する。国を挙げて弱小な国を襲撃して、成功しないような場合は、上天の助けを得たのであり、それが成功したような場合は、必ず自らの名誉にならない。天道に違背することを重ねて荒廃し、この方法をひたすら実行すると、国は危険に瀕し災禍が降り掛かる。天道に違背する二国が互いに攻撃しあえば、相互に災禍を醸成し、国はいずれも危険に瀕し滅亡する。《名称と原理》《経と法との関係》すべてで五千字。

亂積於内而稱失於外者伐。亡刑（形）成於内而擧失於外者威（滅）。逆則上洫（溢）而不知止者亡。國擧襲虚、其事若不成、是胃（謂）得天。其事若果成、身必无名。重逆□□、守道是行、國危有央（殃）。兩逆相功（攻）、交相爲央（殃）、國皆危亡。《名理》《經法》凡五千

亂は内に積もりて稱は外に失う者は伐たる。刑（形）亡きは内に成りて擧は外に失する者は滅ぶ。(32) 則に逆らいて上溢して止まるを知らざる者は亡ぶ。(33) 國を擧げて虚を襲い(34)、其の事成らざるが若き、是れ天を得と謂う。其の事果たして成るが若きは、身は必ず名无し。逆を重ね□□(35)、道を守ること是れ行えども、國危うく殃（央）有り。両逆相い攻め、交もごも相い殃（央）を爲し、國は皆危亡す。《名と理》《經法》凡てで五千《ごせん》

（32）亡刑（形）成……外者威（滅）――底本注、「亡形」は一つの言葉で、『戰國策』楚策、『韓非子』存韓、『淮南子』氾論などにみえ、亡国の姿のこと。

（33）逆則上洫（溢）――底本注、「逆則」は上文の亡論、論約などの「逆節」に他ならない。

（34）國擧襲虚――国挙は、挙国の意味。一説では、擧は画策のこと。襲は、襲撃。虚は、空虚な国を指す。以上は底本注。

（35）重逆□□――原本の写真版では、欠字とされる二字目は判読できない。あるいは「荒」の残欠の文字か。陳氏は、本篇・國次に「【重】逆以荒、國危破亡」とあるので、欠字を「以荒」と推定する。

〈篇〉第二 『經[1]』

第一章　立　命②

〔現代語訳 1〕

むかし黄帝は本来、誠実を美徳とし、その所作は自ずから模範となった。四方の諸国を統一し、真心を中央から四方に通達し、前後左右の側近に相談し、天子の位に即くに際しては礼辞すること三たび、そこで天下の統治者となることができた。〔黄帝は即位に際して言った〕「私は至高者の命を受け、地上で天子の位に就き、名声を人民大衆から得た。ただ余一人《わたし》だけが、〔徳行は〕至高者に比肩するほどである、そこで侯王や三公を立て、国を建立し、諸侯や三卿などを置いた。日にちを数え、月の満ち欠けを数え、一年を計算して、歴法を制定して日月運行の法則に当てはめた。誠に大地は広大であるが、私は天空の澄み切った明るさに似て心に曇りがない。私は至高者の天を畏敬し大地を愛し民衆に親しく接し、……天命が無い、誠実に道を守る。私は至高者の天を畏敬し大地を愛し民衆に親しく接し、天命を成就し、誠実に道を守る。私が民衆を愛すれば民衆は逃亡しないし、私が大地を愛すれば大地は荒廃しないし、私が民衆を受けいれれば……死。私の地位は……、もし私が血縁者に親しく接して有能な者を挙げ用いるならば、私にはなに一つ欠陥がなくな

るであろう。」《天命の完成》

昔者黄宗質始好信、作自爲象（像）、方四面、傅一心。四達自中、前參后參、左參右參、踐立（位）履參、是以能爲天下宗。吾受命於天、定立（位）於地、成名於人。唯余一人、□乃肥（配）天、乃立王・三公。立國、置君・三卿。數日、磿（歷）月、計歲、以當日月之行。允地廣裕、吾類天大明。吾畏天愛地親【民】、□无命、執虛信。吾畏天愛【地】親民、立有命、執虛信。吾愛民而民不亡、吾愛地而地不兄（曠）。吾受民□□□□□□□□死。吾位不□。吾句（苟）能親親而興賢、吾不遺亦至矣。《立【命】》

昔者《むかし》黄宗(3)は質《じつ》は始めに信《まこと》を好しとし、作《な》すこと自ら像《もはん》（象）と爲り、(4)四面を方《あわ》せ、(5)一心を傅《し》く。四達すること中自りし、(6)前に參《はか》り後に參り、左に參り右に參り、(7)位（立）を踐み履《れい》すること參たび、(8)是《ここ》を以て能く天下の宗《かしら》と爲る。(9)「吾れ命を天より受け、位（立）を地に定め、名を人に成す。(10)唯余一人(11)は、□(12)乃ち天に配《なら》（肥）び、王・三公を立て、(13)國を立て、君・三卿を置く。(14)日を數え、月を歷《かぞ》（磿）えて、(15)歲を計り、(16)以て日月の行に當つ。(17)允《まこと》に地は廣裕なるも、吾れは天の大明に類せん。(18)吾れ天を畏れ地を愛し【民】に親しみ、□无命、(19)虛を執りて信。(20)吾れ天を畏れ【地】を愛し民に親しみ、(21)有命を立て、(22)虛を執りて信。吾れ民を愛して民亡《に》げず、吾れ地を愛して地は曠《むなし》（兄）からず。吾れ民を受けて□□□□□□□(23)死。吾が位不□。(24)吾れ苟くも能く親に親しみて賢を興《あ》ぐれば、(25)吾れ遺さざること亦た至れり。」《【命】を立《な》す(26)》

（1）經――底本は「十六經」篇と釈文する。「六」を「大」とも釈文する説もあるが、末筆が連接していないので、「大」

の字とは同じでない。帛書『周易』類の古佚書『要』『繆和』『昭力』等の篇中の「六」の字は皆な此のように書いていて、いまそれによって書き定めた。かつてはあるいは誤って「大」と釈文したが、特にここで改め正す。また考えてみるに此の書は十四篇半あるに過ぎないので、十六の数に足りないが、恐らく竹簡の編纂のとき錯乱したりあるいは亡佚したためと推定される。以上は底本注。『老子』乙本巻前第二番目の佚書。この書の非常に多くの篇は黄帝の君臣の問答形式を採用し、内容は刑名や陰陽刑徳説を講じ、またいささかの黄帝に関する神話を記載していて、新興地主階級の治国思想を反映している。以上は『經法』本注。『十六經』は古佚書『黄帝四經』の第二の書である。本篇の特徴は黄帝の君臣との対話形式で政治策や軍事上の戦略と戦術を論述することである。それは道家「黄学」派の現実重視の世間に入りこむ思想をとりわけ反映している。その中で論述する「無爲」「不爭」は「老子の學」と明らかに違うところがあり、これはわれわれの注目に値することである。また本篇は『十六經』と名づけられているが、実は十五小篇あるだけで、抄写した者が抄写時に遺漏したのではなかろうか。以上は余氏の解説。また旧本、『經法』本、陳氏は、「十大經」と釈文するが、余氏は「十六經」と釈文する。またここに『老子』乙本とあるのは、中国の『經法』本の注をそのまま訳したまでで、正確には『道』『德』という名のついた二種の書を併せたものをいう。『老子』という書名は、現在のところ帛書には見当たらない。なお、李學勤氏の説では、この篇の最後に章名を欠き、いきなり篇名があることに疑問を抱き、底本は篇名を「十六經」と釈文するが、内容をみると最後の文は十か条の主張を述べたものだとする。したがって最後の文章は「十大」章であり、篇名は「經」だとする。このように釈文すれば、形式的にも他の諸篇との整合性も得られるし、内容的にも納得がいく。したがってこの篇を「經」篇と称する。

(2)　立命——章名。立字の下は一字残欠していて、文義から「命」字を補う。以上は『經法』本注。本篇は、主に黄帝が天から命を受け地上での地位を確立した統治権威を講述する。ただ黄帝だけが「能く天下の宗と爲った」。黄帝の「天の大明に類し」「地を愛し民に親しみ」「親に親しみ賢を興す」という高尚な品徳を強調した。以上は余氏の提要。

（3）　黄宗――黄宗は、黄帝の廟のこと。下文の「四達は中自りす」云云をみると、いわゆる「明堂」と似ている。質は、實の字に読むのではないか。信は、訊の字に読み、問うこと。以上は底本注。黄宗は、すなわち黄帝で、下文に「是を以て能く天下の宗と爲る」という、そこでまた黄宗と称したのだ、質は実の字に読むのではないか。以上は『經法』本注。また『漢書』、巻二七五行志に「董仲舒は公羊春秋を治め、始めて陰陽を推し、儒者の宗と爲る。」ともみえる。黄帝は、中国の歴史上の最初の理想的な皇帝。『史記』冒頭の五帝本紀にみえる最初の皇帝。それによれば、黄帝は、少典の子で、姓は公孫、名は軒轅《けんえん》。生まれつき人間離れし、幼時から話ができ、成長して聡明。当時、誰も諸侯の争乱を静めることができず、黄帝が武力で征討したので、諸侯は服従した。蚩尤が最も横暴であったが征伐できず、炎帝は諸侯を侵略したため、諸侯はみな黄帝になびいた。そこで黄帝は阪泉の野の三度の戦いで炎帝を破り、さらに諸侯を率いて蚩尤を涿鹿《たくろく》の野で捉え殺した。諸侯は黄帝を尊敬し天子としたので、神農氏に代わって天子となり天下を平定した。彼の後、正妻の次男昌意の子、高陽が黄帝のあとを継ぎ顓頊《せんぎょく》帝となったとされる。しかしこの時代はまったくの伝説的時代で、どの程度の信憑性があるかはわからない。

（4）　作自爲象（像）――作は、始めること。『國語』齊語「象を設けて以て民の紀と爲す」の韋昭注「象を設くは、教象の法を象魏に設くるなり」をあげる。以上は底本注。自らの像を作ったとの解釈もある。余氏は、作は、作為、動作。象は、法式と解する。

（5）　方四面――ここの意味は、黄帝の前後左右にはいずれも顔と目があって、その心に通じていること。『尸子』「子貢曰わく、古え黄帝四面なるは、信なるか」、『呂氏春秋』本味「故に黄帝立ちて四面す」をあげ、黄帝は四方に顔があるというのは、上古の神話に違いない。以上は底本注。傅は、輔の字に読むのではないか。一説では附の字とする。古代ではかつて黄帝は四方に顔があったという神話が流傳していたという。以上は『經法』本注。方は、統一の意。『呂氏春秋』本味に「故に黄帝立ちて四面す」の高誘注に「黄帝人をして四面に出でて賢人を求め使め、之を得て立てて以て佐と爲す、故に曰く立ちて四面す……」とある。
（6）四達自中――『經法』本注、中心より四面に通じること。
（7）前參后參左參右參――『經法』本注、参は、三の字に読み、前三、後三、左三、右三、四方の十二方位を指す。
（8）踐立（位）履參是以――原本の写真版では、「是」は欠字。参は、三に通ずる。前三、後三、左三右三、は四方十二方位を指すのであろうか。以上は底本注。『經法』本注、履は、転り動くこと、方位に随って転じ動くこと。
（9）爲天下宗――黄老の学と法家はすべて黄帝を代表者とする。斉の威王が鋳造した『齊侯因敦』には「高祖黄帝は、桓文を弭嗣す」といい、『商君書』画策に「神農既に没し、強を以て弱に勝ち、衆を以て寡に暴す。故に黄帝、君臣上下の義、父子兄弟の禮、夫婦配合の合を作爲し、内に刀鋸を行い、外は甲兵を用う」とあるのを参考にせよ。以上は『經法』本注。
（10）成名於人――名声を得る。底本注、『鶡冠子』世兵「數を天に受け、位を地に定め、名を人に成す」をあげる。
（11）余一人――余一人は、君主の自称の一つ。ほかに寡人、不穀、孤ともいう。『德』に「夫れ是を以て侯王自ら謂う孤・寡・不穀と」（現『老子』三九）とある。
（12）□――『經法』本注、欠字は「德」字ではないか。陳氏も、「德」字と推定し、『新語』輔政「德は天地に配す」、求事「德は以て日月に配す可し」は均しく此の辞例だという。
（13）立王・三公――『經法』本注、三公は、王が政治を処理するのを協力して助ける三人の最高級の役人。天子の血族とその主席補佐役。『經法』論約に「故に能く天子を立て、三公を置きて、天下之に化す」とある。王を立てるは、天子を立てることともいう。
（14）立國置君・三卿――『經法』本注、国は、封国を指し、君は、各封国の君主、諸侯のこと、三卿は、諸侯が政治を処理するのを協力し助ける三人の最高級の役人。諸侯とその補佐役の家老。『德』に「故に天子を立て、三卿を置く、……」

(現『老子』六二)とある。

(15) 磿(歷)月――底本注は、歴は、数えるであり、次すなわち順序だてることという。

(16) 計歳――旧本は、「□歳」と釈文する。原本の写真版では、残欠の字があり、「計」と判読できないことはない。

(17) 以當日月之行――日月の運行に当てはめる。底本注は、『淮南子』覽冥「昔者、黃帝は天下を治めて力牧、太山稽は之を輔け、以て日月の行を治め、陰陽の氣を律し、四時の度を節し、律歴の數を正し、……」をあげる。数、歴、計は、すべて計算や推算の意味である。日月の運行に当てはめ、日月の運行と合致させるようにする。これは暦法を制定することを指す。公歴を使用する以前は、我が国の暦法はすべて陰陽合歴であり、つまり月が地球を巡るのと、地球が太陽を巡る運行の周期を一緒に合わせて計算し、両者は毎年十一日余ずれるので、閏月を加算して互いに合致させる。これはつまり「以て日月の行に當てる」ことである。以上は『經法』本注。

(18) 允地廣……天大明――『禮記』樂記「是の故に清明は天に象どり、廣大は地に象どる」は、ここと意味が近い。允は、循の字に読むのではないか、また允の字の上に「吾」の一字が脱落しているのではないか。以上は底本注。いま、原文のままで解釈する。大明は、天の澄み切った明るさ。

(19) 親【民】、□无命――原本の写真版では、「民」は右辺に残片がわずかにあるが判読不能で、その下は欠字。陳氏は、欠字は「立」字とすべきだという。下文に「立有命」とあるのが証拠だという。原文は「□無命」だが「□有命」の誤りではないかとする。

(20) 執虛信――『經法』本注、『呂氏春秋』有度「淸明なれば則ち虛」の注に「虛とは、道なり」、『賈子』道術「道とは從りて物に接する所なり、其の本なる者は之を虛と謂う」とあり、虛はすなわち道を指していう。

(21) 愛【地】親民――原本の写真版では、「地」は欠字。

(22) 立有命――底本注、『鶡冠子』泰錄「上聖皇天の若き者は、先聖の倚り威《おそ》るる所、有命を立つるなり」を、参考にすべきだ。陳氏は、「吾畏天……虚を執りて信」の三句を衍文だとする。

(23)　□□□□□□□□——原本の写真版では、ほぼ八字の欠文。陳氏は、この句は上文を承けて「吾受民而民不死」とあるべきだ、それで文章の意味は充足するといい、残りの中間の五字分は、消したもので欠文ではないという。

(24)　吾位不□——旧本は、欠字を「與」としている。原本の写真版では、残欠は「與」とも判読可能。

(25)　句（苟）能親親而興賢——『經法』本注、苟は、もしものこと、親に親しむは、親族を愛すること、賢を興すは、賢人を任用すること。

(26)　立【命】——底本注、ここは末尾の題名で、「立」の下の一字の残欠は、この篇の「有立命」の一語により、「命」字を補い、引用の便をはかった。旧本は、欠字としている。原本の写真版では欠字。

第二章　観[1]

〔現代語訳 1〕

黄帝は、力牧に命じて人に知られぬように潜行し、四方の国々をあまねく巡り、恒常不変の善なる規範はないことを観察させた。力牧は現実を見て、悪いことを見たら悪いとし、善いことを見たら善いとした。地……則悪。人はそれを手本とし、休息の時には休息し、活動する時には活動した。力牧は制度を布《し》き規則(極)を定めた上で、……次のようにいった「天地はすでに形成されて、民衆は誕生したが、対立と従順とのけじめがなく、恩賞と誅伐とに基準がなく、休息と活動とのけじめが無く、尊卑上下の身分の区別がはっきりしない。今、私は対立と従順の……天下の模範としようと思う。休息と活動のけじめをつけ、それによって統御するには、どうしたらよいでしょうか。」

【黄帝】令力黒浸行伏匿、周留(流)四國、以観无恒善之法、則力黒視(示)象

【黄帝】[2]、力黒[3]をして浸行伏匿し、四國を周流(留)[4]し、以て恒に善なるの法无きを観[5]、則ち力黒、像(象)を示(視)すに、黒を見れば則

（像）、見黑則黑、見白則白。地□□□□□□□□□則亞（惡）。人則視（示）竞（鏡）。人靜則靜、人作則作。力黑已布制建極□□□□□曰、天地已成、而民生、逆順无紀、德瘧（虐）无刑、靜作无時、先後无○名。今吾欲得逆順之【紀】、□□□□□□□以爲天下正。靜作之時、因而勒之、爲之若何。

ち黑とし、白を見れば則ち白とす。地□□□□□□□□□則ち惡(6)（亞）まる。人は則ち鏡（竞）に示し(7)、人靜かなれば則ち靜かに、人作《うご》けば則ち作く(8)。力黑已に制を布き極を建て(9)□□□□□曰わく(10)「天地、已に成りて、民生じ(11)、逆順に紀无く(12)、德虐（瘧）に刑《かたち》无く(13)、靜作に時无く、先後に名无し(14)。今、吾れ逆順の【紀】(15)を得て、□□□□□□□(16)以て天下の正《かしら》と爲らんと欲す(17)。靜作の時は(18)、因りて之を勒《おさ》うるは(19)、之を爲すこと若何《いかん》」と。

（1）觀――章名。章首では黄帝が力黑に命令して「以て恆无きを觀、善に之れ法則せしむ」ことをさせたので、「觀」を篇名とした。以上は『經法』本注。本章は、黄帝が大臣力黑に命じて四方の国を周遊させ、上は天道を察し、下は民情を視させて、その後「制を布き極を建て」、一連の治国の方略を建てた情況を叙述する。文中で陰陽、牝牡、剛柔が相い会し、万物が増える発生理論を論述し、また先德後刑、陰陽刑德が相互に配合する治国の方針を提出し、「聖人は不朽、時反を是れ守る」「當に斷ずべきに斷ぜざれば、反りて其の亂を受く」という歴史的経験を強調した。これらは後世の政治思想や学術理論に対してすべて極めて大きな影響を生み出し、我々が重視するに値する。以上は余氏の提要。

（2）【黄帝】――原本の写真版では、二字または三字の欠文。黄帝は、中国の歴史上の最初の理想的な皇帝。本篇・立命の注（3）参照。

（3）力黑――力黑は、すなわち黄帝の臣下の力牧のこと。敦煌所出の漢簡では「力墨」とみえ、古書の中にも「力墨」や

「力黑」と書かれているものがある（《流沙墜簡・小學術數方技書考釋》を参閲のこと）。浸行は、潜行の字に読む。以上は底本注。『經法』本注、浸行は、秘密に出かけること、伏匿は、密かに隠れること。

（4）周留――『經法』本注、周留は、周游のこと。

（5）観无恆善之法――、観は、教化を観ること。『淮南子』道應「季子、亶父を治むること三年、而して巫馬期は絻衣短褐し、容貌を易え、往きて化を観る」とある。宓子賤（即ち季子）の統治方法は「此《ここ》に誠なる者は於彼に刑す」で、『淮南子』の結論は「故に老子曰わく、彼を去りて此れを取る」で、またここにいう「无恆」の意味に近い。一説ではこの句は「化を観るに固定した有効な方法は無いので」と訳すべきだ。以上は底本注。旧本・『經法』本は、「法則」で句読を切る。『經法』本は、また「无恆」で句読をきる。

（6）□□□□□□□□□則――旧本は、「則」字も含めて十字の欠文。原本の写真版では、約九字の欠文で、十字目は「則」字の左辺下部の少しが残存。陳氏は、欠文を「之所德則善、天之所刑」と推定する。しかし後の本篇・行守「天は高きを惡み、地は廣きを惡み、人は苛なるを惡む」を考慮すれば、欠文は、「廣則惡、天高則惡、人苛（廣ければ則ち惡まれ、天高ければ則ち惡まれ、人苛なれば）」と推定される。

（7）人則視（示）鏡（竟）――『經法』本注、竟は、鏡の字に読むのではないか。鏡に示すとは、手本とするの意か。

（8）人靜則靜人作則作――「靜」「作」については、本篇・果童、姓爭にもみえる。休息と活動、余氏は、具体的に農民の休息安閑の時期と生産労作の時期としている。

（9）布制建極――『經法』本注、制度を発布し、法則を建てること。

（10）□□□□□――旧本は、六字の欠文。原本の写真版では、五字の欠文か。陳氏は、欠文を「而正之。力黑」と推定し、「曰」の主語は「力黑」だとする。しかし明らかではない。

（11）天地已成而民生――陳氏は、本篇・姓爭に「天地已成、黔首乃生」とあることを指摘し、「而」はほぼ「乃」と同じだという。

(12) 逆順无紀――『經法』本注、紀は、法紀。逆順は、『經法』六分に「六順六逆」の語があり、逆の説明はないが、順の定義はなされている。それによれば君臣上下関係がうまくいっているのが「順」であるから、「逆」はその反対と考えておく。

(13) 德瘧（虐）无刑――瘧は、虐の字に読む。『國語』越語下「德虐の行い」の韋昭の注に「德は懷柔及び爵賞する所有るなり、虐は斬伐及び黜奪する所有るを謂うなり」とある。『帛書』のこの句の刑の字は、型の字に読むべきで、法則の意味。以上は底本注。『經法』本注、德は、奨賞のこと、虐は、討伐する、廃免すること。

(14) 先後无○名――旧本は、「□□□无命名」と釈文する。原本の写真版では、「无命名」は確実に判読できる。上の残欠は二字と推定でき、一字目は「先」の残欠とみなし得る。二字目は「後」字の右辺の残欠とみなせないことはない。底本注、「名」字の上にはもと「命」字があったが、筆写後にまた硃筆で塗り消してある。しかし原文の写真版では、「命」は明瞭で塗り消した形跡は認められない。

(15) 逆順之【紀】――原本の写真版では、「紀」は欠字。

(16) □□□□□□□□――旧本は、九字の欠文とする。原本の写真版では、約九字の欠文と推定される。陳氏は、欠文を「德虐之刑、先後之名」と推定する。上文の順序からすれば、「逆順」「德虐」「靜作」「先後」の順ではないかとも思われる。

(17) 天下正――『德』にも「淸靜なれば以て天下の正と爲る」（現『老子』四五）とみえる。

(18) 靜作之時――陳氏は、この句を「以爲天下正」の前に移すべきではないかという。

(19) 勒之――『經法』本注、勒は、整頓のこと。

〔現代語訳 2〕

黄帝は次のようにいった。「混沌として、……丸い塊をなしている。明暗昼夜がない、まだ陰気と陽気が分かれていないからである。陰気と陽気が安定しなければ、私はまだ一切のものに命名しようがない。いまはじめて混沌としたものが分かれて二つとなり、陰気と陽気に分かれた。陰気と陽気が分散して四季の変化が生まれ、……そこでそれを不変の原則とし、明なる者すなわち恩賞を掲げて規範となし、密かに行うべき刑罰を実行する。規範を実行し……循う。……牝牡……牝と牡が互いに求めあって、剛強と柔弱とが交合する。剛強と柔弱とが補完しあうと、牝と牡とが形作られる。下の方では地上で牝と牡が交合し、上の方では天上で雌と雄が交合し、天道の精微なものを獲得する。」

黄帝曰、群群□□□□□□、爲一囷。无晦无明、未有陰陽。陰陽未定、吾未有以名。今始判爲兩、分爲陰陽、離爲○四【時】、□□□□□□□□□□因以爲常、其明者以爲法而微道是行。行法循□□□牝牡、牝牡相求、會剛與柔。柔剛相成、牝牡若刑（形）。下會於地、上會於天。得天之微、

黄帝曰く、「群群《こんこん》□□□□□□[20]、一囷《きん》を爲す[21]。晦無く明無し、未だ陰陽有らざればなり。陰陽未だ定まらざれば、吾れ未だ以て名づくること有らず。今、始めて判れて兩と爲り[22]、分かれて陰陽と爲る。離れて○四【時】と爲り[23]、□□□□□□□□□□[24]因りて以て常と爲し[25]、其の明なる者は以て法と爲し、微道是れ行う[26]。法を行い循、□□□牝牡[27]、牝牡相い求め[28]、剛と柔とを會す。柔剛相成し、牝牡若《すなわ》ち形（刑）わる[29]。下は地に會し、上は天に會す。天の微を得」と。

(20)　群群□□□□□□——旧本は、「羣□□□□□□」と釈文する。原本の写真版では、「羣」字に重字符号があり「羣羣」が正しく、六字の欠文。陳氏は、欠文を「沌沌、窈窈冥冥」と推定する。

(21)　爲一囷——『淮南子』俶眞に「其の同じき者自り之を視れば、萬物は一圏なり」とある。囷と圏の二字は古代の音は似ていて、「一囷」はほぼ「一圏」というようなもの。帛書のこの句は、いわゆる陰と陽が未分割の混沌状態を指している。以上は底本注。『經法』本注、一囷は、宇宙の最初の混沌状態を指す、一囷は、一団のこと。陳氏は、爲は、如の字に読むべきだとする。

(22)　今始判爲兩——判は、分かれること。『文子』九守に「天地未だ形われず、窈窈冥冥にして、渾じて一と爲る。寂然清澄にして、重濁は地と爲り、精微は天と爲り、離れて四時と爲り、分かれて陰陽と爲る。……剛柔相い成し、萬物乃ち生ず。」とあり、『淮南子』精神もほぼ同じ。以上は『經法』本注。旧本は、「今始□爲兩」と釈文する。原本の写真版では、旧本の欠字部分は左辺の残片があるが、判読しがたい。

(23)　離爲○四【時】——旧本は、「离爲時□□」と釈文する。原本の写真版では、「四」字は上部のみの残欠であるが、「离爲時四」と判読でき、「時」字に塗り消した後は確認されない。底本釈文の「時」字の部分は欠字。底本注、「四」の上にはもと「時」字があったが、筆写後にまた硃筆で塗り消してある。

(24)　□□□□□□□□□□□□□——旧本は、十三字の欠文だが、底本の上の句の「四【時】」分が含まれる。

(25)　因以爲常——陳氏は、『國語』越語下「四封の外、……陰陽の恆に因り、天地の常に順い、柔にして屈せず、彊にして剛ならず、德虐の行、因りて以て常と爲す。死生は天地の刑に因り、天は人に因り、聖人は天に因る、……」によって、「因……」の上の四字は「德虐之行」を補うのが妥当だという。

(26)　其明者……道是行——『國語』越語下「天道は皇皇たり、日月以て常と爲し、明なる者は以て法と爲し、微なる者は則ち是れ行う」の韋昭注「明は日月盛滿の時を謂う、微は虧損薄食の時を謂う。其の明なる者に法り以て進取し、其の微なる時を行い以て隱遁す」をあげ、『鶡冠子』世兵にも「明なる者は法と爲し、微道を是れ行う」の語がある。以上は底本注。『經法』本注、ここの意味は、法を掌握したら光明正大で、多くの人にすべて知らせなければならない、道術を運用するには、隠して、人に悟られないようにしなければならないということ。本篇・姓爭にも「其の明なる者は以て法と爲して、微道は是れ行う」と同様の文がある。

(27) 行法循□□□牝牡──原本の写真版では、欠字の三字目は残欠し判読不能、「牝」字は重字符号は明白だが、字そのものは判読しがたい。陳氏は、欠文を「道是爲」と推定する。

(28) 牝牡相求──旧本は、「牝牡相□」と釈文する。原本の写真版では、「求」字はほぼ読み取れる。『經法』本注、牝は、母畜、牡は、公畜、相い求むは、互いに交接することで、ここの牝牡はすなわち陰陽を指す。

(29) 柔剛相成牝牡若刑（形）──『淮南子』精神に「是において乃ち別れて陰陽と爲り、離れて八極となり、剛柔相い成し、萬物乃ち形わる」とある。またここの「牝牡若形」の若は乃の字に読むべきで（『經傳釋詞』巻七「若」字の條）、若の字のこの種の用法は、下文にも屢々みえる。以上は底本注。

〔現代語訳 3〕

時若……地の気が発生するようになると、そこで芽生えるものは芽生え繁茂するものは繁茂し、天はそれらの動きに沿って完成する。沿わなければ完成しないし、養育しなければ生育しない。さて民衆が誕生するが、細々と生きているのは食物を得ることと子孫を残すためである。交合しなければ子孫に継承されないし、皆で土地を保持できない。食物をとらなければ人間として生きられないし、皆で至高者である天を保持できない。是……陰気が充満すると恩賞を施し、……民衆が努力するのは、養うためである。陽気が充満すると刑罰を整備し、陰気が重《かさ》なり長じ夜の気は閉蔵され、大地が孕育《よういく》するのは、子孫に継承させるためである。外からは一切束縛しないで、刑罰と恩賞で正しく導く。春と夏は恩賞の時であり、秋と冬は刑罰の時である。恩賞を優先し刑罰を二次的にして生命を養う。氏族社会が形成されると、匹敵する者の間に争いが生まれる。相手に勝たなければ納まらない。そもそも勝利の秘訣は、刑罰と恩賞による。刑罰と恩賞がきわめて明白であること、太陽と月とが互いに向かい合うように、刑罰と恩賞が的確であることを明白にすれば、充足して……欠けることはない。

時若□□□□□□□□□□寺（待）地氣之發也、乃夢（萌）者夢（萌）而茲（孳）者茲（孳）、天因而成之。弗因則不成、【弗】養則不生。夫民之生也、規規生食與繼。不會不繼、无與守地、不食不人、无與守天。是□□贏陰布德、□□□□民功者、所以食之也。宿陽脩刑、童（重）陰○長夜氣閉地繩（孕）者、【所】以繼之也。不靡不黑、而正之以刑與德。

時若□□□□□□□□□□(30)地氣の發するを待（寺）ちて(31)、乃ち萌《めば》える者は萌（夢）えて孳《ふ》（茲）える者は孳（茲）え(32)、天は因りて之を成す。因らざれば則ち成らず、養わ【ざれ】ば則ち生ぜず(33)。夫れ民の生ずるや、規規として食と繼とを生ず(34)。會せざれば繼げず(35)、與に地を守る无く、食せざれば人ならず、與に天を守る无し。是□□陰を贏《みた》し德を布き(36)、□□□□民の功とは(37)、之を食する所以なり。陽を宿《とど》め刑を脩め、重（童）陰長じ、夜氣閉ざし、地孕《そだ》（繩）つるは(38)、之を繼ぐ【所】以なり(39)。靡《しば》らず黑《しば》らずして(40)、之を正すに刑と德を以てす(41)。春夏は德を爲し、秋冬は刑を爲す(42)。德を先にし刑を後にし以て生を養う(43)。姓生已に

春夏爲德、秋冬爲刑。先德後刑以養生。姓生已定、而適（敵）者生爭、不諶不定。凡諶之極、在刑與德。刑德皇皇、日月相望、以明其當、而盈□无匡。

定まりて、(44)敵（適）する者は爭いを生じ、諶《か》（戡）たざれば定まらず。(45)凡そ諶《か》つの極みは、刑と德に在り。(46)刑德皇皇として、(47)日月相い望み、以て其の當を明らかにして、(48)盈□匡《か》くる无し。(49)

(30) □□□□□□□□□□——旧本も、十字の欠文とする。陳氏は、「時若」を「若時」に直し、欠文を「者時而恆者恆、地因而養之」と推定する。

(31) 寺（待）地氣之發也——陳氏は、「寺」は「恃」と解する。

(32) 夢（萌）者夢（萌）而茲（孳）者茲（孳）——『經法』本注、萌は、萌牙、孳は、生長のこと。

(33) 【弗】養則不生——原本の写真版では、「弗」は欠字。

(34) 規規生食與繼——『莊子』庚桑楚「若規規然として父母を喪うが若し」の『經典釋文』「規規とは、細小の貌」とある。繼は、種を伝え代を続けることを指す、そこで下文に「會せざれば繼がず」（會はすなわち交合のこと）とある。この句の意図は、飲食と生育が民生の根本であることをいう。以上は底本注。また『莊子』秋水の「規規然として自ら失う」の郭象注に「自失の貌」とあり、同上「規規然として之を求む」の郭象注には「淺陋、拘泥の貌」とある。

(35) 不會不繼——『經法』本注、会は、交配のこと。

(36) 是□□贏陰布德——原本の写真版では、欠字は、二字で、「陰」字は左偏の残欠があるのみで、判読は難しい。『經法』本注、贏は、盈の字に読み、満つること、「是」の下の欠字は、底本は二字とするが、下の「是故使民」「是故爲人主」などの例から、一字ではないかとし、欠字を「故」と推定する。

(37) □□□□民功者——旧本は、欠字を五字とする。『經法』本は、四字とする。原本の写真版では、欠字は五字と推定される。陳氏は、欠字を六字ではないかとし、下文の「重陰長夜氣閉」に対応して、欠文を「重陽長書氣開」と推定する。

(38) 童（重）陰○長……地繩（孕）者——旧本は、「童（重）陰○長」を「童陰个長」と釈文する。原本の写真版では、「長」字の上は、「夜」字の書きかけの塗抹。底本注、「長」字の上にもとは書きかけの「夜」字があったが、硃筆で塗り消してある。『淮南子』原道「是の故に春風至れば則ち……毛なる者は孕育す」とあり、拡張して庇護撫育の意味になる。『禮記』樂記「毛なる者孕鬻す」の鄭玄注に「孕は、任なり、鬻は、生なり」とあり、孔穎達疏に「孕鬻は、走獸の屬、氣を以て孕鬻して繁息するを言うなり」とある。また『孟子』告子上「其の旦晝の爲す所、之を梏亡すること有り、之を梏して反覆すれば、則ち其の夜氣以て存するに足らず、夜氣以て存するに足らざれば、則ち其れ禽獸に違うこと遠からず」とあり、『孟子』では夜気は良心を育てる夜の穢れのないものとされるが、ここの夜気に該当するかどうか。

(39) 【所】以繼之也——旧本は、「所」字を欠字とする。原本の写真版では、欠字。上文の「……所以食之也」一句は、上文「食せざれば人ならず、與に天を守る无し」と相い応じている。「……【所】以繼之也」の一句は、「會せざれば繼がず」と相い応じている。「陰を贏たし徳を布き」と「陽を宿め刑を脩め」の二小句は文章も意味も対応している。贏は、盈たすであり、宿は、久しいである。陰陽刑徳の説に依れば、陽は徳であり、陰は刑である（『管子』四時を参照）。けれども陽気が極めて盛んな時に陰気はすなわち芽生え始め、ここと相い応じていて、徳もまた刑に代られるようになる。これの反対もまたそうである。帛書では、「贏陰」の時は、当に「徳を布く」べきであり、「宿陽」の時は、当に「刑を修める」べきであるというのは、思うにこのためである。以上は底本注。いまこれまでの文章を並列すると次のようになる。

宿陽脩刑、童（重）陰長、夜氣閉、地繩（孕）者、所以繼之也。

贏陰布德、□□□□〔重陽長、書氣開〕民功（巧）者、所以食之也。

(40) 不靡不黑——靡は、黴の字に読むのではないか、黑は纆の字に読むのではないか、二つはいずれも繩索の名称（『易』坎卦上六の爻辭「係《つな》ぐに黴纆《きぼく》を用てす」）。『管子』樞言「先王は約束せず、紐を結ばず。約束すれば則ち解け、紐を結べば則ち絶たる」の意味はこれに近い。以上は底本注。『經法』本注、『經典釋文』の引く劉表の注に「三股を徽と曰い、兩股を纆と曰う。」とあり、徽纆は、縄索で、ここでは束縛と解する。

(41) 刑與德――底本注、『韓非子』二柄「何を刑徳と謂う、曰わく、殺戮を之れ刑と謂い、慶賞を之れ徳と謂う」、『莊子』説劍「天子の劍は、制するに五行を以てし、論ずるに刑徳を以てす」の成玄英疏「五行は、金木水火土。刑は、刑罰。徳は、徳化なり。此の五行を以て、寰宇を匡制し、其の刑徳を論じて、以て羣生を御す」をあげる。

(42) 春夏爲德秋冬爲刑――底本注は、『管子』四時「徳は春に始まり、夏に長じ、刑は秋に始まり、冬に流る。刑徳失わざれば、四時は一の如し、刑徳鄉(向)きを離たば、時は乃ち逆行す」、『風俗通義』皇霸「謹しみて『易』・『尚書大傳』を案ずるに、……春夏は慶賞し、秋冬は刑罰す」をあげる。

(43) 先德後刑以養生――底本注、この句に関しては、下の注(54)を参看すべきだ。

(44) 姓生已定――『左氏傳』隱公八年に「天子徳を建て、生に因り以て姓を賜う」とあり、姓生はまさにこれを指すのだ。「姓生已に定まる」とは、氏族が既に形成されたことを指す。以上は底本注。『經法』本注、本篇・姓争は「胜生」に作るが、胜は姓の異体字に他ならない。これ以下、下の「以明其當」までは、姓争章に同文がみえる。

(45) 不諶不定――底本注、諶は、戡の字に読み、勝つこと。『經法』本注、諶は、戡の字に読み、平定のこと。しかし諶を信と解釈する説もある。

(46) 凡諶之極在刑與德――『經法』本注、極は、基準法則のこと。余氏は、『尉繚子』天官「梁惠王、尉繚子に問いて曰く、黄帝は刑德にて、以て百勝す可しとは、之有るか。尉繚子對えて曰く、刑以て之を伐ち、徳以て之を守る、所謂天官時日陰陽向背に非ざるなり」をあげる。

(47) 刑德皇皇――『經法』本注、皇皇は、明るい、輝き光ること、顕著なこと。余氏は、『國語』越語下「天道皇皇、日月は常と爲す」をあげる。

(48) 以明其當――『經法』本注、賞罰が丁度当っていることを指す。

(49) 盈□无匡――旧本は、「盈□□匡」と釈文する。原本の写真版では、「匡」字の上は「无」と判読できる。「盈」の下の残欠字は判読できない。底本注、匡は、虧き損うこと。余氏は、『國語』越語下「月盈ちて匡く」をあげ、盈ちて匡けないというのは、刑も徳も必ず併用する意味だとする。

〔現代語訳 4〕

さてこのようなわけで民衆を使役するには権力に依存してはいけない、仕事を始めるには成功を急いではならない、土地の生産力のためには怠惰で散漫であってはならない。怠惰で散漫であると土地は荒廃し、成功を急ぐと恩恵が失われ、権力に依存すると侵略を招く。このようなわけで君主たる者は、時に応じて春夏秋の三時期の民衆の娯楽を制限して、民衆の耕作や機織りの仕事を乱してはいけない、自然すなわち天の季節の推移に逆ってはいけない。そうすれば五穀は順調に熟し、そこで民衆は増加する。君臣上下すべての人が、それぞれ思いを遂げることができる。天はそれらの事態に沿って成し遂げるのである。さて時節にかなった政令に従って民衆の耕作や機織りの仕事を育成して、恩賞を優先して刑罰を後回しにするのは、自然の季節の推移に従うのである。成長する時期に収縮する方策をとれば、秋冬の季節が再び訪れて、地の気もまた収縮して〔農作物の生長に影響を与えて〕しまう。名分を正し刑罰を整えると、冬眠していた虫は閉じ込もったままで、雪や霜が降って寒さが戻り、最初に種撒く稷《きび》はちぢこまって芽がでない、このような災害が発生する。このような場合は事を始めても成就しないことになるであろう。収縮する時期に成長する時期の方策をとれば、春夏の季節が再び訪れて、地の気は収縮しない。名称を正し刑罰を弛めるならば、冬眠していた虫は声をあげ、枯れ草は再び芽をだす。既に陽気が戻ったうえに恩賞を与える政策をとれば、同じ季節を繰り返して成果は得られない。このような場合は事を始めても行われないであろう。自然の法則にすっかり依存するならば、地上の作物は十分に実るであろう。それらを分け行きわたらせるのは、聖人の為すことである。聖人の名声が永久に滅びないのは、時の変化に忠実に順うからである。民衆に恩恵を与え愛護するのは、自然と同じく偏りがない。聖人は公正な態度で自然に対応し、平静な態度で人に対応する。至高者である天の定めた刑罰を乱用することなく、軽々しく約束を破ることはしない。自然の時期に沿って、すべて決断する。決断すべき時に決断しないと、返って禍害を被ることになる。《治國の方策の考察》

夫是故使民毋人執、擧事毋陽察、力地毋陰敝。陰敝者土芒（荒）、陽察者奪光、人執者摐兵。是故爲人主者、時挃三樂、毋亂民功、毋逆天時。然則五谷溜孰（熟）、民【乃】蓄磁（滋）。君臣上下、交得其志。天因而成之。夫竝時以養民功、先德後刑、順於天。其時贏而事絀、陰節

夫れ是の故に民を使うに人執する毋れ、事を擧ぐるに陽察する毋れ、地を力《つと》むるには陰敝する毋れ。陰敝する者は土は荒（芒）れ、陽察する者は光を奪われ[50]、人執する者は兵に摐《う》たる[51]。是の故に人主爲る者は、時に三樂を挃《とど》め、民の功を亂す毋れ、天の時に逆らう毋れ。然らば則ち五穀（谷）溜熟（孰）し、民【乃ち】蓄滋（磁）す。君臣上下、交ごも其の志を得[52]。天因りて之を成す。夫れ時に竝《よ》り以て民の功を養い、德を先にし刑を後にするは[53]、天に順うなり。其の時贏《えい》なるに事絀《くつ》なれば[54]、陰節復た次ぎ[55]、地尤《もっと》も復た収まる[56]。名を正し刑を脩むれば、

復次、地尤復收。正名脩刑、執（蟄）蟲不出、雪霜復清、孟谷乃蕭（肅）、此材（災）□生、如此者舉事將不成。其時絀而事贏、陽節復次、地尤不收。正名施（弛）刑、執（蟄）蟲發聲、草苴復榮、已陽而有（又）陽、重時而无光、如此者舉事將不行。天道已既、地物乃備。散流相成、耶（聖）人之事。耶（聖）人不朽、時反是守。優未愛民、與天同道。耶（聖）人正以侍（待）天、靜以須人。不達天刑、不襦不傳。當天時、與之皆斷。當斷不斷、反受其亂。《觀》

蟄《ちつちゆう》（執）蟲出でず、(57)雪霜復た清《さむ》く、(58)孟穀（谷）乃ち肅《ちぢ》（蕭）み、(59)此の災（材）□生じ、(60)此《かく》の如き者は事を舉ぐるも將に成らざらんとす。其の時絀なるに事贏なれば、(61)陽節復た次ぎ、地尤も收まらず。(62)名を正し刑を弛《ゆる》（施）むれば、蟄（執）蟲聲を發し、草苴《そうしよ》復た榮え、(63)已に陽にして又（有）陽、時を重ねて光なし、此の如き者は事を舉ぐるも將に行われざらんとす。天道已に既《つ》くされ、(64)地物乃ち備わる。散流して相い成すは、聖（耶）人の事なり。聖（耶）人は不朽なるは、時の反るを是れ守ればなり。(65)未を優し民を愛し、(66)天と道を同じくす。聖（耶）人は正以て天を待（侍）ち、靜以て人を須《ま》つ。(67)天刑を達せず、(68)襦せず傳せず。(69)天の時に當り、之と與に皆斷ず。當に斷ずべきに斷ぜざれば、反って其の亂を受く。(70)《觀察》

(50)　使民毋人執……者奪光――底本注、『經法』国次注（24）を参看のこと。

(51)　人執者摐兵――摐は、すなわち撞の異体字。『廣雅』釋言に「摐は、撞《つ》なり」とあり、兵は、戈矛の類を指す。以上は底本注。『經法』本注、摐は、縱の字に読み、縱容のこと。

(52)　時控三……得其志――ここの「時控三樂」以下の一段の文字は、『國語』越語下と対照できる。『國語』越語下「四封の内、百姓の事は、時に三樂を節し、民功を亂さず、天時に逆らわざれば、五穀は稑孰し、民は乃ち蕃滋し、君臣上下は、交もごも其の志を得」とある。「時控三樂」は、『國語』では「時節三樂」に作り、注に「三樂は、三時の務は、人をして事に勸み業を樂しま使む」とある。控は、扉と同じ字ではないか、窒の字に読み、窒と節は、音も意味も近い。「五穀溜孰」は、『國語』では「五穀稑孰」に作る。『説文』には「稑は、疾く孰するなり」とある。帛書の溜は、稑の字に読む。以上は底本注。『經法』本注、節は節制や減少の意味、「五穀溜孰（熟）」の「溜」字を『國語』は「稑」に作るが、これは農作物が早く熟する意味だという。「民【乃】蕃茲（滋）」を旧本は、「【民乃】蕃茲（滋）」と釈文する。原本の写真版では、「民」字は明白だが、「乃」字は判読できない。

(53) 先德後刑——底本注、『管子』勢「故に天の時を犯さず、民の功を亂さず、時を秉り人を養い、德を先にし刑を後にし、天に順う……」とあり、帛書の「竝時」は、ほぼ時に順うと同じ。

(54) 時贏而事絀——贏と絀は対の言葉（『德』「大贏は絀の如し」現『老子』四五）。贏は、長であり、余り有るである。絀は、屈であり、不足である。『淮南子』時則に「孟春に始めて贏じ、孟秋に始めて縮む」とある。贏絀は、贏縮と意味が近い。帛書のこの句の意図は、春夏は生長の時なのに、秋冬の厳急の政治を行うことをいう。下文の「其時絀なるに事贏ず」は、意味がここと反対である。以上は底本注。贏は、盈のこと、絀は或いは詘に作り、縮のこと。贏は、満、増長、進むの意味。詘は不足、収縮、退くの意味。『帛書』の意味は、春夏は生長の季節で、これに応じて賞を施すべきで、もし賞を施さずに刑を執行すれば、「時贏《えい》なるに事絀す」ることになるという。以上は『經法』本注。

(55) 陰節復次——秋冬の季節が再び到来すること。季節の秩序が異常になることをいう。以上は『經法』本注。

(56) 地尤——尤は、当然、氣と作るべきで、形が似ているので誤った、下文の「地尤は收まらず」と同じだ。『淮南子』天文に「秋三月に至りて、地氣、藏せざれば、乃ち其の殺を收め、百蟲は蟄伏し、靜居して戸を閉ざす」とある。以上は底本注。

(57) 執（蟄）蟲不出――『經法』本注、蟄蟲は、土の中に隠れて冬を過ごす虫。

(58) 雪霜復清――『經法』本注、清は凊の字に読み、寒冷のこと。

(59) 正名脩刑……孟谷乃蕭（肅）――意図は、春夏に刑を修めれば（陰陽刑徳の説に依れば、刑罰は秋冬の事である）、将に蟄蟲が出てこないなどの異常現象が現れるであろう。『禮記』月令に「孟春に……冬令を行えば、則ち水潦は敗を為し、雪霜は大いに摯し、首種は入らず。……季春に冬令を行えば、則ち寒氣時に發し、草木は皆な肅《ちぢ》まる」の鄭玄注に「舊説では首種は稷を謂う。……肅は枝葉肅栗するを謂う」とある。帛書の「孟穀」は「首種」と同じ意味のようだ。清は、凊の字に読み、寒いこと。以上は底本注。孟は、芒の字に読むのではないか、芒谷は、稲や麦の類を指す、一説では、孟谷はすなわち『禮記』月令の「首種入らず」の「首種」すなわち稷だという。蕭は、枯れ萎える、萎縮すること。『禮記』月令に「草木皆な肅」の鄭玄注に「肅は枝葉縮肅するを謂う」とある。以上は『經法』本注。

(60) 此材（災）□生――旧本は、「此□□生」と釈文する。原本の写真版では、「材」字は判読しがたい。陳氏は、「孟谷乃肅」の文例と同じとして、欠字を「乃」と推定する。

(61) 其時絀而事贏――底本注は、『史記』韓世家「往年、秦は宜陽を抜き、今年旱す、昭侯は時を以て民之急を恤まずして顧て益ます奢る。此れを時絀して擧贏と謂う」をあげる。『經法』本注は、秋冬の時期に、草木が凋落するのは、此とあい応じていて、刑を執行すべきで、もしも刑を執行しないで賞を施すなら、「時絀なるに事贏」ということになるという。

(62) 陽節復次、地尤不收――底本注、『禮記』月令「孟秋に……春令を行わば……陽氣復た還る……」、『管子』七臣七主「冬政禁ぜざれば則ち地氣は藏せず」などをあげる。

(63) 正名弛……茸復榮――意味するところは、秋冬の刑を修めるべき時に刑を修めないと、蟄居している虫が鳴き出すなどの異常現象が出現するだろうということ。『禮記』月令に「仲秋に……夏令を行わば……蟄蟲藏せず、五穀復た生ず」

とある。苴は、枯草。以上は底本注。刑を弛めるは、刑具を解除すること、『漢書』趙充國傳「時に上、已に三輔太常の徒を發し刑を弛む」」の師古の注に「刑を弛むは、鉗釱を加えざることを謂うなり」とある。『楚辭』九章・悲回風に「草苴比びて芳しからず」の注に「生きたるを草と曰い、枯れたるを苴と曰う」とある。以上は『經法』本注。

(64) 天道已既――『經法』本注、既は、尽すで、完全に天道に依る行為を指す。

(65) 耶（聖）人不朽時反是守――『國語』越語下に「上帝は不考、時反を是れ守る」とある。考は、巧の字に読む。『漢書』司馬遷傳「故に曰く聖人は不巧、時變を是れ守る」の顔師古注に「機巧の心無く、但だ時に順うなり」とある。「時變」は、「時反」の音の誤りではないか。「時反」の語は、また後の本篇・姓争（第二段）にみえる。『國語』越語下の「時將に反すること有らんとすれば、事將に閒すること有らんとす」は、すなわち「時反」の意味。以上は底本注。『經法』本注は、聖人は何の巧妙さもなく、ただ時期を摑むのが上手なことを意味するという。

(66) 優未愛民――底本注、未は、惠の字に読むのではないか。

(67) 靜以須人――『經法』本注、須は、待つこと。

(68) 不達天刑――底本注、この言葉はすでに『經法』四度注（30）にみえる。なお「達刑」の定義が『經法』亡論の末尾にみえる。

(69) 不襦不傳――底本注、「襦傳」の言葉はすでに『經法』亡論注（11）にみえ、「襦傳」の定義が同篇の末尾にみえる。

(70) 當斷不斷反受其亂――底本注、『史記』巻七八春申君傳贊「語に云う『當に斷ずべきに斷ぜざれば、反りて其の亂を受けん。』」、同書巻五二齊悼惠王世家「嗟乎《ああ》。道家の言の『當に斷ずべきに斷ぜざれば、反りて其の亂を受けん。』とは、乃ち是れなり」をあげる。『經法』本注、事に臨んで決断できなければ、かえって乱に遭うこと、この言葉は『史記』のほか『漢書』霍光傳にもみえる。また本篇・兵容に「聖人は達刑せず、襦傳せず。天の時に因り、之と與に皆な斷ず。當に斷ずべきに斷ぜざれば、反りて其の亂を受けん」とある。これまで、乙本『古佚書』が出土する以前は、この二句が道家の言であるか否か確認できなかった。『史記』齊悼惠王世家の記述から、『乙本古佚書』が道家の書であることが証明されたことになる。同時に『史記』の記述には根拠があったことを証する貴重な資料である。

第三章　五　正①

〔現代語訳 1〕

黄帝は閹冉《えんぜん》に尋ねて言った「私は五つの政策を発布し施行しようと思っているが、どこから始めどこで終えたらよいだろうか」と。閹冉は答えて言った「先ずはご自身から始め、心の中に正しい基準があるなら、他の人々に適用される。内外の接触が行われていれば、最終的に事業は成功する」と。黄帝は言った「私は行動は正しく心は平静であるが、私の国家は益々安定しないが、どうしたらよいであろうか」と。閹冉は答えて言った「天子さまは心は誠実であり行動は正しいのですから、安定しないことなど心配に及びません。政治の基準をしっかりと掌握していれば、天下のことを心配するに及びません。男も女も皆心を同じくしているなら、国のことは心配に及びません。五つの政策は既に施行され、五つの官職はそれぞれ管掌されています。しっかりと政治の基準を掌握して、反乱軍を迎え撃てばよいのです」と。

黄帝問閹冉曰、吾欲布施五正、焉止焉始。──黄帝、閹冉《えんぜん》に問いて曰く、吾れ五正を布施せんと欲す、焉《いずく》にか止め焉

對曰、始在於身。中有正度、后及外人。外内交緌（接）、乃正於事之所成。黃帝曰、吾既正既靜、吾國家窬（愈）不定、若何。對曰、后中實而外正、何【患】不定。左執規、右執柜（矩）、何患天下。男女畢迵、何患於國。五正既布、以司五明。左右執規、以寺（待）逆兵。

にか始めん、と。（2）對えて曰く、始めは身に在り、中ごろは正しき度有り（3）、后《のち》には外人に及ぶ。内外交接（緌）し、乃ち事の成る所を正す（4）、と。黄帝曰く、吾れ既に正しく既に靜かなるに、吾が國家は愈（窬）いよ定まらず、若何《いかん》せん、と。對えて曰く、后《きみ》、中は實にして外は正し（5）、何ぞ定まらざるを【患《うれ》えん】（6）。左に規を執り、右に矩（柜）を執らば（7）、何ぞ天下を患えん。男女畢《ことごと》く迵《おな》じければ（8）、何ぞ國を患えん。五正既に布かれ、以て五明を司る（9）。左右は規を執り、以て逆兵を待（寺）つ（10）、と。

（1）五正——章名。章首に「黄帝、閹冉に問いて曰く、吾れ五政を布施せんと欲す」とあるので、章名とした。閹冉は、人名で黄帝の臣。以上は『經法』本注。本章は、黄帝と大臣閹冉とが五政の施行を討論し、如何に始め終わるかの問題を叙述する。主旨は「始めは身に在り、中ごろ正しき度有り、后に外人に及ぶ」ことにある。その中で黄帝と蚩尤との戦争前の準備を叙述し、「靜」と「爭」との弁証関係に及ぶ。最も注目を引くのは、本篇で「爭を作す者は凶、爭わざる者も亦功を成す无し」の思想を提出したことで、それは「老學」の「爭わざる」の理論の欠陥を補充し、道家の学説を完成させた。以上は余氏の提要。

（2）吾欲布……止焉始——底本注、『鶡冠子』度萬「天地陰陽、稽を身に取る。故に五正を布きて以て五明を司る（下文に「五正既に布かれ、以て五明を司る」というのと合致する）、十たび九道を變え、稽は身從り始めん（ここの下文に五正を布施するのは「始めは身に在り」というのと、意味は近い）、五音六律は、稽は身從り出ず」をあげる。旧本は、「五正」を「五正（政）」と釈文し、注に『管子』禁藏に春は「五正（政）を發す」」、同書・四時に、春夏秋冬の四季に皆な

「五政を發する」といい、その内容は『禮記』月令と似ていて、陰陽刑徳の説と合致するという。『經法』本も「五正（政）」と釈文し、注で、五政は、四季ごとの民を治める政治だ、「焉くに止まり焉くに始まる」は、何処に止まるのか、何処から始めるのかをいうという。余氏は、さらに『鶡冠子』度萬「敢えて五正を問う、鶡冠子曰く、神化有り、官治有り、教治有り、因治有り、事治有り」をあげる。

（3）中有正度――正度は、中正公平な法度。

（4）正於事之所成――正は、止に作るべきではないか。正と止は形が似ていて間違いやすい。『荀子』儒效「有所正矣」の楊注「正は當に止と爲すべし、禮義に止まるを言うなり」。『莊子』應帝王の『經典釋文』に「正はある本では止に作る」とある。以上は陳氏注。しかし写真版では「正」である。

（5）后中實而外正――后は、黄帝を指す。上古では君のことを后と称した、また尊敬して「皇后」と称した（下文の雌雄節一一二行上にみえる）、後世のいわゆる「皇后」とは違う。以上は底本注。

（6）何【患】不定――旧本は、「民乃不定」と釈文する。原本の写真版では、前二字の残欠が判読しがたいが、「何」の残欠字とわずかに判読できる。「患」か「乃」かは判読できない。

（7）左執規右執柜（矩）――余氏は、規矩は円と四角を描く道具、ここでは法度をさすという。「左執規、右執矩」は、基準を保持することを指す。

（8）男女畢迵――迵は、同の字に読む。『周語』「其の惠は足以て其の民人を同じくするに足る」の注「同は、猶お一のごときなり」をあげる。畢く迵じは、心を同じくすること。以上は底本注。迵には、透の意味もあり、通達の意か。

（9）以司五明――陳氏は、『鶡冠子』度萬「以て五明を司る」をあげ、五明は、古代の五種の官職で、尸氣皇名・尸神明名・尸聖賢名・尸主二名・尸公伯名だという。

（10）以寺（待）逆兵――『經法』本注、待は、抵抗し防ぐこと、逆兵は、後の文の蚩尤《しゆう》を指す。

〔現代語訳2〕

黄帝は言った「私自身のことをまだ自分で解っていないのは、どうしたものだろうか」と。閹冉は答えて言った「天子さまがご自身のことをまだ自分で解っていないのであれば、奥深い川の淵に隠れ棲んで（深く心の奥底を覗き見て）、内心の規範をお求めなさい、内心の規範が把握できたら、天子さまはご自身を克服することを知るでしょう」と。黄帝は言った「私は自身を克服しようと思うが、自身を克服するにはどうしたらよいであろうか」と。閹冉は答えて言った「理想が同じであれば対応も同じであり、理想が異なれば対応も異なります。現在、天下は大いなる争乱の状態で、潮時です、天子さまは慎重にしていて紛争に関わらないでいられるのですか」と。黄帝は言った「紛争に関わらなければ、どうなるであろうか」と。閹冉は答えて言った「怒りとは体内の血液や気息によるものです、争いは身体の（外を覆う）脂肪や皮膚によるものです。怒りがもしも発散しないと、次第に蔓延して悪性のできものとなります。天子さまは血・気・脂・膚の四つのものを除き去ることができたら、枯れ果てた骨同然であってどうして争うことなどできましょう」と。

黄帝曰、吾身未自知、若何。對曰、后身未自知、乃深伏於淵、以求内刑（型）。内刑（型）已得、后□自知屈后身。黄帝曰、吾欲屈吾身、屈吾身若何。對曰、道同者其事同、道異者其事異。今天下大爭、

黄帝曰く、吾が身未だ自ら知らざるは、若何、と。對えて曰く、后《きみ》の身未だ自ら知らざれば、乃ち深く淵に伏し、以て内型（刑）を求めよ。[11] 内型已に得らるれば、后□[12]自ら后の身を屈するを知らん、と。黄帝曰く、吾れ吾が身を屈せんと欲す、吾が身を屈するは若何せん、と。對えて曰く、道同じき者は其の事同じ、道異なる者は其の事異なる。今、

時至矣、后能愼勿爭乎。黄帝曰、勿爭若何。對曰、怒者血氣也、爭者外脂膚也。怒若不發、浸廩是爲癰疽。后能去四者、枯骨何能爭矣。

天下大いに爭い、時至れり、后能く愼んで爭う勿きか、と。黄帝曰く、爭う勿きは若何、と。對えて曰く、怒れる者は血氣なり、爭う者は外脂膚なり。怒りて若し發せざれば、浸廩《しんりん》して是れ癰疽《ようそ》と爲る。（13）后能く四者を去らば、（14）枯骨何ぞ能く爭わん、と。

（11）以求内刑（型）――『經法』本注、刑は型の字に読み、法則のこと、「以て内型を求む」は、上の文の「自ら知る」を指す。

（12）后□――原本の写真版では欠字。陳氏は、欠字を「乃」と推定する。

（13）浸廩是爲癰疽――底本注、浸廩は、当然「浸淫」「浸尋」などの言葉と意味が同じで、拡大、蔓延の意味。『經法』本注、癰疽は膿瘡すなわち腫れもの。

（14）能去四者――『經法』本注、四者は、血・気・脂・膚を指すらしい。

〔現代語訳 3〕

黄帝はそこで自国の主立った人々に辞去して、博望山に登り、心を沈めて休息すること三年、自問自答した。戦おうと決心した。閹冉はそこで山に登り黄帝を起こして言った「よろしいでしょう。戦争を始めるのはよくないことですが、戦争しなければやはり事業は成し遂げられないでしょう。何でよくないことがありましょう」と。黄帝はそこで鏘鉞《しょうえつ》などの武器を使い、軍隊を激励し、自ら進軍の合図をして、蚩尤《しゆう》に当たり、そこで彼を捕らえた。黄帝は盟約に署名したが、盟約には次のように記された「道義に違反し自然の時期に逆らうと、その刑罰は蚩尤のようになるであろう。道義に違反し宗主に背くと、その法の掟は最終的には死刑である」と。《五つの政策》

黄帝於是辭其國大夫、上於博望之山、談臥三年以自求也、單（戰）才（哉）。闔冉乃上起黄帝曰、可矣。夫作爭者凶、不爭【者】亦无成功。何不可矣。黄帝於是出其鏘鉞、奮〈奪〉其戎兵、身提鼓鞄（枹）、以禺（遇）之（蚩）尤、因而禽（擒）之。帝箸之明（盟）、明（盟）曰、反義逆時、其刑視之（蚩）尤。反義伓（倍）宗、其法死亡以窮。《五正》

黄帝、是《ここ》において其の國の夫夫に辭して、(15)博望の山(16)に上り、談臥すること三年以て自ら求む。(17)戰（單）わんかなと。闔冉乃ち上り黄帝を起こして曰く、可なり。夫れ爭いを作す者は凶なるも、爭《こと》わざる【者】(18)も亦た成功无し。何ぞ不可ならん、と。黄帝、是において其の鏘鉞《しょうえつ》を出し、(19)其の戎兵を奪〈奮〉い、(20)身《みずか》ら鼓枹《こふ》（鞄）(21)を提《たずさ》え、以て蚩《し》（之）尤《ゆう》に遇（禺）い、因りて之を擒《とりこ》（禽）にす。(22)帝は之を盟（明）に箸《ちか》わし、(23)盟（明）に曰く、義に反《そむ》き時に逆らえば、(24)其の刑は蚩（之）尤に視《なぞら》う。(25)義に反き宗に倍《そむ》（伓）かば、(26)其の法は死亡して以て窮まる、(27)と。《五つの政》

(15)　辭其國大夫――底本の釈文は「大夫」であるが、写真版には「夫」字に重字符号が付いていて「大」字はない。ただこれは合文だとして「大夫」と解読されている。なお乙本『古佚書』には「大夫」という形では一切出てこない。「夫夫」は、見慣れない語であるが、『禮記』檀弓上に「曾子襲裘して弔す。子游裼裘して弔す。曾子子游を指さして人に示して曰く、夫夫や、禮に習う者爲るに、……曾子曰く、我れ過まてり、我れ過まてり、夫夫是なり」とみえ、その鄭玄注に「夫夫は、猶お此の丈夫と言うがごときなり」とある。丈夫は、成年男子の通称で、『穀梁傳』文公十二年に「男子二十にして冠し、冠して丈夫に列なる」とある。「夫」については、『禮記』の『經典釋文』に「若夫、方于の反、丈夫なり」（曲禮上）「夫れ禮なる者、扶と音す、凡そ發語の端は、皆な然り、後は此れに放う」（同上）「夫夫、上は扶と音し、下は字の如し、一の讀みは竝びに字の如し、注及び下は同じ」（檀弓上）とある。また『郭店楚簡』緇衣篇第十二章にみえる引用の逸詩に「吾夫夫共且儉」の語がみえる。裘錫圭氏は、「吾大夫恭且儉」と読むべきではないかというが、竹簡では「夫」字に明確な重字符号がついていて、「大夫」とはなっていない。

（16）博望之山――博望山は、安徽省當塗県にあるとされる。

（17）談臥三年以自求也――談は、借りて恬の字とするのではないか。『鄧析子』無厚「恬臥して功は自ら成る」、『玄女兵法』「帝は歸りて太山の阿に息い、昏然として憂寢す」がある。以上は底本注。『經法』本注、談は、恬の字に読み、恬臥は、静臥すること。

（18）不爭【者】――旧本は、「不爭□」と釈文する。原本の写真版では、「者」は欠字。

（19）鏘鉞――『經法』本注、鏘は箸の字に読み、四角い孔のあいた斧で、鉞は大斧のこと。

（20）奪〈奮〉其戎兵――旧本は、「奮其戎兵」と釈文する。底本の釈文は、「奮」を「奪」に誤る。『經法』本注は、戎兵は、武器のことという。

（21）鼓鞄（枹）――『經法』本注、鞄は枹の字に読み、鼓槌のこと。

（22）禺（遇）之（蚩）尤而禽（擒）之――底本注、蚩尤は、人名、伝説での古代の部落の首領で、後に黄帝と戦い捕らえられ殺された。『經法』本注、面と向かっての戦い、蚩尤は、人名、伝説での古代の部落の首領、のちに黄帝と涿鹿で戦い、捉えられて殺された。なお、ほぼ同文が、本篇・正亂（主に力黒と太山之稽との対話）第三段に「是に於て其の鏘鉞を出し、其の戎兵を奮い、黄帝身ずから蚩尤に遇い、因りて之を擒う。……」とある。

（23）帝箸之明（盟）――『經法』本注、箸は、著明、盟は、神前で宣誓すること。盟は盟約の文書ではないか。ここは盟約の文書に書き記したの意。
(24) 反義逆時――『經法』本注は、無理を押し通すことという。
(25) 其刑視之（蚩）尤――『經法』本注、蚩尤と同じ処分を受けるであろうの意。
(26) 反義伓（倍）宗――『經法』本注、倍は、背叛、宗は、宗主。
(27) 其法死亡以窮――『經法』本注、法は、刑法、窮は、終わる、結着すること。

第四章　果　童(1)

〔現代語訳〕

黄帝は四人の補佐役に尋ねて言った「私だけが天下を統一した。今や私は養育し治め正し、〔富を〕均等にして安定させようと思うが、どうしたらよいであろうか」と。果童は答えて言った「倹約しなければ安定は得られない、誠実でなければ治め正すことはできない。上では天に模範を取り、下には地に模範を求めて、男女の人間関係を考え合わせる。さて天には〔不変の〕基本となるものがあり、地には恒常不変のものがある。〔この基本や不変なものに〕合致するから、そこで夜と昼があり、日陰と日向がある。さて地には山や沼地があり、汚れた土地や綺麗な土地があり、肥沃な土地や痩せた土地がある。地は恩恵を習いとして安静であり、天は正名すなわち名分を正して活動する。休息と活動とが相互に依存し合い、恩恵と刑罰とが相互に助け合って完成する。両者はそれぞれ独立したものだが、相互が統一されれば成功する。陰気と陽気が万物に備わっているので、変化が起こるのです。一事を任せても重いとする者もあれば、百事を任せても軽いとする者もある。人にはそれなりの才能があり、物にはそれなりの形があり、それらに沿ってすればうまくいく」と。黄帝は次のように言った「さて民衆は天から生命をもらい、地から食物をもらう。天を父と考え、地を母と考える。今や私は養育して治め正し、〔富を〕均等にして安定させようと思っているが、主に何から始めたらよいだろうか」と。〔果童は〕答えて言った「倹約すれば安定させることができ、誠実であれば治め正すことができ、身分の貴賤は必ず実情に沿い、貧富の差もはっきりする。前の時代にはそれを模範としてきたが、後の時代の現在では廃れてしまった。私から始めましょう」と。果童はそこで破れて粗末な衣服を着て、壊れて漏る瓶を担いで、放浪して食物を乞いながら、四方を流浪して、貧しく賤しい究極のさまを人々に示した。《果童》

黄帝【問四】輔曰、唯余一人、兼有天下。今余欲畜而正之、均而平之、爲之若何。果童對曰、不險則不可平、不諶則不可正。觀天於上、視地於下、而稽之男女。夫天有榦、地有恆常。合□□常、是以有晦有明、有陰有陽。夫地有山有澤、有黑有白、有美有亞（惡）。地俗德以靜、而天正名以作。靜作相養、德疟（虐）相成。兩若

黄帝、四輔に問いて(2)曰く、唯余一人のみ、天下を兼ね有す。今、余は畜《やしな》いて之を正し(3)、均《ひと》しくして之を平かにせんと欲す、之を爲すこと若何と。果童對えて曰く、險ならざれば則ち平らかにす可からず、諶《まこと》ならざれば則ち正す可からず(4)。天を上に觀、地を下に視て、之を男女に稽《かんが》う(5)。夫れ天には榦有り、地には恆常有り(6)。合□□常(7)、是《ここ》を以て晦有り明有り、陰有り陽有り。夫れ地には山有り澤有り、黑有り白有り(8)、美有り惡（亞）有り。地は德を俗として以て靜かにして、天は名を正して以て作《おこ》る(9)。靜と作と相い養い(10)、德と虐（疟）と相い成す。兩つながら若《おの》おの名有り(11)、相い與《とも》にすれば則ち成る。陰陽、物に備わり、化

有名、相與則成。陰陽備物、化變乃生。有□□□重、任百則輕。人有其中、物又(有)其刑(形)、因之若成。黄帝曰、夫民卬(仰)天而生、侍(待)地而食。以天爲父、以地爲母。今余欲畜而正之、均而平之、誰敵(適)繇(由)始。對曰、險若得平、諶□□□、【貴】賤必諶、貧富又(有)等。前世法之、後世既員、繇(由)果童始。果童於是衣褐而穿、負并(缾)而巒、營行氣(乞)食、周流四國、以視(示)貧賤之極。《果童》

變乃ち生ず。(12)有□□□重く、(13)任うもの百なれば則ち輕きこと有り。人には其の才有り、(14)物には其の形(刑)有(又)り、之に因り若《すなわ》ち成る。(15)黄帝曰く、夫れ民は天を仰(卬)ぎて生じ、地を待(侍)ちて食う。天を以て父と爲し、地を以て母と爲す。(16)今、余は畜《やしな》いて之を正し、均しくして之を平らかにせんと欲す、誰を適《しゅ》(敵)として由(繇)り始めん、と。(17)對えて曰く、險にして若《すなわ》ち平を得、諶《まこと》なれば□□□、貴賤は必ず諶にして、(18)貧富に等有(又)り。前世之《これ》に法《のっと》り、後世既に員《こわ》す、(19)果童由(繇)り始めん、と。果童、是《ここ》に於て褐を衣《き》て穿《やぶ》れ、(20)缾《かめ》(并)を負いて巒《もら》し、(21)營《めぐり》行きて食を乞(氣)い、(22)四國を周流し、(23)以て貧賤の極みを示(視)す。《果童》

(1)果童――章名。本章は、果童が黄帝の問いに答えることを記載するので、章名とした。果童は、人名で、黄帝の臣。

以上は『經法』本注。本章は、黄帝と大臣果童との対話で、章中では貴賤貧富の等級は歴史的発展の必然であることを提出した。「貴賤は必ず諶《まこと》にして、貧富に等有(又)り、前世之に法とり、後世既に員《こわ》す」であり、社会の階級は一種の客観的存在で、「均平」だけが各階級の人に対して政策上一律に対応して、貧賤富貴を分け隔てしないと考える。これは「黄学」と「老学」の重要な違いであり、重視するに値する。以上は余氏の提要。

（2）黄帝【問四】輔――旧本は、「黄帝【問】□輔」と釈文する。原本の写真版では、「輔」の上二字は欠字。帛書『周易』巻後古佚書『二三子問』に「黄帝、四輔あり、堯、三卿を立つ」とある。輔は、官名で、古代の天子の補佐役。以上は底本注。黄帝については本篇・立命の注（3）を参照。余氏は、平は平坦、險は約、俗は欲、德は殖という。

（3）畜而正之――『經法』本注、畜は育の字に読み、養育のこと、正は政の字に読み、治めること。

（4）不諶則不可正――余氏は、諶は、戡の字に読み、平定のこと、一説では、諶は、誠諦。正は、人を正す。この句は、誠信でなければ人を正すことはできないことをいう。以上は余氏の説。

（5）稽之男女――『經法』本注、稽は、手本とすること。余氏は、稽は、考だ、という。

（6）天有幹地有恆常――本篇・行守にもまた「天に恆幹有り、地に恆常あり」の言葉があり、この文の「幹」の上に「恆」字が抜け落ちているようだ。以上は底本注。いま「幹」を補って訳す。

（7）合□□常――陳氏は、欠字を「此幹」と推定する。

（8）地俗德以靜――俗は、育の字に読むのではないか。『周易』蒙、象傳に「君子は以て行を果たし德を育《やしな》う」とある。以上は底本注。余氏は、俗は欲、德は殖と解する。

（9）天正名以作――名称や名分を正し、名と実とを符合させること、『論語』子路「子曰く、必ずや名を正さんか」をあげる。正名は、ここでは制度を建てること、作は、動くことという。以上は余氏の注。名分は、身分・地位・職務などの名称と、それに対応してなすべきこと。この天の「正名」は、地の「俗德」と対応し、天地の「靜作」や下の「德虐」と対応すると考えられる。

（10）靜作相養――『經法』本注、相い養うは、相い成すこと。

（11）兩若有名――余氏は、若は、各の字に読むべきようだという。

（12）陰陽備物化變乃生――底本注、帛書では、「備」字の下に句読の印があるので、釈文は「備」字で句を切った。

(13) 有□□□重――旧本は、四字の欠文とする。原本の写真版では、三字の欠文と推測される。『淮南子』主術に「是の故に大略有る者は、責むるに捷巧を以てす可からず。小智有る者は、任ずるに大功を以てす可からず。人に其の才有り、物に其の形有り、一を任せて太だ重き有り、百を任せて尚お輕き或り」の言葉はこれに近い。帛書では「重」字の上に「任一而」の三字欠いているのではないか。以上は底本注。

(14) 人有其中――原本の写真版では、「中」と釈する字は「十」にみえ、下の短い横線が欠落したとも思われる。五正「單（戰）才（哉）」を参照。底本注、中の字は、才の誤字ではないか。

(15) 因之若成――『經法』本注、因は、順応、若は、乃のこと。

(16) 以天爲父、以地爲母――底本注、『鶡冠子』泰鴻「故に聖人は天を建てて父と爲し、地を建てて母と爲す」、『管子』五行「天を以て父と爲し、地を以て母と爲す」をあげる。

(17) 誰敵（適）繇（由）始――「誰か敵（適）として繇（由）り始めん」は、誰から始めるかをいうもので、その句法は『詩』衛風、伯兮「誰か適きて容を爲す」、小雅、巷伯「誰か適きて與に謀る」などと同じだ。以上は底本注。

(18) 諶□□□【貴】賤必諶――底本注、諶は、勘の字によむ、比較すること、拡大解釈して深く切実に考えるの意味。旧本は、諶を信と解する（本篇・觀を参照）。『經法』本注、上文の「不諶則不可正」と「險若得平」によると、ここは「諶若得正」であるべきだ。陳氏は、欠字を「若得正」と推定する。

(19) 後世既員――底本注、員は、隕の字に読み、断絶のことで、一説ではそのまま損の字に読む。

(20) 衣褐而穿――『經法』本注、褐は、粗布で作った短衣、穿は、ぼろぼろに破れること。

(21) 負并（缾）而巒――底本注、并は、缾の借字であり、水をいれる瓦器。巒は、欒の借字ではないか、漏れ流れること。『經法』本注、巒は攣の字に読み、腰を曲げて背負う様子のこと。

(22) 營行氣（乞）食――底本注、營は、繞ぐること。營行は、ほぼ環行と同じ。

(23)　周流――『經法』本注、周流は、周游のこと。

第五章　正亂[1]

〔現代語訳 1〕

力黒は……尋ねて言った「分を過ぎておごり陰謀を企み、陰謀を企むのは……高陽、どうしたらよいだろうか」と。太山之稽は言った「あなたはご心配に及びません。さて自然の運行は正確で信用できます。太陽や月は止まることなく、〔万物を〕生み出し続けて休まず、地上のものを照らしている。民衆の生活には限度があるが、欲望をその限度を越えて満たそうとする。限度を越えて満たせば……失敗する。豊かにすれば……と為り、……尽き果てることと為る。与えれば害うことと為り、贈与すれば浪費することと為り、甘やかせば……と為る。心配させ脅して苦しめ、捕らえて罪を着せる。積み重ねて高くし、倒れても救おうとしない。誰かを死なせたとしても後悔する必要はないのです。あなたはご心配に及びません」と。

力黒問□□□□□□□□□□驕□陰謀、陰謀□□□□□□□□□□高陽、□之若

力黒、問いて□□□□□□□□□□驕[2]□陰謀、陰謀□□□□□□□□□□高陽[3]。□之若何[4]。太山之稽[5]曰く、子、患うる勿れ。夫れ天の行

何。太山之稽曰、子勿患也。夫天行正信。日月不處、啓然不台（怠）、以臨天下。民生有極、以欲涅〈淫〉洫（溢）、涅〈淫〉洫（溢）□失、豐而【爲】□、□而爲既、予之爲害、致而爲費、緩而爲□。憂桐（恫）而宭（窘）之、收而爲之咎。纍而高之、部（踣）而救弗也。將令之死而不得悔、子勿患也。

は正信なり。(6) 日月處《とど》まらず、(7) 啓然として怠らず、(8) 以て天下に臨む。民の生には極まり有り、(9) 欲を以て涅〈淫〉溢（洫）せしめ、涅〈淫〉溢（洫）□失う。(10) 豐かにして□を爲し、(11) □而既を爲し、(12) 之に與えて害を爲し、致して費を爲さしめ、(13) 緩めて……憂いを爲さしむ。(14) 恫《うれ》（桐）えしめて之を窘《くる》（宭）しめ、收めて之が咎と爲す。(15) 纍《かさ》ねて之を高くし、踣《たお》（部）して救わず。(16) 將に死に之《ゆ》か令めて悔いるを得ざらんとす、子、患うる勿れ、と。

（1）正亂――章名。黄帝が蚩尤に戦勝したことを記述したので、章名とした。以上は『經法』本注。本章は、黄帝と蚩尤との大戦の全過程を叙述する。大臣力黒、高陽と太山之稽（黄帝）との対話を通じて蚩尤との戦いの戦略準備を叙述し、蚩尤と行った六十回の戦いを総括して勝利を得なかった経験の教訓を通じて、敵の弱点を十分利用して敵に勝ち勝利を収める戦略戦術思想を提出した、すなわちいわゆる「交々之が備えを爲し、□將に其の事に因り」、「悰く勿く□戒、其の逆事乃ち始まる、吾將に遂に其の逆を是《みた》して其の身を戮せんとす」である。面白いのは、本章で蚩尤の胃で足球を製作した故事を叙述していることで、これはわが国はやはり全世界で最も早い足球の起源に関する記載である。以上は余氏の提要。

（2）□□□……□驕□――底本は、「驕」まで十一字の欠文とする。旧本は、すべて欠文とする。原本の写真版では、「驕」字の右辺の残片が認められる。欠文の数はおよそ十一字くらいであるが正確には不明。陳氏は、前の欠字十一字は補足が難しいが、原文の意味から「於太山之稽曰蚩尤……」と推定し、最後の一欠字を、本篇・行守に「驕洫（溢）好争陰謀不羊（祥）」とあることから、「溢」と推定する。

（3）陰謀陰……□高陽——底本は、中間十字の欠文とする。旧本は、「力黒問」から「高陽」の前まですべてで二十七字の欠文とする。原本の写真版では、「陰謀」の右辺残片と重字符号が認められる。底本注、高陽は、伝説では黄帝の孫で、『史記』五帝本紀によれば、黄帝が崩じ、その孫の高陽が立ち、これが帝顓頊《せんぎょく》である。陳氏は、ここの欠文は埋めがたいという。

（4）□之若何——旧本は、「【爲】之若何」と釈文する。原本の写真版では、「爲」字は欠字。陳氏は、欠字を下文から「爲」と推定する。

（5）太山之稽——底本注、『淮南子』覧冥「昔者《むかし》、黄帝は天下を治めて、力牧、太山稽は之を輔く」の高誘注「力牧、太山稽は、黄帝の師」をあげ、力牧は、ここでの力黒のこと。『經法』本注、『淮南子』覧冥の高誘注「力牧、太山稽は、黄帝の師」をあげ、太山之稽はすなわち太山稽。

（6）天行正信——『經法』本注、天行は、天道、正信は、正直で信用できる。

（7）日月不處——『經法』本注、処は、停止、日月処らずは、日月は停止せずに運行すること。

（8）不台（怠）——『經法』本注、怠は、懈怠のこと。

（9）民生有極——底本注、極は、完了、窮め尽くすこと。

（10）以欲涅〈淫〉洫（溢）涅〈淫〉洫（溢）□失——旧本は、「以□涅□泗□□失」と釈文する。原本の写真版では、「欲」字の左辺が確認され、「洫」か「泗」か不明な字が認められる。「涅」字と「洫」字の下は一字ずつ空いているが、それぞれの字に重字符号は認められない。前漢前期の文字は、「涅」「淫」の二字は時に混同される（坙が呈と作られたり、爭が争と作られるのと同じ例）。洫は、すなわち溢の異体字で、『原本玉篇』水部にみえ、ここでは泆の字に読む。以上は底本注。陳氏は、欠字を「即」と推定する。

(11) 豊而【爲】□——原本の写真版では、「爲」字の箇所は上部の横線が認められるだけで、判読しがたく、その下乃字は欠字。陳氏は、欠字を「殺」と推定する。

(12) □而爲既——陳氏は、欠字を「加」と推定する。

(13) 予之爲害致而爲費——『經法』本注、予は、給与、致は、贈送。

(14) 緩而爲□——原本の写真版では、「爲」字は、上部の二本線が残るのみ。欠字を余氏は「憂（優）」、陳氏は「衰」と推定する。下文の「桐（恫）而宭（窘）之、收而爲之咎」を考慮すると、あるいは「之」と推定される。

(15) 收而爲之咎——『經法』本注、以上の数句は、『道』「將に之を翕めんと欲すれば、必ず故さらに之を張る」（現『老子』三六）の意味ではなかろうかという。

(16) 纍而高之部（踣）而救弗——旧本、『經法』本は、「救弗」を「弗救」と釈文する。原文の写真版も「弗救」で、底本の釈文は誤り。底本注、『呂氏春秋』行論「『詩』に曰く、將に之を毀たんと欲すれば、必ず之を重ね累ね、將に之を踣《たお》さんと欲すれば、必ず之を高く舉ぐ」をあげる。『經法』本注、踣は、跌倒すなわちたおれること。

〔現代語訳 2〕

力黒は言った「戦うこと六十回を越えましたが高陽はまだ未成年です。〔蚩尤は〕限度を越えておごり、早く……天が守り佑けるといいますが、天は守り佑けて戒めようとせず、天は統率し地も同様だとすれば、どうしたらよいでしょうか。」と。太山之稽は言った「あなたは〔天が〕佑けているなどと言ってはいけません。皆で〔戦いの〕準備をしておきましょう。私は彼〔蚩尤〕のなす事を手がかりにし、彼の野望を満たし、彼の力を思うままに奮わせて、北の果てに追放するつもりです。あなたはそのことについて言わないでください。上に立つ人は公正で専一であり、下に居る人は平静にしており、公正な態度で自然に対応し、平静な態度で人に対応します。天地が名分を確立すれば、……自ずから生成して、自然の法則に従います。自然の法則は混乱しておらず、反逆か従順かは固有の基準があります。驚き慌てることなく用心しなさい、彼の反逆の行動がまさに開始されるでしょう。

力黒曰、單（戰）數盈六十而高陽未夫、涅〈淫〉洫（溢）蚤□□曰天佑、天佑而弗戒、天官地一也。爲之若何。【太】山之稽曰、子勿言佑、交爲之備、【吾】將因其事、盈其寺、軵其力、而投之代、子勿言也。上人正一、下人靜之、正以侍（待）天、靜以須人。天地立名、□□自生、以隋（隨）天刑。天刑不𦽅、逆順有類。勿驚□戒、其逆事乃始。

力黒曰く、戰（單）いの數は六十に盈《み》ちて高陽未だ夫《おとな》ならず、(17)淫（涅）溢（洫）蚤《はや》く□□(18)天佑と曰い、(19)天は佑《たす》けて戒め弗ず、天地も一《おなじ》きなり。(20)之を爲すこと若何、と。【太】山之稽(21)曰く、子、佑と言う勿れ、交ごも之が備えを爲し、【吾れ】將に其の事に因り、(22)其の寺《こころざし》(23)を盈たし、其の力《いきおし》を軵《くじ》きて、(24)之を代に投ず、(25)子、言う勿れ。上人は一を正し、(26)下人は之を靜かにし、正以て天を待（侍）ち、靜以て人を須《ま》つ。天地は名を立て、□□自ら生じ、(27)以て天刑に隨（隋）がう。天刑は𦽅《もと》らず、(28)逆順に類有り。(29)驚く勿れ□戒、(30)其の逆事乃ち始まる。(31)

(17) 高陽未夫――『新序』「昔、顓頊有り、行年十二にして天下を治む」、『鬻子』「昔者、帝顓頊《せんぎょく》は十五にして黄帝を佐く」、『帝王世紀』「帝顓頊は高陽氏、生まれて十年にして少昊を佐け、二十にして帝位に登り、九黎の亂を平らぐ」をあげる。未夫は、未成年を指す。以上は底本注。高陽は、黄帝の孫、夫は、古代の成年男子の通称。この句の意味は、戦闘はもう六十回にもなったが、このとき高陽はなお未成年であった。以上は『經法』本注。旧本は、「未夫」を「未失」と釋文。余氏も「未失」の立場。写本では「夫」と「失」はほとんど同じで区別が難しい。

(18) 浧〈淫〉洫（溢）蚤□□——旧本は、「浧□蚤□□」と釈文する。原本の写真版では、「洫」字は明確ではないが、前文の「洫」字に酷似する。陳氏は、欠字を「服名」と推定する。

(19) 曰天佑——『經法』本注、天佑は、上天の保佑。

(20) 天官地一也——底本注、官は余計な字で、地の字の誤写に他ならない。「天地官」の語あり。

(21) 【太】山之稽——原本の写真版では、「太」は欠字。

(22) 【吾】將因其事——旧本は、「吾」を欠字とする。原本の写真版では、「吾」字の上部がかすかに確認できる。

(23) 盈其寺——底本注、寺は、志の字に読み、其の志を盈たすとは、その欲望を満足させ、驕傲自満させることに他ならない。

(24) 軵其力——底本注、軵は、すなわち『説文』の軵の字で、『淮南子』氾論「相い戯むるに刃を以てする者は、太祖は其の肘を軵《お》す」の高誘注「軵は、擠すなり」をあげる。『經法』本注、軵はすなわち軵で、推し動かすこと、『淮南子』覽冥の高誘注「軵は、拊と音し、推なり。」をあげる。

(25) 投之代——代は、古い地名で、北方にある。「之を代に投ず」は、『詩』小雅・巷伯「有北に投畀《ひ》す」の意味と同じ。以上は底本注。投は棄てる、畀は与えるの意味。余氏は、代は、慝の字に読み、奸悪のこと、自身を邪悪の深淵に陥れるの意だとする。

(26) 上人正一——底本注、『徳』「侯王一を得て以て天下の正と爲る」（現『老子』三九）、『呂氏春秋』執一「王者は一を執りて萬物の正と爲る」をあげる。『經法』本注、正一は貞一の意味に読み、『賈子』道術「言行、一を抱く之を貞と謂う。」を挙げ、上人正一は、上に立つ人が一定の政策を堅持して不変なこと。また本篇・觀に「聖人は正以て天を待ち、靜以て人を須つ」とある。

(27) □□自生——旧本は、一字の欠字とする。原本の写真版では、欠字は一字か二字か不明。陳氏は、欠字を「萬物」と推定する。

(28) 天刑不⿱艹捧——旧本は、「⿱艹捧」字を「⿱艹拝」字に釈する。原本の写真版では、判読不能。底本注、⿱艹捧は、悖の字に読むのではないか、混亂のこと。

(29) 逆順有類——「逆順有類」。『經法』道法に「逆順死生は、物自ずから名を爲す」とある。陳氏は、類有りとは、各々分際があることという。

(30) 勿驚□戒——『經法』本は、「勿惊□戒」と釈文する。原本の写真版では、「驚」は間違いなく、「戒」の上は欠字。陳氏は、欠字を「勿」と推定し、戒は、悈、駭に通ずるという。

(31) 其逆事——『經法』本注、其は、蚩尤を指し、「其の逆事乃ち始まる」は、蚩尤の無理を押し通すことがやっと始まるの意。

〔現代語訳 3〕

私は彼の反逆の行為を遂げさせて彼自身を殺戮して、改めて六人の補佐役を任命して信頼関係を保ちたい。事柄がうまくいっても声を挙げて騒がないように、怠りなく準備すれば生きる道は開かれましょう。私は彼のこれまでに行った結果を見て行動し、彼のこれから為そうとすることに対応しようと思います。時にはこちらから行動し時には相手に合わせて行動するのは、これは天地自然の奇策です。彼の〔支配下の〕民衆が立ち上がって自ら戦うならば、私も蚩尤《しゆう》を自滅させましょう」と。戦いの機運は熟した。太山之稽は言った「潮時でしょう」と。そこで鏘鉞《しょうえつ》などの武器を使い、軍隊を激励して、黄帝自身が蚩尤に当たり、そこで彼を捕らえた。彼の革を剝《は》いで的を作り、それを射させて、的中率の高い者には褒美を与えた。彼の髪の毛を切りとって高く掲げ、蚩尤の旗と名づけた。彼の胃袋に毛を詰め込んで皮の鞠《まり》を作り、それを蹴らせて、多く蹴ることができた者に褒美を与えた。彼の身体を腐らせ、苦菜を加えて調味した肉醤に漬け、天下の人々に啜らせた。

吾將遂是其逆而僇（戮）其身、更置六直而合以信。事成勿發、胥備自生。我將觀其往事之卒而梢焉、寺（待）其來【事】之遂刑（形）而私〈和〉焉。壹梢壹禾（和）、此天地之奇【也。以】其民作而自戲也、吾或（又）使之自靡也。單（戰）盈才（哉）。大（太）山之稽曰、可矣。於是出其鏘鉞、奮其戎兵、黄帝身禺（遇）之（蚩）尤、因而𠓿（擒）之。勀

吾れ將に遂に其の逆を是《み》たして其の身を戮（僇）し、[32]更に六直を置きて合するに信を以てせんとす。[33]事成るも發する勿れ、備えを胥《はか》りて自ら生きん。[34]我れ將に其の往事の卒りを觀て梢《うご》き、[35]其の來【事】の遂形（刑）を待（寺）ちて[36]私〈和〉せんとす。[37]壹《あるい》は梢き壹は和（禾）するは、[38]此れ天地の奇なり。[39]其の民作《た》ちて自ら戲《たたか》うを以て、[40]吾れ或《ま》（又）た之をして自ら靡《ほろ》び使めん、[41]と。戰（單）い盈つるかな。太（大）山之稽曰く、可なり、と。是《ここ》において其の鏘鉞を出し、其の戎兵を奮い、黄帝、身《みずか》ら蚩（之）尤に遇（禺）い、因りて之を擒《とりこ》（𠓿）にす。其の□革を剝（勀）ぎて以て干侯と爲し、[42]人をして之を射せ使め、多く中《あた》る者は賞す。其の髪を翦（劀）りて之を天に建て、名づけ

（剝）其□革以爲干侯、使人射之、多中者賞。劓（翦）其髮而建之天、名曰之（蚩）尤之䎃（旌）。充其胃以爲鞫（鞠）、使人執之、多中者賞。腐其骨肉、投之苦酭（醢）、使天下雔（噍）之。

て蚩（之）尤の旌《はた》（䎃）と曰う(43)。其の胃を充たして以て鞠《まり》（鞫）(44)と爲し、人をして之を執《け》ら使め(45)、多く中る者は賞す。其の骨肉を腐らせ、之を苦醢《くかい》（酭）に投じ(46)、天下をして之を噍《すす》（雔）ら使む(47)。

（32）吾將遂……僇（戮）其身——是は、寔の字に読み、実たすこと。この句の意図は、私はその悪を貫き満たさせ、そこで彼を殺してしまう、ことをいう。以上は底本注。殺掉他。

（33）更置六直而合以信——底本注、直は、相の字の誤りではないか、『管子』五行「黄帝は六相を得て天地治まり、神明至る。蚩尤は天道に明らか、故に時に當るを爲さ使む」は、蚩尤はかつて六相の一人であったが、いま辞めさせようとした、そこで更め置くという。『經法』本注、更は、更換、置は、設置で、六相は『管子』五行「黄帝は六相を得て天地治まる」にみえる。

（34）胥備自生——底本注、胥は、諝の字に読む、智謀のこと。

（35）観其往事之卒而梢焉——旧本は、「観其往事之卒而杂焉」と釈文する。梢は、動くこと（『周易』頤、『經典釋文』および『正義』にみえる）。下文の「壹は梢き壹は禾」の禾は、和の字に読み、相い応ずるのこと（『説文』にみえる）。梢は、和は主動と被動の違いがあり、意味は相い対する。以上は底本注。

（36）寺（待）其來【事】之遂刑（形）——原本の写真版では、「事」は欠字。『經法』本注、寺は、待つこと、遂形は、すでに形成されたこと。

（37）而私〈和〉焉——旧本は、「而私焉」と釈文し、注で、私は、和字の誤写かといい、この字は下句では禾と作っており、禾と和は古くは通用したという。『經法』本注、「私」の字は「和」の事の誤りではないか、和は、配合のこと。

（38）壹梢壹禾（和）――旧本は、「壹朵壹禾（和）」と釈文する。

（39）此天地之奇也――旧本は、「此天地之奇□也」と釈文する。『經法』本は、「此天地之奇【也】」と釈文する。『經法』本注、奇は、奇秘のこと。

（40）以其民作而自戲也――『經法』本は、「【以】其民作而自戲也」と釈文する。作は、起つこと。戲は、虞の字に読み、闘い互いに執着して和解しないこと。以上は底本注。『經法』本注、戲は、闘争のこと、『國語』晉語八「戰いを弄ぶことを好まず、履む所を過たず」、『左傳』僖公九年に「夷吾弱にして弄ぶを好まず、能く闘いて過たず」と作っているのは、戲は戦であることを証している。

（41）吾或（又）使之自靡也――『經法』本注、靡は、潰敗のこと、この句の意味は、私はまた彼自身を潰敗させること。

（42）勬（剝）其□革以爲干侯――底本注、干侯は、古代の一種の弓の的の名称で、『儀禮』大射にみえる。『經法』本注、革は、皮、干侯は箭靶すなわち矢の的。

（43）劁（翦）其髪……尤之膂（旌）――中間の「名曰」を旧本は、「□曰」と釈文する。『呂氏春秋』明理に、天の異常現象に言及して、「其の雲の状は犬の若きもの、馬の若きもの……有り……有其の状は若衆植の華以て長じ、黄は上白は下の若きもの有り、其の名は蚩尤の旆《はた》」という。旆は、すなわち旌の異体字。調べてみるに『帛書』《天文気象雑占》第六列に「蚩尤の旗」があって、まさしく髪形に作っている。以上は底本注。劁は、剪の字に読み、膂は旌の字に読む。『呂氏春秋』明理を引用し、旆は、旌に同じ。『漢書』巻二六天文志に「蚩尤の旗は彗に類して後曲がり、旗に象どる。」とあり、「蚩尤の旗」は彗星の一種であろう。以上は『經法』本注。

（44）鞠（鞫）――鞠は、皮の球。『史記』巻一一一衛將軍驃騎列傳「……穿域蹋鞠」の『索隱』に「今の鞠戲、皮を以て之を爲り、中は實たすに毛を以てし、蹴蹋して戲と爲す」とある。劉向『別録』に「蹴鞠なる者は黄帝の作る所と傳え言う」とある。以上は底本注。『經法』本注、『史記』『別録』を引くほか、鞠は、古代の皮の球で、中に毛を充満させるので「其の胃を充たす」といい、充は、充塡のこと。

(45) 使人執之――執は、蹋鞠《とうきく》の蹋の字に読むのではないか。執と蹋は古代音では近い。以上は底本注。

(46) 投之苦醢（醢）――旧本は、「□之苦醢」と釈文する。醢は、肉醬のこと。苦醢は、苦菜《にがな》を加えて調味した肉醬のこと。以上は底本注。

(47) 雔（噍）之――噍は、まさしく噍の字の簡略して書いたもの。雔は、当然噍の異体字に他ならない。『説文』に「噍は、噍なり」とあり、唼はまた唼に作っていて、『漢書』王陵傳「血を唼《すす》りて盟う」の注に「小歠」とある。歠は、飲むこと。以上は底本注。『經法』本注、噍は、噍の字に読み、いま咂に作り、吮《すう》吸こと。

〔現代語訳 4〕

〔最高の権威者〕上帝はこれをば禁じた。〔黄〕帝は言った「私の禁令に違反してはならない、私の肉醬の配布を怠ってはならない、私の民衆を混乱させてはならない、私の政策を断絶させてはならない。禁令に違反し、肉醬を配布せず、民衆を混乱させ、政策を断絶させ、道義に違反し自然の時期に逆らい、誤っているのに実行し、自然の最高の規範を超え自然にかなった規範からはずれ、制度を気ままに変更し明確な法律を改変し、心の赴くままに振る舞い、上帝がまだ率先して命令を下さないのに気ままに軍事行動を起こすならば、蚩尤と同様の刑罰をうけるであろう」と。〔蚩尤の〕背を屈めて囚人籠に押し込め、半死半生の状態で、謹みかしこまった状態での地面の支柱とした。〔黄〕帝は言った「謹んで私の立てた制度を遵守し、私の定め

た不変の法令を廃棄することなく、その行動を後の人たちに模範として示しなさい」と。《混乱の正常化》

上帝以禁。帝曰、毋乏吾禁、毋留（流）吾酭（醢）、毋亂吾民、毋絶吾道。止〈乏〉禁、留（流）酭（醢）、亂民、絶道、反義逆時、非而行之、過極失當、擅制更爽、心欲是行。其上帝未先而擅興兵、視之（蚩）尤共工。屈其脊、使甘其籥、不死不生、慤（愨）爲地桯。帝曰、謹守吾正名、毋失吾恆刑、以視（示）後人。《正亂》

上帝以て禁ず。帝曰く(48)、吾が禁を乏《おか》〈止〉す毋れ(49)、吾が醢（酭）を留（流）むる毋れ(50)、吾が民を亂す毋れ、吾が道を絶つ毋れ。禁を乏し、醢（酭）を留（流）め、民を亂し、道を絶ち、義に反《そむ》き時に逆らい、非にして之を行い、極を過ぎ當を失し、制を擅《ほしいまま》にし爽《そう》を更め(51)、心の欲を是れ行い(52)、其れ上帝未だ先んぜざるに擅に兵を興すは(53)、蚩（之）尤の共工に視《なぞ》らう(54)、と。其の脊を屈し、其の籥《ゆ》に甘《とら》えしめて(55)、死せず生きず(56)、慤《つつし》（愨）んで地の桯《はしら》爲ら使む(57)。帝曰く、謹みて吾が正名を守り(58)、吾が恆刑を失う毋く、以て後人に示（視）せ、と。《亂を正す》

(48) 帝曰――余氏は、この句は一「黄」字が脱落しているのではないか、「黄帝曰」に作るべきで、以下は皆な黄帝の盟誓の詞だという。

(49) 毋乏吾禁――乏は、犯の字に読み、下文の「禁を乏す」と同じ。『經法』國次に「誅禁當らず」、「當に罪すべく當に亡ぼすべきを禁伐す」とある。以上は底本注。余氏は、この字は実は「止」字だとする。

(50) 毋留（流）吾酭（醢）――『經法』本注、流は、〔酒などを〕つぐ、倒すこと。余氏は、文義を考えるに、留は、流の字の誤りではなく、留は、止である、という。

（51） 過極失當擅制更爽——旧本は、「過極失當擅制更□」と釈文する。次の一句を含めた三句は、經法篇・國次にも「故を變え常を亂し、制を擅にし爽を更め、心の欲を是れ行い、身は危うく殃有り、是れ極を過ぎ當を失すと謂う」とみえる。

（52） 心欲是行——『經法』本注、ひたすら自己の欲望を満足させることを求めること。また『莊子』養生主に「官知止而心欲行」と「心欲行」の語がみえる。

（53） 其上帝未先——余氏は、「先」は「光」の誤りではないか、『廣雅』釋言「光は、寵なり」、『韓非子』解老「いわゆる光とは、官爵尊貴、衣裘狀麗なり」をあげ、上帝がまだ寵愛して重任を許さないのにの意という。

（54） 視之（蚩）尤共工——共工は、古代の官獄の名。この句は、蚩尤が共工の獄に居たのになぞらえたことをいう。蚩尤が刑に服したことは、本篇・五正で「帝著之を盟に箸し、盟に曰く、義に反《そむ》き時に逆《さか》らえば、其刑は蚩尤に視《なぞら》う」というのに応じている。以上は底本注。『經法』本は、「之（蚩）尤」で句読を切り、「共工」は下文につなげ、「屈其脊」の主語とする。

（55） 屈其脊使甘其⿱竹俞——其の脊を屈するとは、すなわち頭を垂れて奴隷となること。⿱竹俞は、窬の字に読み、すなわち廁牏で、道中での圂《かわや》の中で糞を受ける函《はこ》のこと。甘は、ここでは嗅ぐ或いは舐めることを指す。『燕策』に宋王は「諸侯の像を鑄て屏匽に侍《はべ》ら使む」と記していて、屏は廁《かわや》、匽は路ばたの廁で、その敵対する諸侯への対処法はこれと似ている。以上は底本注。『經法』本注、甘は、鉗の字に読むのではないか、束ねること、⿱竹俞は俞の字に読み、脊椎両側の俞穴（医学用語で、身体の部位あるいは經脈のこと）。余氏は、⿱竹俞は、後世の囚人を運ぶ籠という。

（56） 不死不生——不死不生は、異物に変化することをいう。古書は、蚩尤は亀の足で蛇の頭（『述異記』にみえる）、水獸の形（『蘇氏演義』にみえる）となって、応龍と戦った（『山海經』にみえる）、帝の車の先導となった（『韓非子』にみえる）などと記載する、思うに虬に変化したのである。以上は底本注。

（57） 毄（慤）爲地桯——桯は、楹の字に読む。地桯は、地の支柱。長沙馬王堆一號漢墓から彩繪の帛畫が出土して、大地の下に螭虯《りきゅう》の類が居て柱を其の間で撐《ささ》えている、思うに蚩尤に他ならない。以上は底本注。愨は愨の字に読むのではないか、まじめの意。桯は巠の字に読むのではないか、『説文』川部に「巠は、水脈なり。……一に曰く水の冥巠なり」とあり、すなわち地下水だという。以上は『經法』本注。

(58)　謹守吾正名――『經法』本注、慎重に自分の建てた制度を遵守すること。

第六章　姓　争(1)

〔現代語訳 1〕

高陽は力黒に尋ねて言った「天地はすでに形成され、そこで民衆も誕生した。〔ところが〕自然の恩恵を素直に受けようとせず、皆で国家の転覆を相談しているようだ。私はとても心配だ、どうしたらよいだろうか」と。力黒は答えて言った「苦にしなさいますな、ご心配には及びません。天の定めた制度はしっかりしております。天と地は確定しているのに、うごめく虫たちのようにすべてのものは互いに争っています。争いを引き起こすことはよくありませんが、争わなくてはやはり功業を成し遂げられません。自然に従うものは繁栄し、自然に逆らうものは滅亡します。自然の法則に逆らわなければ、保持しているものを失うことはありません。天地はすでに形成されて、そこで民衆も誕生しました。氏族社会が形成されると、匹敵する者の間に争いが生まれる。相手に勝たなければ納まりません。そもそも勝利の秘訣は、刑罰と恩賞によるのです。刑罰と恩賞がきわめて明白であること、太陽と月とが互いに向かい合うように、刑罰と恩賞が的確であることを明白にします。対照して的確さを欠くならば、反って刑罰と恩賞が災いとなるでしょう。天の恩賞が明白であっても、刑罰がなければそれは施行されません。厳粛な天の刑罰も、恩賞がなければ必ず無に帰するでしょう。刑罰と恩賞とが互いに助け合えば、はじめて違反と遵守とが確定します。刑罰は晦暗に恩賞は明白にあたり、刑罰は陰に恩賞は陽にあたり、刑罰は微かで恩賞は彰らかです。明なる者すなわち恩賞を掲げて規範となし、密かに行うべき刑罰を実行します。

高陽問力黒曰、天地【已】成、黔首乃生。莫循天德、謀相復（覆）頃（傾）。吾甚患之、爲之若何。力黒對曰、勿憂勿患、天制固然。天地已定、規（蚑）僥（蟯）畢挣（爭）。作爭者凶、不爭亦毋（無）以成功。順天者昌、逆天者亡。毋逆天道、則不失所守。天地已成、黔首乃生。胜（姓）生已定、敵者○生爭、不諶不定。凡諶之極、在刑與德。刑德皇皇、日月相望、以明其當。望失其當、環視其央（殃）。天德皇皇、非刑不行。繆（穆）繆

高陽、力黒に問いて曰く、天地【已】に成り(2)、黔首(3)乃ち生ず。天德に循うこと莫く、相い覆（復）傾（頃）することを謀る。吾れ甚だ之を患う、之を爲すこと若何と。力黒對えて曰く、憂うる勿れ患うる勿れ、天制固より然り。天地已に定まり、蚑《き》（規）蟯（僥）(4)畢《ことごと》く爭（挣）う。爭いを作す者は凶、爭わざるも亦た以て功を成す無（毋）し。天に順う者は昌《さか》え、天に逆らう者は亡ぶ。天道に逆らう毋ければ(5)、則ち守る所を失わず。天地已に成り、黔首乃ち生ず。姓（胜）生已に定まりて(6)、敵する者は爭いを生じ(7)、諶《か》たざれば定まらず。凡そ諶つの極みは、刑と德に在り(8)。刑德皇皇として(9)、日月相い望み(10)、以て其の當を明かにす。望なるに其の當を失すれば(11)、環って其の殃（央）を視《しめ》す(12)。天德皇皇たるも、刑に非ざれば行われず。穆（繆）穆（繆）たる天刑も(13)、德に非ざれば必ず傾（頃）く。刑德相い養えば、逆順若《すなわ》ち成る(14)。刑は晦《くら》く

（穆）天刑、非徳必頃（傾）。刑徳相養、逆順若成。刑晦而徳明、刑陰而徳陽、刑微而徳章。其明者以爲法、而微道是行。

して徳は明か、刑は陰にして徳は陽、刑は微にして徳は章《あきら》か。[15] 其の明なる者は以て法と爲して、微道を是れ行う。[16]

（1）姓争――章名。章中に「姓生已に定まり、敵する者争いを生ず」とあるので、「姓争」を章名とした。姓争は氏族間の戦争を指す。以上は『經法』本注。本章は、黄帝の臣高陽と力黒との対話である。論じているのは「靜と動」「刑と徳」との弁証関係である。作者は「時は靜なるに靜ならざれば、國家定まらず」、「爭を作す者は凶、爭わざるも亦以て功を成す毋し」の思想を提出し、同時に「刑徳皇皇、日月相い望む」ことを強調し、刑徳を相互に配合し補完し合うようにすれば国家はよく治まると主張する。以上は余氏の提要。

（2）天地【已】成――旧本は、「天地□成」と釈文する。原本の写真版では、欠字。

（3）黔首――『史記』巻六、始皇本紀二十六年に「民を更名して黔首と曰う」とある。黔首という言葉は、また『戰國策』『呂氏春秋』『韓非子』および李斯の「諫逐客書」などにみえ、先秦に既にあった名称である。秦の始皇帝の統一後に、正式に民のことを黔首と称したのだ。以上は底本注。『經法』本注、黔首は、百姓のこと。

（4）規（蚑）僥（蟯）――規僥は、蚑蟯の字に読むべきで、古代の音は規と蚑は近い。『淮南子』原道「夫れ天下萬物蚑蟯貞蟲蝡動蚑作を擧ぐ」の高誘注「蚑行蟯動の蟲なり」、同書・俶真「夫れ蚑蟯と與に同じく天機に乘る」とある。以上は底本注。

（5）毋逆天道――原本の写真版では「天」はほとんど欠字。

（6）胜（姓）生已定――『經法』本注、胜は、腥の異体字で、ここでは姓とし、「胜生已に定まる」は、氏族がすでに形成されたこと。これ以下、この段と同文が本篇・觀第四段にみえる。

(7) 敵者○生争――旧本は、「敵者早生争」と釈文する。原本の写真版では、現在の「早」の字のようであるが、当時の何の字かは不明。塗抹したがどうかは確認できない。

(8) 凡諶之極在刑與徳――本篇・觀に「徳を先にし刑を後にし以て生を養う。姓生已に定まりて、敵（適）する者は争いを生じ、諶（戡）たざれば定まらず。凡そ諶つの極みは、刑と徳に在り。刑徳皇皇として、日月相い望み、以て其の當を明らかにして、盈□匡くる无し」とある。

(9) 刑徳皇皇――『越語』下「天道は皇皇たり」注に「皇皇は、明なり」とある。これより以下、「其の當を明らかにす」までは、本篇・觀第四段に同文がみえる。

(10) 日月相望――望は、月が円い時。『釋名』釋天に「望は、月滿つるの名なり。月の大の十六日、月の小の十五日、日は東に在り、月は西に在り、遙かに相い望むなり」。『尚書』召誥「惟れ二月の既望」の傳「周公摂政の七年二月十五日、日月相い望み、因りて之を紀す」の孔穎達の疏に「望とは、於月の半ばにおいて、月當り日衡《たい》し、日の光照らし、月光圓滿にして、面と嚮い相い當る、猶お人の相い望むがごときなり、故に望と稱するなり。厤を治むる者は必ず先ず望朔を正す、故に史官は因りて之を紀す。」とある。

(11) 望失其當――月が円い時は太陽と相対するので「相望」という。ここでは刑と徳を日月の相対を比喩している。望が其の当を失するのは、刑徳の処理が適当でないこと。以上は『經法』本注。

(12) 環視其央（殃）――『經法』本注、環は、反であり、反って禍殃を顕示できるの意。

(13) 繆（穆）繆（穆）天刑――『經法』本注、『詩』商頌・那「穆穆たる厥の聲」の鄭箋「穆穆は、美なり」をあげる。

(14) 逆順若成――『經法』本注、『左傳』桓公二年「以て宋の亂を成む」の注「成は、定なり」をあげ、逆順若し成るは、すなわち逆順すなわち定まること。

(15) 刑微而徳章――原本の写真版では、「徳」はほとんど欠字。

（16） 其明者……道是行――『經』觀に「其明なる者は以て法と爲して微道是れ行う。」と同様の文がある。

〔現代語訳 2〕

「明白な恩賞から密かな刑罰に至る関係を弁えたならば、自然の運行は返って行動の契機（鍵）となります。自然法則は人に掌握されれば、返って人に利用されます。休息と活動の時期が適合していれば、天地自然も人を助けます。いつまでも争っていて、休息にすべき時に休息しなければ、国家は安定しません。活動すべき時に活動しなければ、自然の法則は運行し続けて、人は返って受動的な立場におかれます。休息と活動の時期が適合していれば、天地自然も人を助けます。休息と活動の時期が適合しないと、天地自然も人から剝奪します。さて天地自然の法則は、寒さと暑さ乾燥と湿気は、同時にはありえないし、堅さと柔らかさ陰気と陽気は、元来同時には現れません。両者は互いに育てあい、時期がそれぞれ完成させます。休息している時は規範にかない、活動して名称にふさわしければ、事柄は容易に成し遂げられます。人事の場合に基準がなく、自然の最高の規範を超え自然にかなった規範に違反し、昔からのしきたりを変え一定不変の仕方を替え、恩賞は与えず、処罰は不適切であり、安静にしている時は規範を守らず、活動すればしかるべき名称にそぐわない。そのような場合は殺戮の刑罰を受けることになります」と。《氏族間の争い》

明明至微、時反（返）以爲幾（機）。天道環（還）於人、反爲之客。爭（靜）作

――明より微に至るまでを明かにすれば[17]、時は返（反）って以て機（幾）と爲す[18]。天道は人に還（環）り、反って之が客と爲る[19]。靜（爭）作、

得時、天地與之。爭不衰、時靜不靜、國家不定。可作不作、天稽環周、人反爲之【客】。靜作得時、天地與之。靜作失時、天地奪之。夫天地之道、寒涅（熱）燥濕、不能竝立、剛柔陰陽、固不兩行。兩相養、時相成。居則有法、動作循名、其事若易成。若夫人事則无常、過極失當、變故易常、德則无有、昔（措）刑不當、居則无法、動作爽名、是以僇受其刑。《姓爭》

時を得れば(20)、天地、之に與《くみ》す。爭い衰えず、時靜かなるべきに靜かならざれば、國家定まらず。作《な》す可きに作さざれば、天稽環《めぐ》り周《めぐ》りて、人は反って之が客と爲る(21)。靜作、時を得れば(22)、天地、之に與す。靜作、時を失えば、天地、之を奪う。夫れ天地の道は、寒熱（涅）燥濕は、竝び立つ能わず(23)、剛柔陰陽は、固より兩つながら行われず。兩は相い養い、時は相い成す。居れば則ち法有り、動作は名に循えば(24)、其の事若《すなわ》ち成り易し(25)。夫の人事の若きは則ち常无く(26)、極を過ぎ當を失し、故を變え常を易え、德は則ち有る无く、刑を措（昔）きて當らず(27)、居れば則ち法无く、動作は名に爽《たが》う(28)、是を以て其の刑を僇受す(29)。《姓《しぞく》の爭い》

(17) 明明至微――『經法』本注、微は、上文の「微道是れ行う」の道で、意味は、最も察知することの困難な道は、反って顕在すること。

(18) 時反（返）以爲幾（機）――『經法』本注、幾は、転換点、鍵のこと。

(19) 反爲之客――客は、征伐する者を指す。『國語』越語下「宜しく人客と爲るべし」の注「先に動くを客と爲す」、『禮記』月令「兵戎起こらざれば、我從り始む可からず」の注「客と爲るは不利、主人は則ち可」の正義「兵を起こし人を伐つ者は之を客と謂う」がある。以上は底本注。上文では「時は返って以て幾と爲る」といい、ここの「天道は人に還る」は、すなわち「時返って」を指していう。この句の大意は、人は時期を掌握できれば、争いで主導権を取れることで、

「天道」も人の客人となって、人に利用されるということ。以上は『經法』本注。陳氏は、下文に「天稽環周、人反爲客」とあるのを参考にして、「天道環」は、「天道環周」に作るべきだという。

(20) 爭（靜）作得時――『經』觀に「天地已に成りて、民生じ、逆順に紀无く、德虐（瘧）に刑无く、靜作に時无く、先後に○［命］名无し。今、吾れ逆順の【紀】を得て……爲らんと欲す」とある。

(21) 天稽環……爲之【客】――「客」字は、原本の写真版では欠字。天稽はすなわち天当（『經法』道法の注（28）を参閲せよ）。環周はすなわち周還で、『禮記』玉藻の鄭注に「周還は、反行なり。」とある。〈天稽環周〉は、時期を失うことを指す。人は反って之が客と爲るは、反って被動の立場に処ること。以上は『經法』本注。

(22) 靜作得時――『管子』勢「夫れ靜と作とは、時に以て主人と爲り、時に以て客と爲る、度を得るを貴ぶ」の意味するところは、『帛書』の以上の一段と近い。以上は底本注。

(23) 不能竝立――旧本は、「不能并立」と釈文する。原本の写真版では、「并」字は、「竝」となっている。

(24) 動作循名――「動作」疑作「動則」。「居則」と対か。

(25) 其事若易成――『管子』勢「其の事、乃ち成らざれば、其の刑を繆受す」の注「則ち誅戮を被むり、其の刑を受くるなり」の言葉は、これと近い。以上は底本注。『經法』本注、若は、乃のこと。

(26) 若夫人事――旧本は、「若失人事」と釈文する。原本の写真版では「夫」字にみえる。「失」「夫」は原本の写真版では区別がむずかしい。

(27) 昔（措）刑不當――『經法』本注、措は、処置、刑を措きて当らずは、刑の使用が不当なこと（刑は罰の執行と用兵を包括する）。

(28) 動作爽名――『經法』本注、爽は、差錯、合わないこと。

(29) 僇受其刑――『經法』本注、『管子』勢「其の事乃ち成らざれば、其の刑を繆受す。」の注「則ち誅戮を被り、其の刑罪を受くるなり。」をあげる。

第七章　雌雄節(1)

〔現代語訳 1〕

黄帝は吉凶すなわち幸いと災禍の法則を洞察して、雌節と雄節を弁別して、災禍幸福の方向を分ける。荒々しく傲慢でおごりたかぶるのは、雄節のことである。従順で恭しく慎ましやかなのは、雌節のことである。さて雄節とは、自己満足の類である。雌節とは、謙虚な類である。さて雄節をかざして獲得しても、幸福とはいえないし、雌節をかざして失ったとしても、きっと恩賞が与えられるであろう。さて雄節をかざしてしばしば獲得するのは、禍殃の集積といい、禍災や心配ごとが次々と起こり、死んだも同然である。雌節をかざしてしばしば失うのは、徳行の集積といい、慎重にじ怠ることなく続けていけば、極まりなく大いなる恩恵が承けられるであろう。そもそも禍福というものは、先に行動する者は常に災禍に逢い、後から行動する者は常に幸いである。先に行動して災禍に逢わないのは、絶えず雌節を身につけているからである。後から行動して幸いでないのは、絶えず雄節を身につけているからである。先に行動してもやはり災禍に逢わず、後から行動してもやはり災禍に逢わないのは、絶えず雌節を身につけているからである。先に行動してもやはり幸いでなく、後から行動しても幸いでないのは、絶えず雄節を身につけているからである。

皇后屯磿（歴）吉凶之常、以辯（辨）雌雄之節、乃分禍福之郷（向）。憲敖（傲）驕居（倨）、是胃（謂）雄節。□□共（恭）驗（儉）、是胃（謂）雌節。夫雄節者、涅之徒也。雌節者、兼之徒也。夫雄節以得、乃不爲福、雌節以亡、必得將有賞。夫雄節而數得、是胃（謂）積英（殃）、凶憂重至、幾於死亡。雌節而數亡、是胃（謂）積德、愼戒毋法、大祿將極。凡彼禍難也、先者恆凶、後者恆吉。先而不凶者、是恆備雌節存也。後【而不吉者、是】恆備雄節存也。先亦不凶、後亦不凶、是恆備雌節存也。先亦不吉、後亦不吉、是恆備雄節存也。

皇后、吉凶の常を屯歴《とんれき》（磿）し(2)、以て雌雄の節を(3)辨《わきま》（辯）え、乃ち禍福の向（郷）かうところを分かつ(4)。憲傲《けんごう》（敖）驕倨《きょうきょ》（居）なる(5)、是れ雄節と謂（胃）う。□□恭（共）倹（驗）なる、是れ雌節と謂（胃）う(6)。夫れ雄節とは、涅(7)の徒なり。雌節とは、兼(8)の徒なり。夫れ雄節以て得るも、乃ち福と爲さず(9)、雌節以て亡《うしな》う(10)も、必将《かなら》ず賞有らん(11)。夫れ雄節にして數《しば》しば得る(12)、是れ積殃（英）と謂（胃）い、凶憂重ねて至り、死亡に幾《ちか》し。雌節にして數しば亡うは、是れ積徳と謂（胃）い、愼み戒め法《はい》する毋ければ(13)、大祿將に極まらんとす(14)。凡そ彼の禍難や(15)、先なる者は恆に凶にして、後なる者は恆に吉なり。先にして凶ならざるは、是れ恆に雌節を備え存すればなり。後【にして吉ならざるは、是れ(16)】恆に雄節を備え存すればなり。先なるも亦た凶ならず、後なるも亦た凶ならざるは、是れ恆に雌節を備え存すればなり。先なるも亦た吉ならず、後なるも亦た吉ならざるは、是れ恆に雄節を備え存すればなり。

（1）雌雄節——章名。本章は、主に雌節と雄節との利害関係を分析し、「雌節を用いる」ことを主張する。このことから「雌雄節」を章名とする。以上は『經法』本注。本章の主旨は、処世には先ず「雌雄の節を辨ず」べきで、このようにすれば、初めて「禍福の向（鄕）かうところを」分けることができる。驕傲自慢が「雄節」で、謙虚謹慎が「雌節」だと考える。「凡そ人は好んで雄節を用う、是れを妨生と謂う。大人は則ち毀たれ、小人は則ち亡ぶ」、「凡そ人は好んで雌節を用う、是れを承祿と謂う、富む者は則ち昌え、貧しき者は則ち穀《た》る」とあり、そこで作者は処世には雌節を主とすべきことを努めて主張する。以上は余氏の提要。

（2）皇后屯磿（歷）吉凶之常——屯歷は、すなわち洞歷ではないか。『論衡』超奇に「上に通じ下に達する之を洞歷と謂う」とある。常は、準則のこと。以上は底本注。余氏は、屯歷は、通曉の意味という。

（3）雌雄之節——雌節の語はまた『淮南子』原道「是の故に聖人は清道を守りて雌節を抱き、因循して變に應じ、常に後にして先んぜず、柔弱以て靜かに、舒安以て定まり、大を攻め堅を磨き、能く之と爭う莫し」にみえる。調べてみるに、古代の符節は雙方で分けて執り、その上に槙口が有り、合わせることにより驗となすことができる。楪の頭を雄とし、楪の眼を雌とする。雄節は右を上とし、主動的に作爲できる。雌節は左を下とし、被動の地位に居り、合うことを待って命に聽うだけである。以上は底本注。雌雄節は、古代の治国、治身に関する二種の基本的態度。雌節は、『漢書』藝文志の諸子略で道家に論及したときに言う「要を秉り本を執り、淸虛以て自ら守り、卑弱以て自ら持す」の意味で、君主のやり方は人に任せて智に任せず、そこで君主は無為で臣下は有為であるという。さらに『道』「其の雄を知りて、其の雌を守り、天下の谿と爲る」（現『老子』二八）、『文子』道原「故に聖人は時に隨いて事を擧げ、資に因りて動を主どる。清道を守り、雌節を抱き、因循して變に應じ、常に後にして先だたず。柔弱以て靜か、安徐已に定まり、功大にして堅から靡、與に爭う能わず」などをあげ、雄節はこれの反対だという。以上は余氏の説。

（4）分禍福之鄕（向）——『國語』周語一「利害の鄕を明らかにす」の注に「鄕は、方なり」とあり、鄕の字は向の字に読むことがわかる。やっと禍福の所在がはっきり分けられるというのが、この句の意味。以上は『經法』本注。

（5）憲敖（傲）驕居（倨）――底本注、憲は、悍の字に読むのではないか。『經法』本注、憲は岸の字に読むのではないか、倣岸すなわち高傲、倨は、傲慢のこと。

（6）□□共（恭）驗（儉）是胃（謂）雌節――原本の写真版では、欠字部分には残欠があるが判読不明。陳氏の推定のように「晃濕」とは判読できない。『荀子』榮辱「⿰忄冬泄なる者は、人の殃なり。恭儉なる者は、五兵を屏《しりぞ》くるなり。戈矛の刺有りと雖も、恭儉の利に如かざるなり」をあげる。以上は底本注。節は古代の使者の信用状。形は竹の節のようで、二つに分け、合わせて真偽が判明し、そこで雄節と雌節の区別がある。道家は「其の雄を知りて、其の雌を守れば、天下の谿と爲る」（『老子』にみえる）を主張する。意味は内心は剛強であっても外見は柔弱であるべきで、人と争わないこと。雌節は、すなわち表面は柔弱を示し、時期を待ち変化に対応する原則。『文子』道原に「故に聖人は時に随いて事を舉げ、資に因りて動を主どる。清道を守り、雌節を拘え、因循して變に應じ、常に後にして先んぜず。柔弱以て靜かに、安徐以て定まり、功大にして靡堅く、與に争う能わず」とあり、『淮南子』原道とおおむね同じ。以上は『經法』本注。陳氏は、欠字を本篇・順道「晃濕共儉」により「晃濕」と推定し、晃濕は、和順のことという。

（7）涅――底本注、涅は、逞あるいは盈の字に読むのではないか（『管子』宙合「動靜開闔し、詘信涅儒す」の涅を、王念孫は盈と解釈している）という。『經法』本注、逞は、逞強、盈は、自満のこと。王念孫は「涅は當に逞に爲るべきで、……皆な字の誤なり。逞は盈と同じ、……」（『讀書雜志』）という。

（8）兼――底本注、兼は、謙あるいは歉の字に読むのではないか。

（9）夫雄節以得乃不爲福――『經法』本注、以は、而の意味。

（10）雌節以亡――『經法』本注、亡は、損失。

（11）必得將――底本注、將の字の上の得の字は余計ではないか。

(12) 雄節而數得――『經法』本注、数得は、しばしば獲得すること。

(13) 愼戒毋法――底本注、法と廢は、古代の音は近く(周代金文では多く法の字を廢に使った)、この法の字は廢の字に読まれたのではないか。

(14) 大祿將極――旧本は、「大□將極」と釈文する。原本の写真版では、左辺の「示」偏の残片が認められる。『經法』本注、祿は、福、極は、至ること。

(15) 彼禍難也――陳氏は、五つの証拠をあげて「禍福」の誤りではないかという。文脈からして「禍難」では意味が通らない。

(16) 【而不吉者、是】――原本の写真版では、まったくの欠文。

〔現代語訳 2〕

そもそも人が好んで雄節を使う場合は、妨生すなわち生存の妨害といわれる。為政者の場合は批判され、庶民の場合は身を滅ぼす。国を守れば安全でなく、事を始めれば成功しないし、追求しても獲得できず、戦えば勝てない。自らは長生きできず、子孫は殖えない。これは凶節といわれ、散徳すなわち徳を失うといわれる。一般に人が好んで雌節を使う場合は、承祿すなわち恩恵をこうむるといわれる。富める者は栄え、貧しい者は食に足り、国を守れば安泰であり、戦えば勝つ。自らは長生きし、子孫は殖える、これは吉節といわれ、絝徳すなわち徳の聚積といわれる。そこで恩恵を施す行動を積み重ねる者は繁栄し、災いをもたらす行動を積み重ねる者は滅亡する。それぞれの行動の積み重ねを観察すれば、禍災に逢うか幸福になるかがわかる。《雌雄の信条》

凡人好用雄節、是胃（謂）方（妨）生。大人則毀、小人則亡。以守不寧、以作事【不成、以求不得、以戰不】克。厥身不壽、子孫不殖。是胃（謂）凶節、是胃（謂）散德。凡人好用【雌節】、是胃（謂）承祿。富者則昌、貧者則穀。以守則寧、以作事則成、以求則得、以單（戰）則克。厥身【則壽、子孫則殖、是謂吉】節、是胃（謂）絝德。故德積者昌、【殃】積者亡。觀其所積、乃知【禍福】之鄕（向）。《雌雄節》

凡そ人は好んで雄節を用うるは、是れ生を妨（方）ぐると謂（胃）う。大人は則ち毀たれ、小人は則ち亡ぶ。以て守れば寧《やす》からず、以て事を作さば【成らず、以て求むれば得ず、以て戰えば】克た【ず】。厥の身は壽ならず(17)、子孫は殖《ふ》えず、是れ凶節と謂い、是れ散德(18)と謂（胃）う。凡そ好んで【雌節】を用うるは、是れ祿を承く(19)と謂（胃）う。富者は則ち昌《さか》え、貧者は則ち穀《た》る(20)。以て守れば則ち寧《やす》らかに、以て事を作さば則ち成り、以て求むれば則ち得、以て戰（單）えば則ち克つ。厥の身は【則ち壽、子孫は則ち殖え、是れ吉】節(21)と【謂い】、是れ絝德(22)と謂（胃）う。故に德積もる者は昌え、【殃】積もる者は亡ぶ。其の積む所を觀れば、乃ち【禍福】の向（鄕）かうところを知る(23)。
《雌雄の節《きじゅん》》

（17）厥身不壽――『經法』本注、厥は、其。
（18）散德――『經法』本注、散德は、失德。
（19）承祿――『經法』本注、祿を承けるは、福を受けること。
（20）貧者則穀――『經法』本注、穀は、食が足りること。
（21）身【則壽……謂吉】節――旧本は、「則」から「吉」まで九字の欠文とする。原本の写真版では、約九字の欠文。

「節」字は左辺の残片があるのみ。

(22) 綺德——旧本は、「綺（紆）德」と釈文する。『經法』本注、綺は、絆絡、縈結のこと、綺德は上の散德と対の語で、全德のこと。余氏は、「綺」は原本の写真版では「降」と解読すべきで、意味は「厚德」という。陳氏は、綺は洿の字に読む、……『廣雅』釋詁三「洿は、聚なり」をあげる。

(23) 乃知【禍福】之鄉（向）——底本注、『淮南子』原道「其の積む所を観れば、以て禍福の鄉う所を知る」をあげる。

第八章　兵　容(1)

〔現代語訳〕

軍隊は天の時に沿わなければ、行動を起こしてはならない。地形の有利さに沿わなければ、配置してはならない。規範に沿っても人の和を無視しては、軍事行動は成功しない。参……之、天地は模範を示し、聖人はそれに依存して完成する。聖人の功績は、時が働きの要となり、……時期を選べば、必ず成功する。聖人は刑罰を乱用せず、軽々しく約束を破らない。自然の時期に沿って、それに合わせてすべて決断する。決断すべき時に決断しないと、返って反乱を招く。自然界には元来、奪取と賜与があり、幸いが〔到来しても〕受容しなければ、返って災いが訪れる。天の時・地の利・人の和の三遂に依存することをやめれば、軍事行動は成功しない。天の時・地の利・人の和の三遂に依存することを努めれば、軍事行動は成功し、……その功績を受け入れなければ、返って災禍を被ることになる。国が幸運な時は、戦争を始める者は処罰される。国が幸運でない時には、好戦的な者は何とか生きながらえる。盛んに軍隊を動員して、民衆の力に頼り、天の極すなわち自然の最も根本的な法則に違背し、更に功績を重視するならば、その国家は危険であり、国家の守護神である社稷は損害を被り、事業は成功せず、慶賞はその功績と一致しないであろう。これが天の道すなわち原則である。《軍事的情勢》

兵不刑天、兵不可動。不法地、兵不可昔(措)。刑法不人、兵不可成。參○□□□□□□□□□之、天地刑(形)之、耶(聖)人因而成之。耶(聖)人之功、時爲之庸、因時秉□、是必有成功。耶(聖)人不達刑、不襦傳。因天時、與之皆斷。當斷不斷、反受其亂。天固有奪有予、有祥□□□□□弗受、反隋(隨)以央(殃)。三遂絶從、兵无成功。三遂絶〈敉〉從、兵有成【功】、□不鄉(饗)其功、環(還)受其央(殃)。國家有幸、當者受央(殃)。國家无幸、有延其命、茀茀陽陽、因民之力、逆天之極、有

兵は天に刑《のっと》らざれば、兵は動かす可からず。(2) 地に法《のっと》らざれば、兵は措(昔)く可からず。(3) 法に刑《のっと》るも人ならざれば、兵は成す可からず。(4) 參○□□□□□□□□□之、(5) 天地之を形《あら》(刑)わし、聖(耶)人因りて之を成す。(6) 聖(耶)人の功は、時之が庸を爲し、(7) 時に因りて□を秉《と》れば、是れ必ず功を成すこと有り。(8) 聖(耶)人は刑を達せず、襦傳せず。天の時に因り、之と與《とも》に皆な斷ず。當に斷ずべきに斷ぜざれば、反って其の亂を受く。(9) 天には固より奪有り予有り、祥有り□□□□□(10)受け弗れば、反って以て殃(央)に隨《したが》(隋)う。(11) 三遂、從《よ》るを絶たば、兵は成功なし。(12) 三遂、從るを敉《つと》むれば、(13) 兵は成功有り。□其(14)の功を饗(鄉)けざれば、還(環)って其の殃(央)を受く。國家に幸有れば、當る者は殃(央)を受く。國家に幸なければ、其の命を延ばすこと有り。茀茀《ふつふつ》陽陽として、(15) 民の力に因り、天の極みに逆らい、(16) 又(有)た重ねて功有らば、其の國家以て危うく、社稷以て匡《か》け、事は成功無く、慶なるも且に其の功を饗《う》(鄉)けざらんとす。(17) 此れ天の道なり。《兵《ぐんたい》

の容《かたち》》

（又）重有功、其國家以危、社稷以匡、事无成功、慶且不鄉（饗）其功。此天之道也。《兵容》

（1）兵容――章名。本章は、用兵には「天に刑り」「地に法り」「人に法る」べきで、有利な時期を把握して、初めて成功できることを論述する。以上は『經法』本注。本章は、軍事理論を討論した文章である、論じていることは用兵の戦争は天道に符合しなければならず、天の時と地の利と人力のこの「三遂」の客観条件に基づいて果断に判断を下し、天地人に因り各方面の優勢を発揮して、初めて戦争の勝利を獲得できるということである。中でも方策の決定の重要性を強調し、「當に斷ずべきに斷ぜざれば、反って其の亂を受く」と考えている。以上は余氏の提要。

（2）兵不刑天兵不可動――『鶡冠子』兵政に「用兵の法は、之を天にし、之を地にし、之を人にし、」とあり、意味するところはこの文と同じで、思うに用兵は天道、地道、人道に従う必要があることをいう。「兵、天に刑らざれば」の刑は、法の字に解釈すべきだ。以上は底本注。『經法』本注、刑は、倣い法っとること。

（3）兵不可昔（措）――『經法』本注、措は、使用すること。

（4）刑法不人兵不可成――『經法』本注、「人」字の上に「因」字が脱落しているのではないか。

（5）參○□……□□□――旧本は、十一字の欠文とする。原本の写真版では、約十字あるいは十一字の欠文。「參」の下は不明な字、あるいは書き損じか。陳氏は、欠文を「於天地、稽之聖人」と推定する。

（6）天地刑（形）……而成之――『國語』越語下「死生は天地の刑に因る。天は人に因り、聖人は天に因る。人は自ら之を生じ、天地は之を形わし、聖人は因りて之を成す」の韋昭注「形は、見わすなり、其の吉凶の象を見わす」、『管子』勢「天は人に因り、聖人は天に因る。天の時作さざれば客と爲る勿れ、人事起こらざれば始と爲る勿れ……人先ず之を生じ、天地は之を形わし、聖人は之を成さば、則ち天と極を同じくす」をあげる。以上は底本注。『經法』本注、刑は形の字に読み、表現、顕示すること。

（7）時爲之庸――旧本は、「時爲之□」と釈文する。原本の写真版では、「庸」字の左辺の残片がある。『經法』本注、庸は、用で、聖人が功績があがるのは、時期を彼が利用するためだ。

（8）因時秉□是――旧本は、「因時秉□□」と釈文する。原本の写真版では、旧本の二字目の欠字の箇所には「是」字の下辺の残片がある。陳氏は、ここの欠字を「宜」と推定する。

（9）當斷不斷反受其亂――本篇・觀の末尾に同一の句がみえる（觀注（71）を参照）。

（10）□□□□□――陳氏は、ここの欠字を「福至者也而」と推定する。

（11）弗受、反隋（隨）以央（殃）――『國語』越語下「時を得て成さざれば、反りて其の殃を受く」、また「天予うるに取らざれば、反りて之が災を爲す」、『意林』巻一引『太公金匱』「且つ天與うるに取らざれば、反りて其の咎を受け、時至りて行かざれば、反りて其の殃を受く」をあげる。以上は底本注。

（12）三遂絶〈敄〉從兵无成功――『淮南子』兵略「將たる者は必ず三隧・四義・五行・十守有り。謂う所の三隧とは、上は天道を知り、下は地形を習い、中は人情を察す」の高誘注「凡そ此の三事は、人從る所の蹊隧なり。」をあげる。以上は底本注。遂は、因である。三遂は、上文にいう作戦には天の時、地の利、人の力に因る必要があることを指す。以上は余氏の説。

（13）三遂絶〈敄〉從――余氏は、「三遂絶從」を「三遂敄（務）從」と改めている。陳氏も原文のままでは意味が通らないので余氏の説を肯定する。原本の写真版では、ここの「絶」と底本で釈文した字は、上文「絶從」の「絶」とは違い、糸偏とは取れず、右傍も攵とも読み取れる。從って「敄」と釈文するのが妥当と思われる。

（14）兵有成【功】□――原本の写真版では、「功」字の左辺の上部の残片がわずかに認められ、その下は欠字。陳氏は、この欠字を「若」と推定する。

(15)　茀茀陽陽——底本注、『淮南子』時則「茀茀陽陽、唯だ德を是れ行い、養い長じ化育すれば、萬物は蕃昌す」をあげ、「茀茀陽陽」はほぼ「敦敦陽陽」というのと同じだ。『經法』本注、「沸沸湯湯」に読むのではないか、ここでは軍隊を動かし民衆を動員する状況を形容する。茀茀は、茂る、彊盛なこと。余氏は、昏昏亂亂の意味だという。陳氏は、「沸沸湯湯」と読み、聲勢が浩大であるの意という。

(16)　天之極——天極と同じと考えられる。『經法』國次の注（4）を参照。

(17)　慶且不鄉（饗）其功——『經法』本注、慶は、賞賜のこと、鄉は当の字によみ、この句の意味は、賞賜の費用は戦争の成果に比べてはるかに大きいこと。

第九章　成　法[1]

〔現代語訳 1〕

黄帝は力黒に尋ねて言った「ただ私一人だけで天下をすべて支配しているので、巧猾な民衆が現れようとしている、口達者で悪賢く、法律で取り締まることはできない。私はこのようなことから天下を乱すのではないかと心配している。天下に成文法で民衆を正すことができるものはないかお尋ねする」と。力黒は言った「そうですね。昔、天地が形成されると、名称で実質を正し、名称と実質とを適合させる、……これを守一と名づける。上は天と合致させ、下は世界に施行する。聞くところによれば、天下の成文法は、元来多くない、一言で足りる、と言われている。名称に従って一すなわち原則に合致させれば、民衆は規律を乱すことはないでしょう」と。

黄帝問力黒、唯余一人兼有天下、滑（猾）民將生、年（佞）辯用知（智）、不

黄帝、力黒に問う、唯余一人のみ天下を兼せ有するに、猾（滑）民将に生ぜんとし、佞（年）辯は[2]智（知）を用い、法にて組《はば》むべからず[3]。

可法組。吾恐或用之以亂天下。請問天下有成法可以正民者。力黒曰、然。昔天地既成、正若有名、合若有刑（形）、□以守一名。上拴之天、下施之四海。吾聞天下成法、故曰不多、一言而止。循名復一、民无亂紀。

吾れ或いは之を用って以て天下を亂さんことを恐る。天下に成法以て民を正す可き者有るかを請い問う、と。力黒曰く、然り。昔天地既に成り、正なれば若《すなわ》ち名有り、合すれば若ち形（刑）有り、(4)□守一を以て名づく。(5)上は之を天に拴《つ》ぎ、(6)下は之を四海に施す。吾れ聞く、天下の成法は、故《もと》より曰く、多からず、一言にして止むと。名に循いて一に復えれば、(7)民は紀を亂すこと无し、と。

（1）　成法――章名。章中に黄帝が、成法すなわち成文法で民を治められるかどうかを力黒に問うているので、章名とした。以上は『經法』本注。本章は、黄帝と大臣力黒との対話を通じて、国を治めるには成文法で民衆を正さなければならないことを明らかにし、「名に循いて一に復めば、民は紀を亂す无し」という簡約で厳格な法治思想を提出し、統治者はひたすら「道」を把握すれば、「一を握り以て多を知り、民の害とする所を除き、……天地と極を同じくすれば、乃ち以て天地の禍福を知る可し」と考える。以上は余氏の提要。

（2）　年（佞）辯――『經法』本注、佞は、巧。余氏は、佞辯は、佞説とほぼ同じで、諂って人を悦ばすことという。

（3）　不可法組――旧本は、「不可法阻」と釈文する。底本注、組は、沮の字に読むのではないか。『經法』本注、沮は、終止すること。余氏は、法は、廢の字に読むのではないかという。

（4）　正若有名、合若有刑（形）――余氏は、若は、乃と読むべきだ、正は、端正、合は、中であるとし、この句の意味は、万物には名分があり、名分に基づいて端正にすることができ、万物には形体があり、形体に基づいて規範に合致させることができる、ことという。

(5) □以守一名――陳氏は、欠字を「乃」と推定する。

(6) 上拴之天――旧本、『經法』本は「上拴之天」と釈文する。底本注、拴は、纉の字に読むのではないか、継ぐこと。『經法』本注、拴は、洽の字に読むのではないか、意味は上は天道とぴったり合うこと。

(7) 循名復一――底本注、一は、道を指すといい、『韓非子』揚權「一の道を用い、名を以て首と爲す」をあげる。

〔現代語訳 2〕

黄帝は言った「お尋ねするが、天下にはまだ一〔すなわち混一無形の道〕はあるのだろうか」と。力黒は言った「あります。昔、天上の皇帝は鳳を地上に派遣して、一言いわせていただけでした。後に五人の帝王はそれを応用して、天と地を分け、四海を管理し、民衆を安心させ、知識人たちを正した。さてそこで背後で悪口を言う悪者は身を隠し、有能な人たちが一斉に登場し、そこで五種の邪悪な行為はなくなり、小賢しい現象はそこでなくなった。名称に従って一に合致させれば、民衆は規律を乱すことはないでしょう」と。黄帝は言った「一とは一言にすぎないのだろうか。何か長所はないのだろうか」と。力黒は答えて言った「一とは、道がその根本です、どうして長所がないことがありましょう。……所失、一を保持することができないのです。一の要義は、天地にまで至り、一の原理は、全世界に施行されます。どうして……の奥義を知ることができるのか、遠近を測ることができるのか。さて一さえ喪失しなければ、一は万物の変化を促進し、少しの知見で多くを知ることができます。さて四方を遍く見渡し、上下を窮め尽くすと、四方の国々はそれぞれ自らの原則をもって相互に会合しています。さて百の言葉には根本があり、千の言葉には要《かなめ》があり、万の言葉には総元締めがある。万物は多数だが、いずれも一つの隙間から出てくる。さて正しい人でなければ、どうしてこれを治めることができましょう。必ず正しい人であって、はじめて正しい基準を使って正道で不正を正し、一を把握して多くの状況を了解し、民衆に害になることを除去し、民衆に適合することを保持することができます。全体を総括し一を謹み守れば、天地とともに長久で、天地の間に起こる禍福のすべてを知ることができます」と。《成文法》

黄帝曰、請問天下猷（猶）有一虖（乎）。力黑曰、然。昔者皇天使馮（鳳）下道一言而止。五帝用之、以朳（扒）天地、【以】楑（揆）四海、以壞（懷）下民、以正一世之士。夫是故毚（讒）民皆退、賢人減（咸）起、五邪乃逃、年（佞）辯乃止。循名復一、民无亂紀。黄帝曰、一者一而已乎。其亦有長乎。力黑曰、一者、道其本也、胡爲而无長。□□所失、莫能守一。一之解、察於天地。一之理、施於

黄帝曰く、請い問う、天下に猶（猷）お一有るか、と。力黒曰く、然り。昔者《むかし》皇天は鳳（馮）をして下し、一言を道《い》いて止ま使む。(8) 五帝之を用い、以て天地を扒《ひら》（朳）き、(9)【以て】四海を揆《はか》（楑）り、(10) 以て下民を懷《いつく》（壞）しみ、一世の士を正す。夫れ是の故に讒（毚）民皆な退き、賢人咸（減）な起こり、五邪乃ち逃れ、佞（年）辯乃ち止む。名に循いて一に復れば、民は紀を亂すこと无し、と。黄帝曰く、一なる者は一なるのみか。其れ亦た長ずること有るか、と。力黒曰く、一なる者は、道は其の本なり、胡爲《なんすれ》ぞ長ずること无からん。□□失う所、(11) 能く一を守る莫し。一の解は、天地に察《いた》り、一の理は、四海に施さる。(12) 何を以て紃の至れるを知るや、(13) 遠近を之稽《これかんが》うるや。(14) 夫れ唯だ一を失わず、一以て化を趨《うなが》（騶）し、(15) 少以て多を知る。夫れ四海を達望し、(16)

四海。何以知紃之至、遠近之稽。夫唯一不失、一以騶（趨）化、少以知多。夫達望四海、困極上下、四鄉（向）相枹（抱）、各以其道。夫百言有本、千言有要、萬【言】有蔥（總）。萬物之多、皆閱一空。夫非正人也、孰能治此。罷（彼）必正人也、乃能操正以正奇、握一以知多、除民之所害、而寺（持）民之所宜。紵〈總〉凡守一、與天地同極、乃可以知天地之禍福。《成法》

上下を困《きわ》め極め、[17] 四向（鄉）して相い抱（枹）き、[18] 各々其の道に以《よ》る。[19] 夫れ百言には本有り、千言には要有り、萬【言】には總（蔥）有り。[20] 萬物の多きも、皆な一空を閲《ふ》。[21] 夫れ正人に非ざれば、孰《たれ》か能く此れを治めん。彼（罷）必ず正人なれば、乃ち能く正を操り以て奇を正し、[22] 一を握りて以て多を知り、民の害とする所を除きて、民の宜しとする所を持（寺）す。凡を總《す》（紵）べ一を守り、[23] 天地と極を同じくすれば、乃ち以て天地の禍福を知る可し、と。《成《ていちゃくした》法》

（8） 使馮（鳳）下……言而止――馮は、鳳の字に読むのではないか、古代では鳳を上帝の使者としていて、殷墟卜辭に「帝史（使）鳳」を祭る文がある。その事実はまだはっきりしない。以上は底本注。

（9） 以朳（扒）天地――『廣雅』釋言「扒は、擘なり」とある。『帛書』の中の手偏は常に木偏に誤っている。以上は底本注。『經法』本注、渚は八の字に読み、『説文』八の部に「八は、別なり」をあげる。

（10） 楑（揆）四海――『經法』本注、揆は、管理すること。

（11） □□所失――陳氏は、欠字を「凡有」と推定する。しかし原本の写真版では、一字目の欠字は残欠から「凡」とは推定できない。

(12)　一之解……於四海——旧本は、「于四海」と釈文するが、原本の写真版では、「於四海」が正しい。『管子』心術下「是を以て聖人は一言にて之を解し（王念孫は「一言之解」に作るべきだという）、上は天を察し、下は地を察す」、同書・内業「一言の解は、上は天を察し、下は地を極め、九州に蟠満す」、『淮南子』原道「是の故に一の理は、四海に施き、一の解は、天地に際《いた》る」などとある。ここおよび『管子』の察の字は、際の字に読むべきだと思われる。際は、至ること、接することである。以上は底本注。『經法』本注、ほかに『文子』道原「故に一の理は、四海に施し、一の嘏は、天地を察す。」の例をあげる。

(13)　何以知紃之至——旧本は、「何以知豈之至」と釈文する。『經法』本は、「何以知□之至」と釈文する。原本の写真版では、旧本の釈文のように読み取れるが、当てはまる字がない。底本が、原本の写真版の字には糸偏が見えないのに、なぜ「紃」と釈文したのか理解できない。『説文』「紃は、圜采なり」の段玉裁注「采綫を以て之を辮ずれば、其の體は圜なり」とある。考えるに体が円ければ循環して端緒がない、そこで其の至るところが解らないし、また遠いか近いかも考えられない。『荀子』非十二子「終日言いいて文典を成すも、之を紃察するに及びては、則ち偶然として歸宿する所無し」の楊倞注に「紃は循と同じ」とあり、『淮南子』精神に「道を以て紃と爲さば、待つこと有りて然り」とある。以上は底本注。「紃」の字、『經法』本は欠字とする。これに対して陳氏は、「一」とすべきではないかという。Y氏も『淮南子』精神をあげるが、もともと「紃」とは釈文できないのであるから、意味があるだろうか。いま『經法』本注に従って欠字扱いとする。

(14)　遠近之稽——『經法』本注、稽は、考察。陳氏は、稽は、至と同義だという。

(15)　一以騶（趨）化——旧本は、「一以□化」と釈文する。『經法』本注、騶は、趣或は促の字に読み、促しさせること。

(16)　達望四海——『經法』本注、達は、通であり、透徹のこと。

(17) 困極上下――『經法』本注、上下を困め極めるは、上下を窮め極めること、すなわち上下の極点に到達すること。

(18) 四鄕（向）相枹（抱）――四向は、東西南北指す。抱は、聚まること。相い抱くは、相互に聚合し、相互に依存すること。以上は『經法』本注。

(19) 各以其道――『經法』本注、以は、由のこと。

(20) 夫百言……有蔥（總）――底本注、臨沂銀雀山漢簡古佚書《五議》にまた「百言に本有り、千言に要あり、萬言に總有り」の語があるという。『經法』本注、意味は百句の話、千句の話、萬句の話は、すべて根本があり、綱要があり、概括がある。

(21) 皆閲一空――『淮南子』原道「萬物の總は、皆な一孔を閲り、百事の根は、皆な一門より出ず」をあげる。閲は、經である。以上は底本注。空は孔の字に読む。『文子』原道に「老子曰く、萬物の總は、皆な一孔を閲り、百事の根は、皆な一門より出ず」をあげ、『淮南子』原道も同じだとし、この句の意味は、万物は多いが、ただすべて一つの穴から出てくることだという。以上は『經法』本注。

(22) 乃能操正以正奇――『經法』本注、初めて正道を運用して正常でない事柄を糾正することができる、と解釈する。

(23) 紆〈總〉凡守一――旧本は、「紆□守一」と釈文する。原本の写真版では、旧本の欠字部分には「凡」字が認められる。紆は、總と作るべきで、形が近似するので誤ったのだ。『淮南子』本經「德の要を總ぶる所」の高誘注に「總は、凡である」とある。また要略に「要を總べ凡を舉ぐ」とある。『説文』の「凡は、冣括なり」、『小爾雅』廣詁の「凡は、要なり」を考えるに、ここでいう「凡を總べ一を守る」は、『淮南子』精神の「夫れ天地は運りて相い通じ、萬物は總べて一と爲す」と意味が近い。以上は底本注。『經法』本注、紆は緥の異体字ではないか、ここでは保或は抱の字に読み、凡は、總。

第十章　三　禁(1)

〔現代語訳〕

行動に原則がないのは、天が禁止する。農事に合わなければ、大地は禁止する。制令にはずれることは、君主は禁止する。以上の三者が守られたならば、国家はほぼ安泰である。大地の禁止事項は、高いところを崩さない、低いところに土増しをしない、川の流れを塞がない、土木工事を妨げない、民衆の知恵を閉ざさない、などのこと。進むだけで止まろうとしない、上に立って譲ろうとしない、剛直で人を凌いで節度を越えるのは、大凶すなわち大いなる災禍という。人の処世の方法には剛強と柔弱があり、剛強は使うには不十分、柔弱は頼りにならない。剛強で虎のような獰猛な者の終りはよくないし、楽しみに溺れ酒に溺れる君主の国は滅亡する。古代を手本としながら華美で質実でない者は死亡し、専ら利益を追求し穀物を搾取し豪邸に住まう者は虚しい。天道はあまねく照らし、下の大地に広がり、九州すなわち全中国に及ぶ。それ故に支配者の王公は慎重に制令を下し、民衆に拠り所を教える。天には不変の日々があり、民衆は自然にそれを模範とし、それに違背すれば命を落とすことになり、返って自らその罰を受けるであろう。それが天の原則である。

《天、地、君主の三者による禁止令》

行非恆者、天禁之。爽事、地禁之。失令者、君禁之。三者既脩、國家幾矣。地之禁、不【墮】高、不曾（增）下、毋服川、毋逆土毋逆土功、毋壅民明。進不氐、立不讓、俓（徑）遂淩節、是胃（謂）大凶。人道剛柔、剛不足以、柔不足寺（恃）。剛強而虎質者丘、康沈而流面（湎）者亡。憲古章物不實者死、專利及削浴（谷）以大居者虛。天道壽壽、番（播）于下土、施于九州。是故王公愼令、民知所繇（由）。天有恆日、民自則之、爽則損命、環（還）自服之、天之道也。《三禁》

行い恆に非ざれは、(2)天之を禁ず。事に爽《たが》わば、(3)地之を禁ず。令を失すれば、君之を禁ず。三者既に脩まれば、國家は幾《ちか》し。(4)地の禁は、高きを【墮《こぼ》】たず、(5)下《ひく》きを增（曾）さず、川を服《ふさ》ぐ毋《な》く、(6)土功に逆らう毋く、(7)民の明を壅《ふさ》ぐ毋し。(8)進みて氐《とど》まらず、(9)立ちて讓らず、俓（徑）遂して節を淩《しの》ぐ、(10)是れを大凶と謂（胃）う。(11)人の道には剛柔あり、(12)剛は以《もち》うるに足らず、(13)柔は恃（寺）むに足らず。剛強にして虎質なる者は丘《むな》しく、(14)康《たの》しみ沈みて流れ湎《おぼ》（面）るる者は亡ぶ。(15)古えに憲《のっと》り物を章《あら》わして實ならざる者は死し、(16)利を專らにし及び谷《こく》（浴）を削り以て居を大にする者は虛《むな》し。(17)天道は壽壽にして、(18)下土に播《ひろ》（番）がり、九州(19)に施さる。是の故に王公は令を愼み、民は由（繇）る所を知る。(20)天には恆の日有り、民自ずから之に則《のっ》とり、爽えば則ち命を損なう。還（環）って自ら之に服すは、(21)天の道なり。《〔天地人の〕三者の禁令》

（1）三禁――章名。章中で天禁、地禁、人禁をいうので章名とした。以上は『經法』本注。本章で論じているのは、一切の活動はすべて一定の基準に従わなければならず、行動に原則がないと、天は禁止し、生産が土地に適さなければ、地が禁止し、国を治めるのに制作や法令に依らないと、君主が禁止する。注目に値するのは、剛柔の弁証関係で、本章は「人道の剛柔は、剛は以うるに足らず、柔は恃むに足らず」と考えていることである。その理論の深さと広さはすべて「老学」を超えている。以上は余氏の提要。

（2）行非恆者——行動に一定の原則がなければ。

（3）爽事——『經法』本注、爽は、誤り、合わないこと、事は、農事を指す。農事に差し支えがあれば。事は地と関係するとすれば、農業ということになる。

（4）國家幾矣——『經法』本注、幾は、近い、違わないの意。国の統治は理想に近い。

（5）不【墮】高——旧本は「不□高」と釈文する。原本の写真版では、「墮」の箇所にこざと偏の残片が認められる。

（6）毋服川——『國語』周語下「古えの民に長たる者は、山を墮たず、藪を崇《たか》くせず、川を防《ふさ》がず、澤を竇《とお》さず」をあげ、「川を服ぐ毋く」は「川を防がず」と同じ意味ではないか、防は、防ぎさえぎることをいい、服と防は一声の転である。以上は底本注。『晏子春秋』内篇問上に「飲食を節し、多く畋漁《でんりょう》する无く、以て川澤に偪《せま》る无かれ」とあり、これにより、ここの「川を服ぐ毋れ」はすなわち「川澤に偪る毋れ」である。偪はすなわち逼の字で、逼迫すなわちさしせまること。川に偪る毋れは、河の流れを塞いではいけないこと。以上は『經法』本注。服は、防と同じ意。藪は、水のない沢のこと。

（7）毋逆土功——底本注、この前の「毋逆土」三字は、余計な文ではないか（『經法』本注も同じ）。土功は、土木工事。『書』益稷「啓は呱呱として泣き、惟れ荒いに土功を度る」の注に土功のことを「水土の功」としている。啓は、禹の息子。

（8）民明——民衆の聡明な知恵。

（9）進不氐——『經法』本注、氐は底の字に読むとし、『爾雅』釋詁「底は、止なり」をあげる。

（10）徑（徑）遂淩節――軽挙妄動して節度を越える。徑遂は、經絶と同じで、軽挙妄動の意とも、直進することで剛直の意ともいう。『韓非子』解老に「邪心勝たば則ち事は經絶し、事は經絶すれば則ち禍難生ず」とあり、顧廣圻曰く「案ずるに經は當に徑に作るべし、上文に云う〈必ず理に縁らば徑絶せざるなり。〉と。陸行して理に縁らざるを絶と為す、『周禮』に云う〈徑踰する者を禁ず〉は、是れなり。水行して理に縁らざるを徑と為す、『爾雅』〈絶流を正すを亂と曰う〉は、是れなり。」と。『荀子』大略「溺るる者は遂を問わず」の楊倞注に「水中渉るべきの徑なり」とある。徑遂は、すなわち經絶で、妄りに挙動することを謂う。『管子』覇言「重んぜられて節を淩ぐ者は復た輕んぜらる」、『禮記』檀弓上「故に喪事は遽と雖ども節を陵がず」の鄭玄注に「陵は、躐なり」とある。以上は底本注。徑遂は、道路の意。『素問』調經論に「五藏（臟）の道は皆な經隧に出ず」とあり、經隧はすなわち徑遂のこと、ここでの意味は進行のこと。淩は陵の字に読み、経過、超越のこと。『禮記』學記に「節を陵いで施さざる之《これ》孫（遜）と謂う」とあり、節は、節度のこと。『禮記』曲禮上に「禮は節を踰えず」とある。以上は『經法』本注。

（11）大凶――旧本は、「大□」と釈文する。原本の写真版では、「凶」左辺の残片が認められる。

（12）人道剛柔――処世の方法には剛直と柔軟の態度がある。

（13）剛不足以――『經法』本注、以は、用である。

（14）剛強而虎質者丘――底本注、『廣雅』釋詁三「丘は、空なり」をあげる。『經法』本注、『漢書』楚元王傳の孟康注「丘は、空なり」をあげる。剛強で虎のように獰猛な者は終わりはよくないの意。丘は、空の意。

（15）康沈而流面（湎）者亡――康沈は、楽しみ溺れること。流湎は、酒に溺れること。『禮記』楽記に「流湎して以て本を忘る」とある。『經法』本注、『經法』六分の注（48）を参照。

（16）憲古章物不實者死――憲古は、古えを手本とすること。章物不実は、華がさいても実らないこと。この句は儒家が鼓吹する復古思想と明確に対立する。以上は『經法』本注。

(17) 専利及……居者虚――専利は、利を謀ることを専らにする。「削浴」は「削俗」と読むべきではないか、侵奪の意味。大居は、居住地を拡大すること。虚は、空のこと。この句の意味は、理を謀ることに熱中して他人の土地を侵奪し、居住地を拡大するのは、長く享有できないことである。以上は余氏の説。

(18) 天道壽壽――旧本は、「□道壽壽」と釈文する。原本の写真版では、ゆがんでいるが「天」字が認められる。底本注、壽壽は、悠悠の字に読むのではないか、遠いの意味。『説文』「壽は、久なり」、『道』「死して亡びざる者は壽」(現『老子』三三)をあげ、底本注のように悠悠に読むべきだとし、悠は、長久のこと。一説では壽は翿の字に読み、『説文』「翿は、普く覆照するなり」をあげ、天道は普く覆い、そこで地面を広く及び、九州にまで及ぶことができるという。この説の方が優れる。以上は余氏の説。

(19) 九州――古代中国で設置された九つの州。『尚書』禹貢の九州は、冀・豫・雍・揚・兗・徐・梁・青・荊の各州。『爾雅』釋地では、徐・梁の州がなく、幽・并の州がある。また古代では、中国を赤県神州だとし、同等の州が九個あるとされた。後に広く中国を指すようになる。

(20) 民知所繇(由)――『經法』本注、民衆はどうしたらよいかを知っていること。

(21) 環(還)自服之――『經法』本注、服は、刑に服することで、還って自ら之に服すは、反って必ず天罰に遭うこと。

第十一章　本　伐①

〔現代語訳〕

食糧を蓄え武器を蓄積し戦争をしようとする国には、それぞれ出兵の理由がある。利益のためにする者があり、正義のためにする者があり、怒りをはらすためにする者がある。ここに言う利益のために戦争するというのは、ある国の民衆が飢饉に遭い、国の内部も不安定で、上下関係がうまくゆかないのを見て、出兵して討伐するものである。大きな利益はないが、また大損害もない。ここに言う正義のための戦争とは、反乱を討伐し暴力を禁止し、有能な者を取り立て無能な者を退けることで、これがここに言う正義である。正義とは、群衆がそのために命を投げ出すものである。

それ故に一国で天下の国々に立ち向かうことは、一万輛の兵車を持つ大国でも、……正義を理由に戦争を始めるのが常であるが、最後までそれを貫き通すことは稀《まれ》である。心がしっかりと定まっていないと、最後には損害を被ることになる。ここに言う怒りをはらすために戦争を行うというのは、心が怒っても、ただ怒るだけでは済まないで、怒れば必ず報復行動に出る。このようなことで成功を求めても不可能で、これはすなわち兼併の始まりであり道理に逆らうものである。道すなわち理想にはずれている。道すなわち理想の実行は、やむを得ないでなされる。やむを得ないことによれば、〔戦争の戦術は〕行き詰まることはない。そこで……者、開くことである。禁令は、させることである。以上のようなわけであらゆる所に行き渡って止まるところを知らないのである。《本来あるべき戦争》

諸（儲）庫臧（藏）兵之國、皆有兵道。世兵道三、有爲利者、有爲義者、有行忿者。所胃（謂）爲利者、見□□□飢、國家不叚（暇）、上下不當、擧兵而栽（誅）之、唯（雖）无大利、亦无大害焉。所胃（謂）爲爲義者、伐亂禁暴、起賢廢不宵（肖）、所胃（謂）義也。【義】者、衆之所死也。是故以一國戉（攻）天下、萬乘【之】主□□希不自此始、鮮能冬（終）之、非心之恆也、窮而反（返）矣。所胃（謂）行忿者、心唯（雖）忿、不能徒怒、

庫に儲《たくわ》（諸）え兵を藏（臧）するの國は、皆な兵道有り。(2)世の兵道は三、利の爲にする者有り、義の爲にする者有り、忿《いかり》を行う者有り。謂（胃）う所の利の爲にする者は、見□□□(3)飢、國家は暇《いとま》（叚）あらず、上下は當らず、兵を擧げて之を誅（栽）し、(4)大利无しと雖（唯）も、亦た大害无し。謂（胃）う所の義の爲にする者は、(5)亂を伐ち暴を禁じ、賢を起し不肖（宵）を廢す、謂（胃）う所の義なり。(6)【義】とは、衆の死する所なり。(7)是の故に一國を以て天下を攻（戉）め、萬乘【之】主は□□(8)此れ自り始めざること希なり、能く之を終（冬）えること鮮《すくな》し、心の恆に非ざれば、窮まりて返（反）る。謂（胃）う所の忿《いかり》を行う者は、心は忿ると雖（唯）も、徒だ怒る能わず、怒れば必ず爲すこと有り。功を成して以て求むる无ければ、即ち兼は逆より始まる。道に非ざるなり。道の行わるるや、已むを得ざるに由（繇）る。(9)

怒必有爲也。成功而无以求也、即兼始逆矣。非道也。道之行也、繇（由）不得已。繇（由）不得已、則无窮。故□者、趆者【也】。禁者、使者也。是以方行不留。

已むを得ざるに由（繇）れば、則ち窮まり无し。故に囲《かこ》む者は、趆《ひら》く者【也】(10)。禁ずる者は、使《せ》しむる者なり。是を以て方《あまね》く行きて留まらず(11)。

《本《しん》の伐《せいばつ》》

《本伐》

（1）本伐——章名。本章は、出兵して征伐する各種の原因を叙述し、併せてその利害を分析する、そこで「本伐」と名づける。以上は『經法』本注。本章で論じているのは、各種の性質の異なる戦争には、それぞれ異なる局面があること。作者は正義の戦争を肯定し、非正義の戦争に反対する。「世の兵道は三、利の爲にする者有り、義の爲にする者有り、忿を行う者有り」、ただ義戦だけが人民の擁護を得ることができ、戦争すれば最後の勝利を得ることができると考える。以上は余氏の提要。

（2）諸（儲）庫臧（藏）……有兵道——『意林』巻二引『愼子』「藏甲の國は、必ず兵遁有り（遁は道の誤字である、『太平御覧』巻三百五十六引『愼子』は誤っていない）。市人は驅りて戰わしむ可し。安國の兵は忿り由り起こさず」は、この書の下文で「行忿」の兵に反対している主旨と合致する。以上は底本注。『愼子』にいう「安國の兵は忿り由り起こさず」は、本章で「忿りを行う」ことに反対する主張と合う。諸庫に武器を貯蔵する国は、征伐を好み準備する国家を指す。『文子』道徳、『漢書』魏相傳にもまた義兵や忿兵の説がある。以上は『經法』本注。

（3）見□□□——陳氏は、欠字を「生民有」と推定する。

（4）牫（誅）之——旧本は、「牫（救）之」と釈文する。原本の写真版では、「牫」字に判読される。『經法』本注、「牫」を「栽」と釈文し、「烖」に通ずるといい、誅伐のこと。

(5) 所胃（謂）爲爲義者——底本注、「爲義者」の上の衍一「爲」字は余計だ。

(6) 所胃（謂）義也——内乱を討伐し、暴行を禁止し、賢人を起用し、無用な人物を排除すること。『呉子』圖國「暴を禁じ亂を救うを義と曰う」をあげる。以上は『經法』本注。

(7) 【義】者——旧本は、「□者」と釈文する。原本の写真版では、「義」字は欠字。

(8) 萬乘【之】主□□——旧本は、「萬乘□主□」と釈文する。原本の写真版では、「之」は欠字、下の欠字は二字。陳氏は、欠字を「并兼」とすべきではなかろうかという。

(9) 繇（由）不得已——『道』に「將に天下を取らんと欲して之を爲す者は、吾れ其の已むを得ざるを見る」（現『老子』二十九）、また「兵なる者は不祥の器なり、已むを得ずして之を用う」（現『老子』三一）とあり、『稱』第一三段にもまた「兵なる者は已むを得ずして行う」の語がある。以上は底本注。

(10) 故□者、趀者【也】——旧本は、「故趀者□者【也】」と釈文する。原本の写真版では、旧本の欠字部分は「趀」字、定本の欠字箇所は「圉」字。故の字の下は圉の字ではないか。趀は、拓の字に読み、開拓の意味。圉と拓と、下文での禁と使とは、意味がいずれも対になっている。以上は底本注。旧本は、「圉」と釈文する。『經法』本は欠字とする。

(11) 方行不留——底本注は、『國語』齊語「天下に方行す」の注「方は、猶お横のごときなり」をあげる。『經法』本は、「留」を「流」と解釈する。『淮南子』主術に「方行して流れず」とあり、『周易』繫辭上では「旁行」に作っていて、孫星衍『尚書今古文注疏』では「方は旁と通ず」とある。「旁行」は、『漢書』巻二八地理志序の注に「四出して之を行うを謂う」とあり、天下を遍く巡るという意味である。『尚書』立政に「天下を方行し、海表に至り、服せざること有る罔し」とある。以上は『經法』本注。

第十二章　前　道[1]

〔現代語訳 1〕

聖人が事を起こす場合は、天地の自然法則に合っているかどうか、民衆の意向に合っているかどうか、鬼神の意向に沿っているかどうかを考慮し、民衆のすべてに利益になるようにさせ、すべての人が信頼する、これがここに言う正義というものである。自ら衆人の先頭に置かれ、君主の任用するところとなり、長期に亘って国家やその守護神である社稷に利益を与え、すべての人々に利益を与える。天下の有名人や知識人はすべて国家に任用される。一度発言して人々に利益を与えれば、それは士すなわち有用な人物である。一度発言して国家に利益を与えれば、それは国士すなわち国家的に有用な人物である。それ故に君子は遜って道に従い、知能を働かせて道を解き明かし、努めて実行し、道を追求して世間に実施し、謙虚な態度で時期の到来を待つ。為政者の王侯がもしこのことを認識していれば、その国は幸いである。国土が広く人口が多ければ、強国である。……自ら衆人の後ろに置かれ、……不…幸。

耶（聖）【人】擧事也、闔（合）於天地、順於民、羊（祥）於鬼神、使民同利、萬夫賴之、所胃（謂）義也。身載於前、主上用之、長利國家社稷、世利萬夫百生（姓）。天下名軒執□士於是虛。壹言而利之者、士也。壹言而利國者、國士也。是故君子卑身以從道、知（智）以辯之、強以行之、責道以竝世、柔身以寺（待）之時。王公若知之、國家之幸也。國大人衆、強國也。□身載於後、□□□□□□□□□□□□□□□□而不□□□□□□□幸也。

聖（耶）【人】の事を擧ぐるや[2]、天地に合（闔）し、民に順い、鬼神に祥《したが》（羊）い[3]、民をして利を同じくし、萬夫を之に賴ら使む、謂（胃）う所の義なり。身は前に載《お》き[4]、主上、之を用うれば、長く國家社稷[5]を利し、世々[6]萬夫百姓（生）を利す。天下の名軒□[7]を執り、士、是において虛《むな》し[8]。壹言にして之を利する者は、士なり。壹言にして國を利する者は、國士なり[9]。是の故に君子は身を卑《ひく》くして以て道に從い、智（知）以て之を辯じ[10]、強めて以て之を行い[11]、道を責めて以て世に竝《よ》り[12]、身を柔《ひく》くして以て之が時[13]を待（寺）つ。王公若し之を知らば、國家の幸いなり。國大にして人衆《おお》きは、強國なり。□身は後に載き[14]、□□□□□□□□□□□□□□□□[15]而して不□□□□□□□[16]幸也。

（1）前道――本章末尾の題目は残欠しているが、文章の内容から此の章名をつけ、徴引に便利にした。以上は底本注。章名。章末の章名は残欠しているが、章中に「國を治めるに固より前道有り」の一語があるので補って章名とした。以上は『經法』本注。本章は、主に執政者は「前道」すなわち「上は天時を知り、下は地利を知り、中は人事を知る」ことを知らねばならぬことを論述する。このようにして初めて長期的に国家を利し、代々民衆を利することができる。その中で特に知識分子優遇の政策を実行すべきことを強調する。「天下の名軒□を執り、士、是において虚し。壹言にして之を利する者は、士なり、壹言にして國を利する者は、國士なり」とあり、王公大人がもしもこの一点を理解すれば、「國家の幸なり」であると考える。以上は余氏の提要。

（2）擧事――『經法』本注、事を挙げるは、事を行うこと。

（3）羊（祥）於鬼神――底本注、『淮南子』氾論の「世事に當り、人の理に得、天地に順い、鬼神に祥えば、則ち以て正治す可し」の注「祥は、順うなり」をあげる。

（4）身載於前――載は、乗せる、置くこと。身は前に載くは、任用されれば、一定の官職を担任することを指す。以上は底本注。『經法』本注、『道』「載營魄抱一」（現『老子』一〇）王注「載は、猶お処るがごときなり」をあげ、身は前に載るは、すなわち身は前に処ることで、任用されたら、一定の官職を担任できることを指す。下文にはまた「身は後に載き」とある。

（5）國家社稷――国家の語は、『經法』にはみえない。国はみえるが。社稷については、すでに『經法』國次、六分、『經』兵容にみえる。土地神と穀物神で、国の代名詞でもある。

（6）世――『經法』本注、世は、大である（王念孫『読書雑志』巻八の一を見よ）。

（7）執□士――陳氏は、欠字を「國」と推定する。

（8）士於是虚――或る所に集まって誰もいなくなる。

（9）國士――国中で才能の優れた人物、『戰國策』趙策一「知伯は國士を以て臣を遇す、臣故に國士を以て之に報ゆ」とある。また勇力で全国に優れた人ともいい、『荀子』子道「國士の力有りと雖も、自ら其の身を擧ぐる能わず」の注に「國士は、一國勇力の士」とある。

（10）辯之――『經法』本注、辯は、辨の字に読む、辨は、はっきり知ること、之は、上文の道を指す。

（11）強――『經法』本注、強は、努力すること。

（12）責道以竝世――『經法』本注、道を責とするは、道を実行することを自分の責任とすること、並は、依附すること。

（13）之時――『經法』本注、之は、其であると。

（14）強國也□身載於後――原本の写真版では、「國也」は國の右辺の残欠があるが明確には判読しがたい、也は右辺下部がほんの少し残存するのみ。『經法』本注、この四字は一枚の残片に書かれ、内容からみると、百三十一行の下半行の残片が誤ってここに張り付いたとすべきだが、確実な位置は不詳、身は後に載るは、先の身は前に載ると対応し、任用されず、官職が無いことを指す。陳氏は、欠字を「若」と推定する。

（15）□□□……□□□――十八字の欠文。陳氏は、欠文を「若身載於後、主上不用之、則不利國家社稷、世利萬夫百姓、王公（君主が任用しなければ、国家社稷や百姓万民に利益にならない。王公でありながら）」と推定する。

（16）□□□□□□□幸――旧本は、八字すべてを欠字とする。原本の写真版では、「幸」はわずかに判読できる。陳氏は、欠文を「知之、乃國家之不幸也（其れを知らないのは、それは国家にとっての不幸である）」と推定する。

〔現代語訳 2〕

そこで王者は私的な恩恵で国を治めない。国を治めるには本来先人の残した道すなわち原則がある。それは頭上では自然界の時の巡りをわきまえ、足下では土地の利用法をわきまえ、天と地の中間にある人間社会のことをわきまえている。陰陽の気を上手に使い分けし、名称と実質とを整える者は国が治まるし、名称と実質とが食い違う者は国が混乱する。実質に名称が符合すれば食い違いはないし、実質と名称が符合しなければ国は立ちゆかない。公明正大な道に従っていれば危険はないので、先頭に立っても後に従ってもよい。そこで道は個人にも通用するし、国家にも通用する。個人は道を獲得すれば成功するし、国家は道を獲得すれば安寧である。小国は道を掌握すれば自国の領土を防衛することができるし、大国が道を掌握すれば天下を併合することができる。道は本源があって無限であり、それを運用するときは実在するが、運用しないときは無いも同然である。道に符合すれば好いものに変化し、道に従えば万事は法則に適う。古代の有能な者はひたすら道に従って行動した。この道を理解すれば、地は天となるであろうし、鬼は人に変わるであろう。道をもって軍隊を指導すれば強力となり、国を治めればその国は隆盛になる。古代の有能な者は、ひたすら道に従って行動した。《先人の残した原則》

故王者不以幸治國、治國固有前道、上知天時、下知地利、中知人事。善陰陽□□□□□□□□□□□□□□□□□□□□□【名】正者治、名奇者亂。正名不奇、奇名不立。正道不台（殆）、可後可始。乃可小夫、乃可國家。小夫得之以成、國家得之以寧。小國得之以守其野、大國【得之以】并兼天下。道有原而无端、用

故に王者は幸を以て國を治めず[17]、國を治むるに固より前道有り[18]、上は天の時を知り、下は地の利を知り、中は人事を知る[19]。善陰陽[20]□□□□□□□□□□□□□□□□□□□□[21]【名】正しき者は治まり[22]、名奇なる者は亂る[23]。正名は奇ならず、奇名は立たず[24]。正道殆《あやう》（台）[25]からざれば、後に可《よろ》しく始めに可し。乃ち小夫に可しく、乃ち國家に可し[26]。小夫は之を得て以て成り、國家は之を得て以て寧し、小國は之を得て以て其の野を守り、大國は【之を得て以て】天下を併兼す[27]。道は原《みなもと》有りて端《かぎり》无く[28]、用いる者は實にして、用いざる者は藿《な》し[29]。之に合して美に涅《かわ》り[30]、之に循いて常有り。古えの堅（賢）者は、道を是れ之れ

者實、弗用者藋。合之而涅於美、循之而有常。古之賢（堅）者、道是之行。知此道、地且天、鬼且人。以居軍□〔強〕、以居國其國昌。古之賢者、道是之行。

《【前道】》

行う。[31] 此の道を知れば、地は且に天ならんとし、鬼は且に人ならんとす。[32] 以て軍に居れば軍は強く、以て國に居れば其の國は昌《さか》んなり。古えの賢者は、道を是れ之れ行う。[33]《【前《さき》の道《きはん》】》[34]

（17） 故王者不以幸治國――旧本は、「故□者不以幸治國」と釈文する。原本の写真版では「王」はわずかに判読できる。『經法』本注、幸は、僥倖のこと。僥倖すなわち思いがけない不相応な幸い。『後漢書』呉漢伝。

（18） 治國固有前道――前は、先である。『禮記』中庸「道、前に定まれば則ち窮せず」の疏に「道を行わんと欲するの時、豫め前に謀りごと定まれば、則ち道は窮まること無きを言うなり」とある。以上は底本注。『經法』本注、前道は、真っ先に備えておくべき道理。

（19） 上知天……知人事――底本注、『素問』氣交變大論「上經に曰く、夫れ道なる者は、上は天文を知り、下は地理を知り、中は人事を知り、以て長久なる可し」、同書、著至教論「而して道は、上は天文を知り、下は地理を知り、中は人事を知る」をあげる。

（20） 善陰陽――旧本は、「□□陽」と釈文する。原本の写真版では、「善陰」の左辺の残片がわずかに残る。

（21） □□□……□□□――ここの約二十一字の欠文は不明。

（22） 【名】正者治――旧本は、「□正者治」と釈文する。原本の写真版では、「名」は欠字。「正」もわずかに判読できる。

（23） 名奇者亂――旧本は、「奇者亂」と釈文する。原本の写真版では、「名」の上部と「奇」の下部の残片がほんのわずかにあるのみで、判読はむずかしい。『經法』本注、奇は倚の字に読み、不正のこと。

（24）奇名不立——底本注、奇は、倚の字に読むのではないか、『經法』論の注（56）をともにみること。
（25）殆（台）——『經法』本注、殆は、危険のこと。
（26）乃可小夫、乃可國家——『經法』本注、道は古人にも適用できるし、国家にも適用できる。
（27）併兼——原本の写真版では、この二字は判読がむずかしい。底本注、『淮南子』本經に「晩世は務めて地を廣め壤を侵し、并兼已む無し」をあげる。兼併に同じ。
（28）道有原而无端——底本注、『管子』幼官に「無端に始まるは、道なり」とあり、同書兵法篇にもまたこの語がある。『經法』本注、端無しは、道は無限定であることを指すといい、『淮南子』主術「運轉して端无し」の注「端は、厓なり」、『管子』幼官「无端に始まるは、道なり」をあげる。
（29）弗用者藋——藋は、桓のように読み、ここでは華の字の代わりで、華表はまた桓表に作るようなもの。華は実と対の言葉で、『老子』德經にいう、大丈夫は「其の實に處りて其の華に居らず」（現『老子』三八）とあるようなもの。以上は底本注。
（30）合之而涅於美——底本注、『方言』三「涅は、化なり」をあげる。『經法』本注、この句の意味は、道に合うものは美しいものに変わること。
（31）道是之行——底本注、「道を是れ之れ行う」は、「惟だ道を是れ行う」というのとほぼ同じ。ひたすら道を実行するの意。
（32）地且天鬼且人——余氏説、地は天となることができ、鬼は人に変わることができる。陳氏は、天・地・人と鬼礼が併挙されているのは、稷下道家の代表の一つ『管子』樞言と一致すると指摘する。
（33）道是之行——『經法』本注、やはり「此の道を是れ行う」ことにほかならない。
（34）前道——旧本は、「□□」と釈文する。原本の写真版では、欠字。

第十三章　行　守①

〔現代語訳〕

天には不変の原則があり、地には不変の法則がある。民衆と共同で事業を行い、鬼神と一緒に……。驕りたかぶって争いを好み、密かに謀りごとを巡らし縁起が悪く、雄節すなわち傲慢な信条を模範とすれば、死亡の危険に曝される。その国を奪い取るだけで有能な者に与え封建しなければ、その国は永久に滅亡することはない。占領した国が近ければ従うであろうし、遠ければ離反するであろう。天道に違背する信条が芽生えたなら、誰がそれに対応できるであろうか。天は高すぎることを憎み、地は広過ぎることを憎み、人は過酷なことを憎む。どこまでも高位に昇進する者を、天はそれを転覆しようとする。どこまでも領土を広げる者を、地はそれを断ち切ろうとする。どこまでも過酷であると、人はそのような支配者を殺そうとする。

人がやって来ると、ひたすら目をこらして見る。一言いい、一事を実行して、言行が一致すれば、採用して失わないようにしなければならない。言葉は飾り、行動は軽率な者は、採用しても使ってはいけない。このようなわけで言葉は心の想いを示す徴《しるし》であり、容貌は心情の顕れであり、気質は心の中の現れである。言葉を発しても、全く実行しないのは、誣すなわち欺瞞という。そこで始めに言葉があり、行動はその後になる。真っ直ぐな木は伐採され、真っ直ぐな人は殺される。〔道は〕形もなく名称もなく、天地に先立って発生しながら、現在になってもまだ完成しない。《行動に当って守るべき事》

天有恆榦、地有恆常。與民共事、與神同□〔光〕。驕洫（溢）好爭、陰謀不羊（祥）、刑於雄節、危於死亡。奪之而无予、其國乃不遂亡。近則將之、遠則行之。逆節夢（萌）生、其誰骨當之。天亞（惡）高、地亞（惡）廣、人亞（惡）荷（苛）。高而不已、天闕土〈之〉。廣而不已、地將絶之。苛而不已、人將殺之。有人將來、唯目之瞻。言之壹、行之壹、得而勿失。【言】之采、行之配（熙）、得而勿以。是故言者心之符【也】、色者心之華也、氣者心之浮也。有一言、無〈无〉一行、胃

天に恆榦(2)有り、地に恆常有り。民と事を共にし、神と□(3)を同じくす。驕溢（洫）にして争いを好み、陰謀して祥（羊）いならず(4)、雄節に刑(5)れば、死亡に危うし。之を奪いて予うること无ければ(6)、其の國乃ち遂《ひき》しく亡びず(7)。近ければ則ち之に將《したが》い(8)、遠ければ則ち之を行《さ》る(9)。逆節萌《きざ》（夢）し生ずれば(10)、其れ誰か肯《よ》く之に當らん(11)。天は高きを惡（亞）み、地は廣きを惡（亞）み(12)、人は苛（荷）なるを惡（亞）む。高くして已まざれば、天は〔將に〕土〈之〉を闕《か》かんとす(13)。廣くして已まざれば、地は將に之を絶たんとす。苛にして已まざれば、人は將に之を殺さんとす。人有り將に來らんとすれば、唯だ目にて之れ瞻《み》、言之れ壹、行い之れ壹なれば、得て失うこと勿れ。【言】之れ采《あや》あり、行い之れ熙《たわむ》（配）るは、得て以《もち》うる勿れ(14)。是の故に言とは心の符《しるし》【なり】、色とは心の華なり、氣とは心の浮《あらわれ》なり(15)。一言有りて、一行無〈无〉きは、之を誣と謂（胃）う(16)。故に言は首《はじめ》を持し、行いは卒りを識（志）る(17)。直

（謂）之誣。故言寺首、行志（識）卒。直木伐、直人殺。无刑（形）无名、先天地生、至今未成。《行守》

木は伐られ、(18)直人は殺さる。(19)形（刑）无く名无く、天地に先だちて生じ、今に至るも未だ成らず。《行いの守《そなえ》》

（1）行守——章名。本章の論述するところはすべて行為の守るべき規則で、そこで章名とした。以上は『經法』本注。本章は、処世のあるべき態度すなわち陰謀を計らず、雄節を取らず、謙虚で謹慎し、言行の一致を論述する。「陰謀して祥いならず、雄節に刑れば、死亡に危うし」と考える。これは「天は高きを悪み、地は廣きを悪み、人は苛なるを悪む」ためである。もしも「高くして已まざれば、天は之を闕き、廣くして已まざれば、地は將に之を絶たんとし、苛にして已まざれば、人は將に之を殺さんとす」るから、身ずから謙遜して卑下し、「言之《これ》壹、行之壹」であるべきだ。以上は余氏の提要。

（2）恆榦——恒常不変の原則。

（3）□——陳氏は、欠字を「光」と推定する。

（4）陰謀不羊（祥）——陰謀を謀る人はよい結末を得られない。『史記』巻五六陳丞相世家に「我、陰謀多し、是れ道家の禁ずる所」とある。以上は余氏説。

（5）雄節——傲慢な規範。雌節すなわち謙虚な規範に対する言葉。本篇・雌雄節を参照。

（6）奪之而无予——他国の領土を奪い取って賢者に分封しない。

（7）其國乃不遂亡——封建を行わなかった国は最終的に滅亡しない。其の国は、討伐された国か、討伐を行った国か、必ずしも明らかでない。いま討伐された国と解しておく。遂は、久しいの意。『詩』衞風・氓「言《われ》は既に遂《ひさ》し矣」の鄭玄箋に「遂は、猶お久しきがごとし」とある。また、ここの文は「其の國乃ち遂しく亡びず」と訓読し、其の国を討伐された国と解して、「封建しないと、討伐された国は永久に滅亡することはない」と解釈される。なお同様の文が、『經法』國次にも「奪いて予えざれば、國は遂亡せず」とある。

（8）將之——『經法』本注、將は、戕の字に読むのではないか、戕は、残害のこと。あるいは將は、従うの意。『漢書』禮樂志に「九夷賓として將う」とある。

（9）行之——『經法』本注、行は、去る、離れるの意で、『呂氏春秋』審應の注「行は、去りて他に之くなり」をあげる。

（10）逆節夢（萌）生——底本注、『漢書』巻六四主父偃傳では、偃が呉楚七國の反乱を論じて、「今、法を以て之を割削すれば、則ち逆節萌起せん」と言ったことを記す。

（11）其誰骨當之——『經法』本注、帛書の「骨」字と「肯」字は形が似て、「骨」は「肯」字の誤りではないか。原本の写真版では「骨」字であるが、「肯」字の書き誤りではないか。克の意か。

（12）天亞（惡）高地亞（惡）廣——原本の写真版では、「地」字は判読不能。天地が擬人化されて、道徳的な働きをするように解釈すべきか、単に物理的な天地なのか、明確ではない。いま前者の解釈をとる。

（13）天闕土〈之〉——闕の上に將の字が脱落しているのではないか。『老子』德經に「侯王已に貴く以て高くする毋ければ將に恐くは欮けん」とある。以上は底本注。『經法』本注、闕は、削減、毀壊の意で、下文によれば、闕の上に「將」字が脱落している。

（14）有人將……而勿以——「有人將來」以下の一段は、人を観察し、人を採用する方法を言っているようだ。意味は、言行が一致する人は万が一にも失ってはいけない、言葉に文采《かざり》が多くて行ないが悦楽《たのしげ》な者は（『淮南子』人間の高誘注「煕は、戯なり」）則ち採用してはいけないことをいう（「得て以うる勿れ」の以の字は用と解釈する）。以上は底本注。

（15）色者心……之符也——原本の写真版では、「色」字は判読不能。底本注、『國語』晉語十一「夫れ貌は、情の華なり。言は、貌の機なり」、『韓詩外傳』四「目なる者は、心の符なり。言なる者は、行いの指なり」の語は、いずれもこれと近い。『經法』本注、浮は、外に表れること、作者は、言語、顔色、気質はすべて内心の活動を表現し得るものと考える。

(16) 有一言……胃（謂）之誣――旧本は、「無一行」を「无一行」と釈文する。原本の写真版では「无」となっている。『經法』本注、『大戴禮記』曾子立事「行う能わずして之を言うは、誣なり」をあげ、言うだけでしないのは、誣という。

(17) 故言寺首行志（識）卒――底本注、寺は、持の字に読むのではないか、先に言葉に出したら、後で実行して実現すべきだ、と言っているようだ。

(18) 直木伐――真っ直ぐな木はすぐ利用できるので真っ先に伐採されるの意。底本注、『莊子』山木「直木は先ず伐られ、甘き井《いど》は先きに竭《か》る」をあげる。『經法』本注、この言葉はまた『周書』周祝、『莊子』山木、『文子』符言などにみえる。

(19) 直人殺――底本注、『說苑』談叢「直きこと矢の如き者は死《ころ》さる」をあげる。真っ直ぐな人物は直言して君主の怒りを買うので真っ先に殺されるの意。

第十四章　順　道①

〔現代語訳〕

黄帝が力黒に尋ねて言った「大庭氏が天下を支配していたとき、陰陽の気を分別せず、日月の運行を計算して暦法を定めず、四季の変化を記録しなかったが、天は四季の変化を起こし、地は財物を生み出した。そうした自然界の変化はどのように統制されているのだろうか」と。力黒は答えて言った「大庭氏が天下を統治していたとき、安らかでゆったりしひっそりと静かで、まず柔弱を信条とした。過度に遜って謙虚で恭しくつつましく、謙虚や簡約な態度は柔弱が基本である。常に自分を後回しにして先頭にならず、誠実に仁愛を実践し、慈愛を施して人々を愛し、容姿が整いしかも勇気があり、進んで人の先頭に立とうとはしなかった。内心は安静でせわしい心はなく、ひたすら一すなわち道を把握して他に心を奪われなかった。

柔弱の信条を模範とすれば、結果として柔弱となる。……徳すなわち生まれつきの能力を正し、恩恵を愛好して争わず、大胆不敵な態度に出ず、できないことを態度で示す。戦争には戦いに踏み切らない態度を示し、到底戦えないことをはっきりと示す。柔弱の信条を堅く守り、相手の傲慢の信条の行き詰まりを待って行動する。このようにすれば民衆は労力を提供しても……不、食糧不足でも怠けないし、命を落としても怨みに思わない。民衆を失業させず、戦争の首謀者とならず、混乱の首謀者とならず、怨恨の媒介者とならない。

陰謀を計画せず、勝手気ままに疑わしいことを専断したりしない、他国の領土を侵略することを計画せず、他国の住居を略奪することを計画しない。慎重に民衆のことを考え、天地自然の法則に従う。勝手気ままに事を起こさず、逆節すなわち道理に逆らった信条が行き詰まるのを待つ。土地を調べて土地の生産力を使い尽し、自然界では四季の法則に違背している、そうした状況に乗じて征伐すれば、戦争は返って勝利するであろう。このような場合は、戦勝して報復されることはなく、土地を奪い取って奪還されることはない。戦争して国外では勝利を得て、国内では財政的に豊かになる。労力は殆ど使わずに、名声は嚇嚇たるものがある。天道に従順であることの極みである」と。《天道に従順であること》

黄帝問力黒曰、大荁（庭）氏之有天下也、不辨陰陽、不數日月、不志（識）四時、而天開以時、地成以財。其爲之若何。力黒曰、大荁（庭）之有天下也、安徐正靜、柔節先定。晁濕共（恭）僉（儉）、卑約生〈主〉柔。常後而不失、體（體）正信

黄帝　力黒に問いて曰く、大庭（荁）氏[2]の天下を有つや、陰陽を辨ぜず、日月を數えず、四時を識（志）らずして[3]、天は開くに時を以てし[4]、地は成すに財を以てす。其れ之を爲すこと若何《いかん》と。力黒曰く、大庭氏の天下を有つや、安徐正靜にして、柔節先ず定まる[5]。晁濕恭（共）儉（僉）にして[6]、卑約は柔を主（生）とす[7]。常に後にして先んぜず、正信を體（體）して以て仁[8]、慈（茲）恵以て人を愛し、端正にして勇[9]、

以仁、茲（慈）惠以愛人、端正勇、弗敢以先人。中請（情）不剌執一毋求。刑於女節、所生乃柔。□□□正德、好德不爭。立於不敢、行於不能。單（戰）視（示）不敢、明埶不能。守弱節而堅之、胥雄節之窮而因之。若此者其民勞不□、几（飢）不飴（怠）、死不宛（怨）。不廣（曠）其衆、不以兵邾、不爲亂首、不爲宛（怨）謀（媒）、不陰謀、不擅斷疑、不謀削人之野、不謀劫人之宇。愼案其衆、以隋（隨）天地之從（蹤）。不擅作事、以寺（待）逆節所窮。見地奪力、天逆其時、因而飾（飭）之、事環（還）克之。若此者、單（戰）朕（勝）不報、取地不反。單（戰）朕（勝）於外、福生於内。

敢えて以て人に先だたず[10]。中情（請）剌《いそ》がず[11]、一を執りて求むる毋《な》し[12]。女節に則とれば[13]、生ずる所は乃ち柔。□□□徳を正し[14]、徳を好みて爭わず。不敢に立ち、不能に行う[15]。戰（單）いは敢えてせざるを示（視）し[16]、執い能わざるを明らかにす[17]。弱節を守りて之を堅くし[18]、雄節の窮まるを胥《ま》ちて之に因る[19]。此くの若き者は其の民勞して不□[20]、飢（几）えて怠（飴）らず[21]、死して怨（宛）みず。其の衆を曠《むな》（廣）しくせず[22]、兵の邾《しゅ》と以《な》らず[23]、亂の首《かしら》と爲らず、怨（宛）みの媒（謀）[24]と爲らず。陰謀せず、擅《ほしいまま》に疑わしきを斷ぜず[25]、人の野を削ることを謀らず、人の宇を劫かすを謀らず[26]。愼みて其の衆を案《かんが》え、以て天地の蹤《あと》（從）に隨（隋）う[27]。擅に事を作さず、以て逆節[28]の窮まる所を待（寺）つ。地を見て力を奪い[29]、天は其の時に逆らい、因りて之を飭（飾）り[30]、事は還（環）って之に克つ[31]。此くの若き者は、戰（單）いて勝（朕）ちて報ぜられず、地を取りて反《だっかい》されず。戰（單）いて外に勝（朕）ち、福は内に生ず。力を用うること甚だ少なくして、名聲（殸）章明なり[32]。順の至りなり。《道に順う》

用力甚少、名㲄（聲）章明。順之至也。

《順道》

（1）順道――章名。章中に客観的法則に順応することを論述しているので、「順道」と名づけた。以上は『經法』本注。本章は、戦略戦術を論述する文章である。戦争には努力して必勝の主観的条件を創造し、敵を多く麻痺させ、敵が絶えずその弱点を暴露し助長させ、「戦いには不敢を示し、勢い能わざるを明らかにし、弱節を守りて之を堅くし、雄節の窮まるを胥《ま》ちて之に因る」やり方で戦争の最後の勝利を取得すべきであると考える。このようにして「外に戦勝し、福は内に生じ、力を用うること甚だ少なく、名聲は章明」となれる。これも天道に順従して得られた最もよい結果である。以上は余氏の提要。

（2）大茟（庭）氏――「大茟」は、すなわち「大庭」。古代では呈と庭の音は近似していた。大庭氏は遙か古代の帝王の名で、『莊子』胠篋にみえる。『漢書』巻二〇古今人表では「大廷氏」に作る。以上は底本注。『莊子』胠篋に「昔者容成氏、大庭氏……是の時に當りてや、民は縄を結びて……」とある。

（3）不志（識）四時――『經法』本注、志は、ほぼ知と同じで、当時は春夏秋冬の四季を知らなかったことを指す。

（4）天開以時――天は四季の変化を起こし。

（5）安徐正靜柔節先定――安らかでゆったりしひっそりと静かで、先ず柔弱を信条とする。『管子』九守「安徐にして静か、柔節先ず定まる」、注「當に安徐にして又た靜默なるべし」をあげ、この二語はまた『管子』勢、『六韜』文韜、『鬼谷子』符言などの書に見えるといい、「柔節」はすなわち「雌節」のようだ、という。以上は『經法』本注。

（6）晁濕共（恭）僉（儉）――旧本は、「□濕共（恭）僉（儉）」と釈文する。原本の写真版では、「晁」は明確に判読できる。晁は、晼の異体字ではないか、ここでは宛の字に読み、委婉の意味、濕は、溼の字に読み、『荀子』修身「卑溼ににして重遲、貪利」の注「卑は謙下を謂い、溼も亦た自ら卑下するを謂う、地の下溼るが如く然るなり。卑溼は、謙恭に過ぎて禮無き者を謂う」、『方言』「濕は、憂なり。關よりして西、秦晉の間は、凡そ志して得ず、欲して獲ず、高くして墜つること有り、得て中ばに亡う、皆な之を濕と謂う」の注「濕とは、失意潛沮の名」をあげる。以上は底本注。過度に遜って謙虚で、恭しくつつましいの意。『論語』學而に「夫子は温良恭儉譲以て之を得たり」とあり、「恭儉」は、相手に恭しく自分はつつましくすること。

(7) 卑約生柔――旧本は、「卑約主柔」と釈文する。余氏、陳氏も同じ。原文の写真版では明らかに「主」である。しかし次節に「女節に刑り、生ずる所は乃ち柔」とあるので、底本は「生」と釈文したのではないか。いま原文の写真版に従い「主」とする。原文の写真版では、「生」と「主」は紛らわしく区別しにくい。

(8) 不失體(體)正信以仁――底本は、「體を失わず」と句読する。旧本も同じ。『經法』本は、「失」は「先」の誤りとし上の句に付け、「體」は下の句に付ける。注で「體」は「履」で実行の意とする。余氏、陳氏も句読は『經法』本に同じ。いま後説に従う。写真版では、「失」と「先」は紛らわしく区別しにくい。

(9) 端正勇――『管子』勢は「端正象」に作る。帛書の「象」字は「勇」と形が似て、『管子』にしたがって「象」に作るべきではないか。『管子』君臣上「是の故に能く其の道を國家に象らしめ、之を百姓に加う」の尹知章注「象は、法なり。道に本づきて法を立つを謂う」をあげる。以上は『經法』本注。余氏は、『管子』勢に「端正象」に作ることから、「勇」は「象」の誤りではないかとする。容姿が整い模範的であるの意か。

(10) 弗敢以先人――『經法』本注、『德』「敢えて天下の先と爲らず」(現『老子』六七)をあげる。余氏は、その思想との関連を指摘する。

(11) 中請(情)不剌――底本注、「剌」は綠の字に読み、急の意(『詩』商頌・長發にみえる)。『管子』勢は「中情留まらず。」に作り、注「中心安靜にして、留著する所无し。」をあげ、帛書の〈請〉字は〈情〉の意味に読む、〈剌〉は〈綠〉

の意味に読むべきではないかとして、『詩』商頌・長發「競わず絿がず」の傳「絿、は急なり」をあげて、中情剌がずは、せわしい情緒がないこと、という。以上は『經法』本注。この句は、内心は安静でせわしい心はなくの意。

(12) 執一――『經法』本注、一は、道を指す。

(13) 刑於女節――『經法』本注、『管子』勢は「女色に形《のっと》る」に作り、刑は、効い法ること、女節はすなわち雌節で、女節に刑るは、すなわち雌節に効い法ること。

(14) □□□――陳氏は、欠文を「故安靜」と推定する。

(15) 立於不敢行於不能――『經法』本注、『管子』勢「不敢に行う」の注「則ち人は我と勇を争う能わず」、「不能に立つ」の注「則ち人は我と功を争う莫し」をあげ、この二語はまた『文子』道徳、『淮南子』原道にみえる。

(16) 單(戰)視(示)不敢――『經法』本注、戦えるばあい、かえって戦おうとはしない様子を示すこと。

(17) 明執不能――底本注、執は、設の字に読み、施陳のこと。

(18) 守弱節而堅之――「安徐正靜」以下一段の文字は『管子』勢と大同小異。『管子』勢に「故に賢者は誠信以て之を仁《いつくし》み、慈惠以て之を愛し、端政の象、敢て以て人に先んぜず。中は靜かにして留まらず、裕德にして求むる無く、女色に形り、其の處る所の者は、柔安にして靜樂、德を行いて爭わず、以て天下の濆作を待つなり。故に賢者は安徐正靜にして、柔節先ず定まり、不敢に行いて、不能に立ち、弱節を守りて堅く之に處る」とある。「安徐正靜にして、柔節先ず定まる」の語は、本章の初めにある。「端政象」は、「端政勇」に作り、「中靜にして留まらず」は、「中請(情)剌《いそ》がず」に作る。『管子』の注には「中心安靜にして、留むる所の者無し」とある。「女色に形とり」は、「女節に刑り」に作る。刑は、法るの意。女節はほぼ雌節と同じ。本章「戰いには不敢を視し、不能を明執す」の二句は『管子』に無い。『管子』九守及び『六韜』文韜・大禮には皆な「安徐而靜、柔節先定」の語がみえる。『申子』大體に「故に善く主爲る者は、愚に倚り、不盈に立たず、不敢に設き、無事に藏る……」とあり、『淮南子』原道に「謂わゆる志弱くして事強なる者は、柔毳安靜にして、不敢に藏れ、不能に行う……」又た「是の故に聖人は清道を守りて雌節を抱き、因循して變に應じ、常に後にして先んぜず、柔弱以て靜か、舒安以て定まる」とある。文章はいずれも『帛書』に近似する。以上は底本注。『經法』本注、『管子』勢「弱節を守りて堅く之に處る」の注「柔弱の節を守りて、堅明以て自ら處るなり」をあげる。

(19) 胥雄節之窮而因之——底本注、胥は、待つの意で、『國語』越語下「其（敵人）の陽節を盡くし、吾が陰節を盈たして之が利を奪う」は、ここと意味が近い。『經法』本注、雄節が苦境に陥るときを待って機会に乗じてそれを滅ぼすという意味。

(20) 不□——陳氏は、欠字を「優」と推定する。

(21) 几（飢）不飴（怠）——旧本は、「□不飴」と釈文する。原本の写真版では、「几」字の下部の残片がある。『經法』本注、飴は怠の字に読むのではないか、懈怠の意味。

(22) 不廣（曠）其衆——底本注、『國語』越語下「其の衆を曠くする無かれ、以て亂梯と爲る」の韋昭注「曠は、空なり。……日を空しくし業を廢せ令むる無かれ、之を困乏せ使むれば、以て怨亂を生じ、禍の階と爲るなり」をあげる。『經法』本注、其の衆を曠しくせずは、多くの人の事業を荒廃させないこと。

(23) 不以兵邾——旧本は、「不爲兵邦」と釈文する。原本の写真版では、「不爲兵邾」と判読される。『文子』道德に「兵主と爲り、亂の首と爲る」とあり、帛書の「邾」の字は、「主」の字に読むべきだ。兵主は、戦争を発動する主導者。以上は底本注。旧本、『經法』本、余氏、陳氏は、「以」字を「爲」字と釈文している。原文の写真版では、明らかに「爲」である。

(24) 宛（怨）謀（媒）——『經法』本注、『經法』亡論注（13）を参照。

(25) 不擅斷疑——勝手きままに黒白つけがたい事の結論をださない。

(26) 宇——『經法』本注、国土のこと。

(27)　以隋（隨）天地之從（蹤）――自然界の運行の行跡に沿う。蹤は、迹。
(28)　逆節――道理に逆らった信条。
(29)　見地奪力――土地を調べて地力を使い尽くす。
(30)　飾（飭）之――『經法』本注、飭は、整治すること。
(31)　事環（還）克之――戦争は返って勝利する。事とは、祀りと戎のこととされる。ここでは、戎すなわち戦争と解する。
(32)　單（戰）朕（勝）不……殸（聲）章明――『國語』越語下に「死生は天地の刑に因り、天は人に因り、聖人は天に因る。人は自ら之を生じ、天地は之を形わし、聖人は因りて之を成す。是の故に戰いて勝ちて報《ほうふく》されず、地を取りて反《だつかい》されず。兵は外に勝ち、福は内に生ず。力を用うること甚だ少くして、名聲は章明なり」をあげる。以上は底本注。この数語はまた『國語』越語下にみえる。『淮南子』兵略にも「戰勝ちて報ぜられず、地を取りて反されず」の語がある。戦勝して報ぜられずは、戦争に勝利して、敵は報復できないこと。地を取りて反されずは、土地を取得して、敵に奪回されないこと。以上は『經法』本注。

第十五章　十　大[1]

〔現代語訳〕

道理に適っているか否かの実態を理解しようとすれば、名称詳しく調べ実質を考察しなければならない。実質は常に自ら決定する、そこで私は一層安静にしている。事柄は常に自ら行われる、そこで私は作為的なことはしない。安静でこちらからは積極的に動かない、来る者は来るに任せ、去る者は去るに任せる。内心は専一になれるか。内心は清静になれるか。成見に固執しないでいられるか、自ら選択し道理を尊重できるか。増えても減っても、何も存在しないように気にしない。万物が一斉に到来しても、私は必ずすべてに対応できる。私は過去のことを心に残さず、また古いものを保持しない。過去のことはすでに過ぎ去り、到来するものは新たなもの。新たなことも過去のことも心の安静を乱すことはない、私は巡り流れて〔滞らないで〕いるからである。《十か条の重要な基本》《経》すべてで四千六百……六字

欲知得失請（情）、必審名察刑（形）。形 ― 得失の情（請）を知らんと欲すれば[2]、必ず名を審かにし形（刑）を察

（刑）恆自定、是我兪（愈）靜。○事恆自㐌（施）、是我无爲。靜翳不動、來自至、去自往。能一乎、能止乎。能毋有己、能自擇而尊理乎。紆也、毛也、其如莫存。萬物羣至、我无不能應。我不臧（藏）故、不挾陳。鄉（向）者已去、至者乃新、新故不翏、我有所周。《十大》《經》凡四千六□□六

す。形（刑）恆に自ずから定まれば、是れ我は愈（兪）いよ靜か。○事恆に自ずから施《し》（㐌）かるれば、(3)是れ我は爲す无し。靜翳にして動かざれば、(4)來たるは自ずから至り、去るは自ずから往く。(5)能く一なるか、能く止まるか。能く己有るなきか、能く自ら擇びて理を尊ぶか。(6)紆《ふえ》るか、(7)毛《へ》るか、其れ存する莫きが如し。萬物群がり至るも、我能く應ぜざる无し。我は故《ふるき》を藏（臧）せず、陳《ふるき》を挾まず。向（鄉）(8)う者は已に去り、至る者は乃ち新たなり、新故翏《みだ》さず、(9)我は周《あまね》くする所有り。(10)《十ヶ條の大事》(11)《經》凡《すべ》てで四千□□六字。(12)

（1）　十大――『經法』本は、分段するのみ。余氏は、章名をつけないで次のようにいう。本章は、標題がない、その講じている内容の主なことは、「黄学」の清静無為の思想である「刑（形）恆に自ずから定まれば、是れ我れ愈いよ靜か、事恆に自ずから施せば、是れ我れ無為」を指摘し、黄学の清静無為の本質は名に循って実を責める条件下での各自の有為があって、はじめて上層の統治階級の無為が構成されることを掲げる。そこで「黄学」の無為と「老学」の無為は区別がある。陳氏は、本章は標題がないが、章首に「欲知得失、請必審名察刑」により、章名を〈名刑〉と補ったという。しかし李學勤氏の説では、この篇のみ章名がなく、篇名のみあるのはおかしいといい、この章は十か条の主張が述べられているとし、「十大」は章名だとする。章名と篇名が分かれないとすれば、確かに經法篇などとの整合性がない。

（2）　欲知得失請（情）――旧本は、「欲知得失」で句読を切り、「請」字は下句につける。陳氏は、これ以下を仮に「名刑」章と名づける。

（3）○事恆自㐌（施）——旧本は、「□事恆自㐌（施）」と釈文する。原本の写真版では、旧本で欠字とする箇所には判読不能の字があり、書き損じかと思われる。

（4）静翳不動——底本注、翳は、隠蔽のこと。『經法』本注、翳は、也の字に読む。余氏も、翳の字を也の字と解する。

（5）來自至、去自往——底本注、『淮南子』詮言「聖人は思慮無く、設儲無く、來る者は迎えず、去る者は將《おく》らず」は、ここと意味は近い。『經法』本注、来る者は来させ、往く者は往かせるの意味。

（6）能一乎……尊理乎——『莊子』庚桑楚「老子曰く、衛生の經、能く一を抱くか。能く失う勿きか。能く卜筮すること無くして吉凶を知るか。能く止まるか。能く已むか。能くこれを人に舍きてこれを己に求むるか」、『管子』心術下「能く專らなるか。能く一なるか。能く卜筮する毋くして吉凶を知るか。能く止まるか。能く已むか。能く人に問う毋くして自ら之を己に得るか」（同書・内業に類似の語あり）は、意味がこの文と近い。自ら択ぶとは「之を己に得る」の意味に他ならない。『荀子』正名に「離道を離れて内に自ら擇べば、則ち禍福の托する所を知らず」とある。以上は底本注。一は、專一、一心一意のこと。止は、喜怒の干渉をうけないこと。己を有つなかれは、主観的臆断をしないこと。自ら択んで理を尊ぶは、自分で選択し道理を尊重すること。以上は『經法』本注。

（7）⿰糸子也毛也——⿰糸子は、毛と対の言葉で、⿰糸子は裏の字に読み、毛は表の字に読む。『毛詩』小雅・小弁に「毛に屬がらず、裏を離れず」とある。「⿰糸子也毛也」は、すなわち裏を裏とし外を外とすること。一説では、⿰糸子は、孳の字に読み、毛は、耗の字に読む。「⿰糸子也毛也」は、生か死か或は増か減かの意に他ならない。以上は底本注。いま一説を採用する。『經法』本は、〈⿰糸子〉を〈緥〉の字に置きかえる。余氏は、「嬰児のように欲望が無く」の意味に解する。

（8）向（鄉）——旧本、『經法』本は、「向」を「嚮」の字に置きかえる。

（9）新故不翏——底本注、翏は、摎の字に読むのではないかといい、『太玄』塚「死生相い摎る」注「摎は、相い擾るを謂うなり」をあげる。「新故翏れず」と読んで、人の心と関係させない解釈も可能である。

（10）我有所周――周は、周流運転のこと。『荘子』應帝王「至人の心を用うるや鏡の若し、將《おく》らず迎えず、應じて藏せず、故に能く物に勝ちて傷かず」の意味は、『帛書』の以上の句と近い。以上は底本注。『經法』本注、窮まり尽きることがないの意。余氏は、周は、調の字に読み、選択の意とする。訓読すれば「我は周《えら》ぶ所有ればなり」となる。

（11）十大――大事な十ヶ條の意と解される。底本では「六」と釋文している。帛書は「大」と写しとっているが、末筆が連接していないので、「大」の字とは同じかどうか微妙である。帛書『周易』類の古佚書『要』『繆和』『昭力』等の篇中の「六」の字は皆な此のように書いていて、いまそれによって書き定めると「六」と読める。この書は十四篇半あるに過ぎないので、十六の数に足りないが、恐らく竹簡の編纂のとき錯乱したり、あるいは亡佚したためであろうともいわれる。以上は底本注。しかし李學勤はここを「十大」と釋文して、章名だとし、後につく「經」字は全体の篇名だとする。そうすれば「經法」篇とも合致し全体の整合性も得られる。ほかの解説は本篇冒頭の注を参照のこと。

（12）四千六□□六――旧本、『經法』本は「四千□□六」と釈文する。原文の写真版では、「千」字の下の「六」は判読不能。

〈篇〉第三 『稱[1]』

〔現代語訳 1〕

道の存在の始まりは解らないが反応はある。道がまだ存在しない時は、無いのだし、道が既に存在するようになれば、現にある通りだ。物が存在するようになるときは、先ずその形として顕れる。その形ができあがると、其の名前が付けられる。そのことは何を意味するのであろう。・私欲を肥やせば権威を傷つける。欲望を放任すれば法令に触れる。従わなければ道を損なう。以上の三者をしばしば行えば、自身の安全すら保てない、どうして国を守ることができよう。・非常な事態の場合は特殊な手段を執り、正常な事態の場合は正常な手段を執り、特殊と正常とは、何時でも同じ次元にはない。・そもそも変化の原則は、増えないときには減るし、進まないときには退く。改変を始める者には禍がふりかかる。・測量器で測量すれば誤りがなく、計測器で観測すれば間違わず、法律を考慮しながら治めれば国は混乱しない。

道无始而有應。其未來也、无之、其已來、如之。有物將來、其刑（形）先之。建以其刑（形）、名以其名。其言胃（謂）何。・環□傷威。㐌（弛）欲傷法。无隋（隨）傷道。數舉參（三）者、有身弗能葆（保）、何國能守。【・】奇從奇、正從正、奇與正、恆不不同廷。・凡變之道、

道は始め无くして應有り。(2) 其の未だ來たらざるや、之れ无し（之れを无しとし）、其の已に來るや、之《かく》の如し。物有り將に來たらんとするや、其の形（刑）之に先んず。建つるに其の形（刑）を以てし、(3) 名づくるに其の名を以てす。其の言何を謂（胃）うや。□を環《しげ》くせば(4) 威を傷つく。欲を弛《ほしいまま》（㐌）にせば(5) 法を傷つく。隨《こぼつ》（隋）无ければ道を傷つく。(6) 數《しば》しば三（參）者を舉《おこ》なえば、(7) 身有るも保（葆）つ能わず、何ぞ國を能く守らん。(8)【・】奇は奇に從い、(9) 正は正に從い、奇と正は、

非益而損、非進而退。首變者凶。・有義（儀）而義（儀）則不過、侍（恃）表而望則不惑、案法而治則不亂。

恆に廷を同じくせず。[10]・凡そ變の道は、益するに非ずして損し、進むに非ずして退く。[11] 變を首《はじ》むる者は凶なり。・儀（義）有りて儀《のっと》（義）れば則ち過たず、[12] 表を恃（侍）みて望まば則ち惑わず、法を案じて治むれば則ち亂れず。[13]

（1）稱――『經法』道法「化に應ずるの道は、衡を平らかにして止む、輕重稱わざる、是れ失道と謂う」、『管子』霸言「夫れ神聖は天下の形を視、動靜の時を知り、先後の稱を視、禍福の門を知る」、はいずれも「稱」の重要性を強調したもので、参考にすべきだ。以上は底本注。『老子』乙本第三番目の佚書。篇中に「其の名を審らかにし、稱を以て之を斷ず」とあるので、篇名とした。この篇は非常に多くの格言に類した話を集めており、反映する思想はおおむねこれまでの二種の佚書と同一体系である。以上は『經法』本注。『稱』は古佚書『黃帝四經』の第三の篇である。この篇は小節に分けないが、小円点で段落を分けていて、本書は主に統治策の「度」と「極」を講ずる。国家を治めるには儀表法制が無ければならず、これが「度」である。「儀（義）有りて儀（義）すれば則ち過またず、表を待（恃）ちて望めば則ち惑わず、法を崇とびて治むれば則ち亂れず」であり、又君主の人民に対する取予は、国家の安危に対して重大な関係があると考える、そこで「取予當れば、立ちて□王と爲る。取予當らざれば、流れて死亡に之《ゆ》く」という。総括すれば、国家を治め政策を執行する上ですべて「天極を失う毋く、數を究（廏）めて止む」のである。もしも極を過ぎ度を失すれば、敗亡を招くことになる。注目に値するのは、篇末で陰陽思想を各領域で貫徹させ、戦国から秦漢時に至る政治理論、学術思想のために新たな研究領域を開き、その影響は窮めて深く広い。以上は余氏の提要。なお、この篇をさらに深く考究する場合には、李學勤「《稱》篇與《周祝》」（『道家文化研究』第三輯所收、一九九三年）を参照されたい。

（2）道无始而有應――陳氏は、無始は、無端に他ならない、限界がないこととし、『經』前道「道は原有りて端無し」、

『管子』幼官「無端より始まるは、道なり」をあげる。應は、反應。
（3）建以其刑（形）——余氏は、建は、依拠する意味だという。
（4）環□——「環」の下の残欠の字は、私の字ではないか。『管子』君臣下「上下を兼ね以て其の私を環《いとな》む」、『韓非子』人主「其れ當途の臣は勢を得て事を擅にし以て其の私を環む」などとあり、皆な環私と威勢とを対にしている。環私は、営私すなわち私的な利益をはかるの意味。『管子』七法「百匿は上の威を傷つく」の尹知章注「百官、皆な情を匿し私を爲さば、則ち上の威は傷つく、を言う」とある。以上は底本注。『經法』本は、欠字のまま。余氏は、欠字を「刑」と推定し、「環刑」と解し、繁刑の意味だという。陳氏は、欠字は「私」でも「刑」でも通ずるという。残欠の字は、原本の写真版ではほとんど欠字で判読できない。いま底本に従う。
（5）乍（弛）欲——『經法』本注、弛欲は、縦欲。
（6）无隋（隨）傷道——隋は、墮の字に読むのではないか。『説文』に「墮は、相い毀つなり」とある。ここは、もし反対意見が無ければ、道はなかなか発展して完全にはならないことを言っている。以上は底本注。旧本ほかすべては、「隋」は、隨《したがう》と解釈する。
（7）數擧參（三）者——『經法』本注、挙は、行う、「數擧三者」は、しばしば以上の三項のことをなすこと。余氏は、三者は、環□・乍（弛）欲・无隋（隨）だという。
（8）何國能守——『經法』本注、国家はどうしたら保持できるか。
（9）奇從奇——奇は、不正、正常でないの意。
（10）恆不不同廷——「恆」の下の一「不」字は余計である。廷を同じくしないとは、同じ位階には立たないこと。以上は底本注。陳氏は、『經法』道法「正奇に位有り」をあげる。
（11）凡變之……進而退——底本注、『德』「道を爲むる者は日に損し」（現『老子』四八）、また『德』「進む道は退くが若し」（現『老子』四八）をあげる。余氏は、「變」は、運動変化の意味に取る。陳氏は、『經法』道法「恆を變え度を過ぐれば、奇を以て相い禦す」をあげ、変化に対応する方法は、謙抑退譲し、虚静無為だとする。

(12) 有義（儀）而義（儀）則不過――『經法』本注、第二番目の儀は動詞で、測量の意味。余氏も、上の儀の字は、測量の道具、基準、下の儀の字は動詞で、測量する意味だという。陳氏も同じく第二の儀の字は、測量するの意味といい、また儀・表・法は、損・退を承けてのものという。

(13) 侍（侍）表而……則不亂――旧本は、「侍（侍）」を「侍（待）」と釈文する。『鶡冠子』天権「彼《か》の表を立てて望む者は惑わず、法を按じて割く者は疑わず」、『淮南子』説林「衡を懸けて量れば則ち差わず、表を植てて望めば則ち惑わず」がある。儀と表は、古代の高低遠近を測定し方位を定める道具。以上は底本注。余氏も、「侍」を待と解釈する。『經法』本および陳氏は、底本に同じ。

〔**現代語訳　2**〕

・聖人は自分が先頭にたたず、自分本位にならず、謀略をめぐらさず、得をしようとはせず、幸運を辞退はしないで、自然の法則に因り従う。・其の天すなわち自然の法則を破る者は死に、自分の主人を欺く者は死ぬ。自分の上に立つ者と対等になろうとする者は危険である。・心が望む所に志は向かい、志が望む所に力は注がれる。そこで巣に住み着く者は風を察知し、穴に住む者は雨を予知するのは、心配ごとがあるからである。心配すれば……、安心すれば永く止まる。命令することができない者は臣下とすることはできない。・帝なる者の臣下は、名前は臣下だが、実際は先生である。王なる者の臣下は、名前は臣下だが、実際は友人である。覇者の臣下は、〔名前は臣下だが、〕実際は賓客である。滅亡の危険にある国の臣下は、名前は臣下だが、実際は雇用人である。滅亡する国の臣下は、名前は臣下だが、実際は奴隷である。

耶（聖）人不爲始、不剸（專）己、不豫謀、不爲得、不辭福、因天之則。・失其天者死、欺其主者死。翟其上者危。・心之所欲則志歸之、志之志之所欲則力歸之。故巢居者察風、穴處者知雨、憂存故也。憂之則□、安之則久。弗能令者弗得有。・帝者臣、名臣、其實師也。王者臣、名臣、其實友也。朝（霸）者臣也、其實【賓也。危者】臣、名臣也、其實庸也。亡者臣、名臣也、其實虜也。

聖（耶）人は始めを爲さず、己を專（剸）らにせず(14)、謀りごとを豫めせず、得を爲さず、福を辭せず、天の則《のり》に因る。・其の天を失う者は死し、其の主を欺く者は死す。其の上に翟する者は危うし(15)。・心の欲する所は則ち志之に歸し(16)、志の欲する所(17)は則ち力之に歸す。故に巢居する者は風を察し、穴處する者は雨を知るは(18)、憂い存するが故なり。之を憂うれば則ち□(19)、之に安んずれば則ち久し。令する能わざる者は有つを得ず(20)。・帝者の臣は、名は臣なるも、其の實は師なり。王者の臣は、名は臣なるも、其の實は友なり。霸（朝）者の臣は、〔名は臣なるも、〕其の實は【賓なり。危うき者】の臣は(21)、名は臣なるも、其の實は庸なり。亡ぶ者の臣は、名は臣なるも、其の實は虜なり(22)。

(14) 不爲始不剸（專）己――底本注、『淮南子』詮言「聖人は……始を爲さず、己を專らにせず、天の理に循い、謀りごとを豫めせず、時を棄てず、天と期を爲し、得るを求めず、福を辭（辭）さず、天の則に從う」をあげる。先に動かない、自分の意見に固執しないことをいう。

(15) 翟其上者危――翟は、敵の字に讀むべきではないか、匹の意味。また失と死、翟と危は皆な同韻であることから、第二句は当然誤字があろう、原文は「欺其主者殆」とあったのではないか。以上は底本注。翟は、耀の字に読むのではないか、超越のことで、『匡謬正俗』六「違とは、超逾して次第に依らざるを謂う」とある。一説では翟は耀の字に読み、名声が上位者より高いことを指すという。以上は『經法』本注。余氏は、「天」「主」「上」は、ひとしく君主を指すとし、翟は狄に通じ、狄はまた易と通じ、軽慢の意とする。陳氏は、超越の意とする。

(16) 志歸之——志向する。

(17) 志之志之所欲——底本注は、「志之」二字は重出していて、余計な文字であるという。

(18) 巢居者……者知雨——底本注は、『漢書』巻七五翼奉傳「猶お巢居して風を知り、穴處して雨を知る」をあげる。

(19) □——欠字を、旧本は「取」と釈文する。余氏は、「取」と、陳氏は、「存」と推定する。原本の写真版の残欠字は「取」とも「存」ともとれる。

(20) 弗能令者弗得有——陳氏は、令は、領で理解、領会の意、有は、保有の意という。さらに令は、本来の解釈では善と解釈できるとし、「うまくこの問題に対応できなければ、わが身をも保てない」と訳す。

(21) 其實【賓也危者】臣——旧本は、「賓也危者」を欠文とする。原本の写真版では、四字欠文。「臣」字も右辺の残欠がわずかにあるのみ。旧本の欠文とした四字を『説苑』君道により「賓也危者」と補ったと思われる。

(22) 帝者臣……實虜也——底本注、『説苑』君道「郭隗《かくかい》曰く、帝者の臣は、其の名は臣なるも、其の實は師なり。王者の臣は、其の名は臣なるも、其の實は友なり。霸者の臣は、其の名は臣なるも、其の實は賓なり。危國の臣は、其の名は臣なるも、其の實は虜なり」をあげる。『經法』本注、『説苑』のほか、『戰國策』燕策一、『鶡冠子』博選、『賈子』官人、『韓詩外傳』とおおむね同じという。『説苑』の著者劉向は『稱』のこの文を見たと思われる。また、「朝（霸）者臣」の下「名臣」の二字が脱落していると思われる。帝、王、霸、危という序列は、何時頃からのものか不明だが、『史記』で五帝本紀から次いで三王朝の本紀の順序になっていることからみると、前漢初期までには固定したと思われる。『孟子』などでは王、霸の序列がみえ、『荀子』になると、王、霸、彊の序列がみえる。

〔現代語訳 3〕

・自分を誇大に宣伝する者は、他人は絶交するし、……人は、生前は危険に曝され、死後は侮辱される。平生は自然の法則に違反しないようにするが、困難な時は時期を選んではいられない。・俸禄を受け取らない者は、天子は臣下とはできない。俸禄が少ない者は、危難に参加させられない。そこで自分の為に行動する人を使い……。隆盛極まりない国には仕官しないし、隆盛極まりない家には娘を嫁入りさせないし、……軽んずる人は交友としない。・……けじめもなく軍事行動を停止したり、けじめもなく軍事行動を始めたりしない。軍事行動はやむを得ずどうしてもという時点で起こすものである。・天すなわち自然の運行の基づくところを知り、大地の法則を考察して、聖人は天地自然の基本法則を総括的に秩序立て、広く独自の見解を持ち、……独……他に依存することなく存在する

自光（廣）者人絶之、□□人者其生危、其死辱翳（也）。居不犯凶、困不擇時。・不受祿者、天子弗臣也。祿泊（薄）者、弗與犯難。故以人之自爲、□□□□□□□□□。【・】不士（仕）於盛盈之國、不嫁子於盛盈之家、不友□□□易之【人】。【・】□□不埶偃兵、不埶用兵。

自ら廣《おおい》（光）なりとする者は人之を絶ち[23]、□□人は其の生くるや危うく[24]、其の死するや辱めらる[25]。居りては凶を犯さず、困しみては時を擇ばず[26]。・祿を受けざる者は、天子は臣とせざるなり。祿薄（泊）き者は、難を犯すに與からず[27]。故に人の自ら爲すを以《もち》い、□□□□□□□□□[28]。【・】盛盈の國に仕えず、子を盛盈の家に嫁せず、□□□易の【人】を友とせず[29]。【・】□□[30]埶《みだ》りに兵を偃《やめ》ず、埶りに兵を用いず[31]。兵とは已むを得ずして行う[32]。・天の始むる所を知り、地の理を察し、

兵者不得已而行。・知天之所始、察地之理、耶（聖）人槩論天地之紀、廣乎蜀（獨）見、□□蜀（獨）□□□□□□□蜀（獨）在。

聖（耶）人は天地の紀を槩論《びりん》し、(33)廣乎として獨（蜀）見し、(34)□□獨（蜀）□□□□□□□蜀（獨）在す。(35)

(23) 自光（廣）者人絶之——余氏は、「光」字は「廣」の錯字ではないようだ、『説文』「燿は、光なり」、『玉篇』「燿は、燿光なり」とあり、燿は耀と同じ、自光は、自分で自分自身を衒うことという。

(24) □□人者其生危——原本の写真版では、二字欠字。陳氏は、欠字を「驕溢」だと推定する。

(25) 其死辱翳（也）——底本は、「翳」字は、也と釈して、句読をきる。旧本、翳居と句読し、隠居の意に解する。『經法』本注、也の字に読むのではないか。余氏は、翳は、自ら倒れ死ぬことという。

(26) 居不犯凶困不擇時——余氏は、居は、閑居、凶は、時期に会わないこと、『周書』武順に「天に四時有り、時ならざるを凶と曰う」とある。陳氏は、居は、安または治とし、擇は、釋で放棄の意とする。陳氏の説によれば「順境にあっては妄りに乱をなして凶禍を取らず、逆境では自信を喪失して機会を放棄しない」と訳せる。

(27) 弗與犯難——余氏は、犯難は、為難だとし、さらに次の注（28）に引く『愼子』因循をあげ、ここの意味と同じという。

(28) □□□□□□□□□——欠字は、九字。旧本は、八字の欠字とする。原本の写真版では、他の行との比較で八字とも九字とも推定できる。底本注、『愼子』因循「是の故に先王は、祿を受けざる者は臣とせず。祿厚からざる者は、難に入るに與らず。……故に人の自ら爲すを用い、人の我が爲にするを用いざれば、則ち得て用うべからざるは莫からん」（『羣書治要』巻三十七の引用に拠る）をあげる。陳氏は、欠文を「也不以人之爲我也」と推定する。

（29）盛盈之……易之【人】――底本注、『管子』白心「滿盛の國は以て仕任す可からず、滿盛の家は以て子を嫁す可からず、驕倨傲暴の人は與に交る可からず」をあげる。旧本、底本ともに三字の欠文とするが、原本の写真版では欠文は四字。陳氏は、ここの欠文は、「驕倨慢」と推定する。盛盈の國は、隆盛で満ち足りた国。

（30）【・】□□――旧本は、三字の欠文とする。原本の写真版では、中黒点を含めて三字の欠文と推定できる。陳氏は、欠字を「聖人」と推定する。

（31）不埶偃兵不埶用兵――埶は、暬の字に読む。『説文』に「暬は、日に狎習して相い慢るなり」とあり、古書では通じて褻の字に用いた。偃は、止めること。「偃兵」と「用兵」は対の言葉で、その説は戦国時代に盛んに使われた。『莊子』徐無鬼「（魏）武侯曰く、吾は民を愛して義の爲に偃兵せんと欲す」、『呂氏春秋』蕩兵「古の聖王は義兵有りて偃兵有る無し」、同書・審應覧「趙惠王、公孫龍に謂いて曰く、寡人は偃兵を事として、十餘年なるも成らず」、又た應言「公孫龍燕昭王に説くに偃兵を以てす」などとある。魏の武侯、趙の惠文王、公孫龍などは、想うにみな「偃兵」に馴染んでいた。「用兵を褻さず」とは、すなわち後世の「黷武」を戒めるの意。以上は底本注。『經法』本注、埶はすなわち藝の字で、『左傳』昭公十三年の服虔注に「藝は、常なり」とあり、偃兵は、用兵の停止。

（32）兵者不得已而行――底本注は、『道』（甲本）「故に兵なる者は君子の器に非ざるなり、不祥の器なり、已むを得ずして之を用う」（現『老子』三一）をあげる。

（33）耶（聖）人麋論天地之紀――底本注、麋論は、彌綸の字に読むとし、『易』繫辭上「故に能く天地の道を彌綸し」の孔穎達疏「彌は彌縫補合を謂い、綸は經綸牽引を謂う」をあげる。『經法』本注、弥綸は、包括、統摂のこと、紀は、綱紀のこと。聖人は、道徳的に最も高尚で、知的にも最も優れる人。

（34）廣乎蜀（獨）見――広大で独特の見解があるの意か。

（35）□□蜀（獨）□□□□□□□蜀（獨）在――旧本は、「在」の前まで十一字の欠文とする。原本の写真版では、後の

「蜀（獨）」は確認できるが、前の残欠字は判読しがたい。陳氏は、ここはすべて四字句だと推定し、『經法』六分に「獨知」の例があるとして、第一句は「卓乎蜀（獨）知」、第二句は「□乎獨□」、第三句は「□乎獨在」と推定し、ここの文意は、聖人は天道に従うので、遠見卓識で、かつ恬然自在だと推測する。

〔現代語訳 4〕

・天子の領土は千里四方の広さであり、諸侯は百里四方の広さであるのは、相互に連携し対応するためである。それゆえ天子を擁立するのは、諸侯は天子と紛らわしくないようにするためである。正当な嫡男を後継者に決めるのは、多くの庶子たちが嫡子と紛らわしくないようにするためである。正妻を決めるのは、側仕えの女たちが正妻と紛らわしくないようにするためである。紛らわしければ互いに傷つくこととなり、同等に扱えば互いに敵対することになる。・時期が熟して実行すべき時には、速やかに対応して言葉で言う必要はない。時期がまだ熟さず実行できない時は、門戸を閉ざして、手がかりを見せてはならない。・天は暑さ寒さを統御し、地は高低を統御し、人は収奪と施予とを統御する。収奪と施予とが適正であれば、推挙されて……王と為ることができる。収奪と施予が適正でなければ、身は死に国は滅亡する結末に至る。天は報復としての処罰を行い、彼は〔不適当な行動のために〕返って天の災禍を被ることになる。

天子之地方千里、諸侯百里、所以朕合之也。故立天子【者、不】使諸侯疑焉。立

天子の地は方千里、諸侯は百里[36]、之を朕合[37]する所以なり。故に天子を立つる【者は】、諸侯をして疑せ使め【ず】。正嫡（敵）を立つるは、

正敵（嫡）者、○不使庶孼疑焉。立正妻者、不使婢（嬖）妾疑焉。疑則相傷、雜則相方。・時若可行、亟應勿言。【時】若未可、塗其門、毋見其端。・天制寒暑、地制高下、人制取予。取予當、立爲□王。取予不當、流之死亡。天有環（還）刑、反受其央（殃）。

○庶孼をして疑せ使めず。正妻を立つるは、嬖（婢）妾をして疑せ使めず。疑すれば則ち相い傷つけ、雜《まじ》うれば則ち相い方《なら》ぶ。(38)・【時】若し行う可くんば、亟《すみ》やかに應じて言う勿れ。時若し未だ可ならざれば、(39)其の門を塗《とざ》し、(40)其の端(41)を見《あらわ》す毋れ。・天は寒暑を制《さだ》め、地は高下を制め、人は取予を制む。(42)取予當れば、立ちて□王と爲る。(43)取予當たらざれば、流れて死亡に之く。天に還（環）刑有りて、反って其の殃《わざわい》（央）を受く。(44)

(36) 天子之……侯百里――陳氏は、『孟子』告子下「天子の地は方千里、千里ならざれば、以て諸侯を待するに足らず。諸侯の地は方百里、百里ならざれば、以て宗廟の典籍を守るに足らず」をあげる。

(37) 朕合――底本注、朕の本義は、舟縫の意味で、「朕合」は、彌縫とほぼ同じで、ここは団結を維持して、分裂させないこと。『經法』本注、朕合は、縫合の意ではないか。陳氏は、朕は、聯繫、合は、対応の意味だとする。

(38) 立天子……則相方――原本の写真版では、「者不」の二字は欠文。○印は、原本の写真版では、残欠字らしいものは認められるが、塗抹の跡とは認められない。疑は、いずれも擬《なぞらえる》の字に読み、相い比べ擬えることをいう（『韓非子』説疑を参考のこと）。『愼子』徳立「天子を立つるは、諸侯をして疑せ使めず。諸侯を立つるは、大夫をして疑せ使めず。正妻を立つるは、嬖妾を疑せ使めず。嫡子を立つるは、庶孼をして疑せ使めず。疑すれば則ち動き、兩なれば則ち争い、雜うれば則ち相い傷つく」（『羣書治要』巻三十七の引用に拠る）をあげる。以上は底本注。疑は儗の字に読むのではないか。権力や地位が同等であること。方は、妨の字に読む。この段は、また『愼子』徳立のほか『韓非子』説疑「故に曰く、孽に適に擬するの子有り、配に妻に擬するの妾有り、廷に相に擬するの臣有り、臣に主に擬するの寵有る。此の四者は、國の危うき所なり」とみえ、『管子』君臣下、『呂氏春秋』愼勢はほぼ同じ。『左氏傳』閔公二年「内寵は后に竝び、外寵は政を二にし、嬖子は適に配し、大都は國に耦《なら》ぶは、亂の本なり」をあげる。以上は『經法』本注。陳氏は、方は妨に通じ、また方は逆の意味になるという（『孟子』梁惠王下）。

(39) 亟應勿言【時】若未可——旧本は、「應勿言」の三字を欠文とする。原本の写真版では、「勿言」はほぼ確認できるが、「應」「時」は残欠が甚だしく判読できない。陳氏は、亟は、ただちにの意とする。

(40) 塗其門——『經法』本は、「涂其門」と釈文し、注で、涂はすなわち塗の字で、閉ざす、塗り塞ぐのことという。陳氏は、『徳』「其の兌を塞ぎ、其の門を閉ざす」（現『老子』五二）の王弼注「門は、事欲の由従《よ》る所なり」をあげる。

(41) 其端——『經法』本注、端は、苗頭。余氏は、端は、端緒ともいう。

(42) 人制取予——陳氏は、制は、押さえる、掌握する意という。

(43) 立爲□王——原本の写真版では、「之」字に近い残欠か。陳氏は、『道原』「聖王此れを用い、天下服す」を参考にして、欠字を「聖」と推定する。Y氏は、欠字を「之」と推定し、「立之爲王」が本来の文だと推定する。「流之死亡」を参考にする。

(44) 取予不……受其央（殃）——『國語』越語下に「時を得て成さざれば、反って其の殃を受け、徳を失い名を滅ぼし、流走して死亡す。奪有り予有り、予えざる有り……」、また「時を得て成さ弗れば、天に還形（刑）有り」とある。以上は底本注。『經法』本注、『國語』は、この段と意味が近く、還刑はすなわち反刑。余氏は、還刑は、反刑で、反って天の懲罰を受ける意味だという。陳氏は、環は、天道の循環運動で、いわゆる『經』姓争の「天稽は環周す」であり、『國語』越語下「……流走死亡す。奪有り予有り」「……天に還形有り」をあげる。

〔現代語訳 5〕

・世の中の恒常不変の基準が駄目ならば、法制を廃して個人の意向を立てたらよい。個人的意向を立てて駄目ならば、そこで災禍が生ずる。・ある国に其の国の存続する条件が整っていれば、天下の他の国々は滅ぼすことはできない。ある国に其の国が将来滅亡する条件が揃っていれば、天下の他の国々は存続させることはできない。・活動すべき決定的な時期が到来しなければ、隠退して道徳の修養に努め、活動すべき決定的な時期を得たならば、自らの道徳を広める。浅……以力、成功を収めたうえで、再び自らの初めの静隠に戻れば、誰も自分に代わることはできない。・諸侯は仇をかえさず、恥を雪《すす》ごうとしないで、ひたすら……所在・優れた人を妬み、公平善良なものを蔽い隠し、善良を損なう者は、その官位の等級を下げ、遠ざけないと、災禍が起こるであろう。

世恆不可、擇（釋）法而用我。用我不可、是以生禍。・有國存、天下弗能亡也。有國將亡、天下弗能存也。・時極未至、而隱於德。既得其極、遠其德。○淺□以力、既成其功、環（還）復其從、人莫能代。・諸侯不報仇、不脩佴（恥）、唯□所在。・隱忌妒妹賊妾如此者、下其等而遠

世の恆、不可なれば、法を釋《す》（擇）て我を用いよ。(45)我を用いて不可なれば、是《ここ》を以て禍いを生ず。(46)・國存すること有れば、天下亡ぼす能わざるなり。國將に亡びんとすること有れば、天下存する能わざるなり。・時の極未だ至らざれば、而ち德に隱る。既に其の極を得れば、其の德を遠《ひろ》む。(47)○淺□以力、(48)既に其の功を成し、還《ま》（環）た其の從を復《ふ》めば、人能く代わる莫し。(49)・諸侯は仇に報いず、恥（佴）を脩《おさ》めず、唯□在る所。(50)・隱忌、妒妹、賊妾(51)の此《か》くの如き者は、其の等を下して

其身。不下其德等、不遠其身、禍乃將起。――其の身を遠ざく。其の等を下さず(52)、其の身を遠ざけざれば、禍い乃ち將に起らんとす。

(45) 世恆不可擇(釋)法而用我――『經法』本注、釈法は、法を用いない意。底本、旧本、『經法』本は、「世恆不可」で句読を切るが、余氏、陳氏は続けて読む。従ってここの二句は「世は恆に法を釋てて我を用う可からず」とも読める。

(46) 用我不可是以生禍――「我を用いるの不可なるは、是れ禍を生ずるを以てなり」とも読める。陳氏は、『韓非子』大體「禍福は道法より生じて愛悪より出でず」をあげ、ここの禍福は福を指すとし、福と道法、禍と愛悪とつながるという。

(47) 時極未……遠其德――底本注、『管子』勢に「未だ天極を得ざれば、則ち德に隱る。已に天極を得れば、則ち其の力を致す。既に其の功を成し、其の從を順守すれば（王引之は、順は則とすべきだという）、人は代る能わず」をあげる。

(48) ○淺□以力――旧本は、「□淺□以力」と釈文する。原本の写真版では、「淺」字の上は、欠字ではなく、塗抹の字と推測される。陳氏は、欠字を『管子』勢により、「致」字と推定する。またその上の「淺」字を「踐」の誤りとする。『經法』本注、極は、法則。

(49) 環(還)復其從人莫能代――『經法』本注、從は、踪の字に読む。陳氏は、從は、蹤の字に読む、代は、殆の字に読むのではないかといい、『淮南子』説山の高誘注「殆は、危害なり」をあげる。陳氏の説によれば「人は危害を加えることはできない」と訳せる。

(50) 不脩佴(恥)唯□所在――底本注、脩は、滌の字に読むのではないか。『經法』本注、修は、滌の字に読むのではないか、耻を滌ぐは、恥を雪ぐこと。『道』「玄覧を滌除し」(現『老子』一〇)とあり、『道』甲本・乙本は「滌」を「修」に作る。『周禮』春官・司尊彝の鄭玄注、参照。欠字について『孟子』離婁下「大人なる者は、……唯だ義の在る所」をあげる。以上は陳氏注。

（51）隱忌妒妹賊妾――『荀子』致仕「隱忌雍蔽の人、君子は正しとせず」、大略「公を蔽う者之を昧《まい》と謂い、良を隠す者之を妒《と》と謂い、妒昧を奉ずる者、之を交譎《こうきつ》と謂う。交譎の人、妒昧の臣は、國の孽蔵なり」とある。妒妹は、ほぼ妒昧と同じである。以上は底本注。『經法』本注、隱忌は、賢才を嫉妬すること、妒妹は、妒昧で、賢才を嫉妬し、君主を蒙蔽すること、『莊子』漁父「交りを析き親を離つ、之を賊と謂う」をあげる。陳氏は、『荀子』修身「良を害する賊と曰う」をあげる。

（52）不下其德等――底本注、「德」の字は余計ではないか。

〔現代語訳 6〕

・国内が和合していなければ、国外のことを論ずることはできない。細かいことを明察していなければ、大きな事を論ずることはできない。・利得が倍増しなければ、褒賞も倍にはできない。角を持つ動物には上顎の門歯や犬歯がない。・正義の名目を掲げて討伐すれば、目的を達したら討伐は止める。・実の入った穀物は華美ではなく、最も深遠な言葉は粉飾がなく、最高の楽しさは笑うという表現はとらない。花の類には、〔必ず果実ができ、果実の中には〕必ず核《たね》があり、核の中には〔果実の核の内部である〕仁がある。・天地自然の法則は、左右があり、牝牡がある。伸び伸びとことを為し、終始は人間の意向に因らない。〔天地自然の法則による〕。雷をば乗り物である車とし、雲を馬とする。行く時は行き、止まる時は止まる。行った所ではその土地から資材をとり、その土地の民衆を兵士として軍隊を補充する。状況に順応できなければ、好い結果を得ることはできない。

・内事不和、不得言外。細事不察、不得言【大】。・利不兼、賞不倍。戴角者无上齒。・提正名以伐、得所欲而止。・實穀不華、至言不飾、至樂不笑。華之屬、必有覈（核）、覈（核）中必有意。・天地之道、有左有右、有牝有牡。誥誥作事、毋從我冬（終）始。雷□爲車隆隆以爲馬。行而行、處而處。因地以爲齎（資）、因民以爲師。弗因无褁也。

内事和せざれば、外を言うを得ず。細事察せざれば、【大】を言うを得ず。・利兼ねざれば、賞倍せず。[53] 角を戴く者は上齒无し。[54] ・正名を提して以て伐たば、欲する所を得て止まる。・實穀は華ならず、至言は飾らず、至樂は笑わず。[55] 華の屬は、必ず核（覈）有り、核（覈）中に必ず意有り。[56] ・天地の道は、左有り右有り、牝有り牡有り。[57] 誥誥として事を作し、[58] 我が終（冬）始に從う毋し。雷□車と爲し隆隆以て馬と爲す。[59] 行けば而ち行き、處れば而ち處る。地に因りて以て資（齎）と爲し、民に因りて以て師と爲す。[60] 因らざれば褁《よ》る无きなり。[61]

（53）利不兼賞不倍――底本注、『説苑』談叢に「利兼ねざれば、賞倍せず」をあげる。『經法』本注、兼は、倍増すること。陳氏は、この二句は「賞倍せざれば、利兼ねず」とすべきではないか、君主の施賞が豊富でないと、利を獲ることも少いの意だという。

（54）戴角者无上齒――底本注、『淮南子』地形「四足なる者は羽翼無く、角を戴く者は上齒無し」をあげる。『經法』本注、『呂氏春秋』博志「凡そ角有る者は上齒無し、果實繁なる者は木必ず庳《さが》る」をあげ、『淮南子』地形、『大戴禮記』易本命はほぼ同じ、牛の上顎には門歯がなく、ここは牛を指していう。余氏、陳氏は、ほかに『春秋繁露』度制「角有れば上齒有るを得ず」、『漢書』巻五六董仲舒傳「之に齒を予うる者は其の角を去る」をあげる。

(55) 實穀不……樂不笑――底本注、『列女傳』巻三「實穀は華ならず、至言は飾らず」、『淮南子』説林「至味は慊らず、至言は文らず、至樂は笑わず、至音は叫ばず」をあげる。陳氏は、ほかに『莊子』知北遊「至言は言を去る」、至樂「至樂は無樂」をあげる。『黃帝内經素問』五常政大論「其の實は濡核」の注参照。もとは「華の屬は、必ず實有り、實の中には必ず核有り、核の中には必ず意有り」と作ったのではないか。意は、蕙と同じで、核仁すなわち核の内部。

(56) 𣪆（核）中必有意――『爾雅』釋草に「荷……其の實は蓮、其の根は藕、其の中は的、的の中は蕙」疏引く陸機の『毛詩草木鳥獸蟲魚疏』に「的中に靑有るを蕙と爲す、味は甚だ苦し。故に俚語に云う、苦きこと蕙の如し、とは是れなり」をあげ、帛書の意の字は、意味が関係する。以上は底本注。『經法』本注、華は花、核は果実、意は果仁、帛書の意の字は、双関語。

(57) 天地之……牝有牡――底本注、『國語』越語下「凡そ陣の道は、右を設けて以て牝と爲し、左を益して以て牡と爲す」の韋昭注「其の牝牡を陳ねて之を相い受け使め、陰に在るを牝と爲し、陽に在るを牡と爲す」、『淮南子』兵略「いわゆる地の利なる者は、生を後にして死を前にし、牡を左にして牝を右にす」をあげる。陳氏は、ほかに『道』「君子、居らば則ち左を貴び、兵を用うるには則ち右を貴ぶ」「吉事は左を尚び、凶事は右を尚ぶ」（現『老子』三一）をあげる。『春秋繁露』基義にも「凡そ物には必ず合有り。合は、必ず上有り、必ず下有り、必ず左有り、必ず右有り、必ず前有り、必ず後有り、……此れ皆な其の合なり也」とある。

(58) 誥誥作事――底本注、誥誥は、皓皓の字に読む、光明正大のことという。余氏は、誥誥は、浩浩で、広大の貌とし、作事は、兵を起こすことを指すという。陳氏は、誥誥は、衆多の意で、「浩浩作事」はすなわち一切の行事だとする。

(59) 雷□爲車隆隆以爲馬――旧本は、「雷」を「靁」と釈文する。原本の写真版では、「靁」の下は欠字。底本注、『淮南子』原道「雷は以て車輪となす」をあげ、ここの両「隆」字は、上の「隆」は輪の字の誤り、下の「隆」は龍の字の仮借。欠字を「以」字と推定。ここでは一「隆」字が余計ではないかとし、「雷以爲車、隆以爲馬」であれば文章が正しく揃うといい、『淮南子』原道「雷以て車輪と爲す」をあげる。また「隆」は「豊隆」の急読あるいは省略だとし、雲、雲師を指すとし、『楚辭』離騒の王逸注「豊隆は、雲師、一に雷師と曰う」をあげる。『淮南子』原道「雷車に乗り、雲霓に駕す」(『太平御覧』天部十四引)、主術「勢に乗じて以て車と爲し、衆を禦して以て馬と爲す」などをあげる。以上は陳氏注。

(60) 因民以爲師――底本注、『淮南子』主術「是れ衆勢に乗りて以て車と爲し、衆知を御して以て馬と爲さば、幽野険塗と雖も則ち由りて惑うこと無し」は、ここに「民に因りて以て師と爲し」という意味に近い。

(61) 弗因无⿰牛褏也――「⿰牛褏」は、牛に従い、褏の声、褏は袖の字に他ならない。⿰牛褏は牰《しゅう》の異体字で、『爾雅』釋畜の釈文にみえる。本義は黒眼の牛で、ここでは仮りて由の字として用いる。以上は底本注。

〔現代語訳 7〕

・過度に贅沢な家屋を建築するのは上帝の好まないことであり、そういうことをする者は……・衣服や夜着を減らし、棺や椁の厚さを薄くするのは、禁止する。過激な労役に駆り立て沼地を干拓するようなことは、禁止する。草むらが繁茂して林を損なうようなことは、禁止する。聚……高い土地を削り低い土地に盛り土することは、禁止する。洪水が起きた場合には、その様なことをしてもよろしい。・自然の営みに先立って成熟してはいけない。時期が到来しないのに華を咲かせてはいけない。自然の営みに先立って成熟すれば駄目になるし、時期が到来しないのに華を咲かせれば果実は実らない。・太陽は明るさをもたらし、月は暗さをもたらす。暗くなれば休息し、明るくなれば起きる。自然の到達できる極限を越えてはならない、法則の

定めの限界にきたら止める。・強ければ命令し、弱ければ聴き従い、匹敵すれば基準に基づいて競争する。

宮室過度、上帝所亞（惡）、爲者弗居、唯（雖）居必路。・減衣衾、泊（薄）棺椁、禁也。疾役可發澤、禁也。草茷可淺林、禁也。聚□□隋（墮）高增下、禁也、大水至而可也。・毋先天成、毋非時而榮。先天成則毀、非時而榮則不果。・日爲明、月爲晦。昏而休、明而起。毋失天極、廏（究）數而止。・強則令、弱則聽、敵則循繩而爭。

宮室度を過ごすは、上帝の惡（亞）む所[62]、爲す者は居らず、居ると雖（唯）も必ず路なり[63]。・衣衾を減じ、棺椁を薄（泊）くするは、禁なり[64]。疾役、澤を發す可きは[65]、禁なり。草茷《しげ》り、林を淺《そこな》う可きは[66]、禁なり。聚□□[67]高きを墮《こぼ》（隋）ち下《ひく》きを增すは、禁なり。大水至らば可なり。・天に先だちて成す毋れ、時に非ずして榮える毋れ[68]。天に先だちて成さば則ち毀《こぼ》たれ、時に非ずして榮えれば則ち果たさず。・日は明を爲し、月は晦を爲す。昏くして休み、明るくして起く。天極を失う毋く、數を究（廏）めて止む[69]。・強なれば則ち令し、弱なれば則ち聽き、敵なれば則ち繩に循いて爭う[70]。

（62）上帝——この語は、『經』正亂にみえる。黄帝より上位の存在と考えられるが、位置づけは不明。

（63）唯（雖）居必路——底本注、『管子』四時「國家乃ち路す」の尹注「路とは其の常居を失うを謂う」をあげる。『經法』本注、居ると雖も必ず路すは、居住するけれども、永くはとどまらないこと。爲は、大々的に宮室を建てることを指す。路は、過路で、暫時の居住を指す。『周禮』地官、遺人「凡そ國野の道は、……三十里に宿有り、宿に路室有り」とあり、路室は、客舍、旅店を指す。以上は陳氏注。

（64）減衣衾……椁禁也——禁は、禁令。『周禮』司寇「士師の職は、國の五禁の法を掌る……四に曰く野禁」の鄭玄注に

「古えの禁書亡わる」とある。以下の四条は皆な野禁の類と思われる。以上は底本注。陳氏は、『墨子』節葬下「王公大人の喪する者は、曰く、棺椁必ず重ね、葬埋必ず厚く、衣衾必ず多し、……」をあげる。

(65) 疾役可發澤——役は、疫の字に読むのではないか。沢を発するのは、癘気を除く手段。以上は底本注。陳氏は、疾は、力《つとめる》である、『呂氏春秋』尊師の高誘注「疾は、力なり」、『荀子』仲尼の楊倞注「疾力は、勤力なり」などをあげ、「疾役」は、大いに徭役を興すこと、可は、夥の字に読むのではないか、多の意という。

(66) 草蓯可淺林禁也——蓯は、藂の字に読む、字はまた菆と書く、木を積んで殯すること。淺は、残の字に読む。古代の国君は山林川沢の利益を独占し、民衆の開発を禁じた。ただ癘疫死喪の事に遇った時は郷俗に従うことを許可した。雲夢睡虎地出土秦簡の『田律』に「春二月、敢えて材木山林を伐る毋れ……唯だ不幸にして死して綰（棺）享（椁）を伐る者は、是れ時を用いず」とあるのは、ここおよび『周禮』の鄭玄注と符合する。以上は底本注。

(67) □□——原本の写真版では、第二字目はほんの少しの残欠があるが、まったく判読不能。陳氏は、欠字を「宮室」とすべきではないかといい、多く宮室を建てることを謂うとし、『淮南子』本經「大廈増加するに……高きを殘し下きを増す……」をあげる。

(68) 毋先天……時而榮——陳氏は、天は、植物の生長成熟の自然法則を指し、栄は、開花し茂り盛んなること、を指すという。

(69) 毋失天極廄（究）數而止——底本注、『管子』勢「成功の道は、贏縮を寶と爲し、天極を亡う毋く、數を究めて止む」の尹知章注「但だ天の數を盡くせば、則ち止まりて爲す勿れ」をあげる。『經法』本注、『管子』のほか『國語』越語下「范蠡曰く、臣聞く古えの善く兵を用いる者は、贏縮以て常と爲し、四時以て紀と爲す。天極を過ぐる無く、數を究めて止む」をあげ、天極は、法則の確定した限度で、数を究めて止むは、一定程度まで到達したら停止すべきだということ。陳氏は、失は佚の意に読むべきだという。

（70）敵則循繩而爭――『經法』本注、敵は、勢力が均衡匹敵するの意で、繩は、法度、制度のこと。『經法』道法に「法とは、得失に引くに繩を以てして、曲直を明らかにする者なり」とある。敵は、先の強・弱に対応する。

〔現代語訳 8〕

・相手を憎みながら愛されることを求めても、父は子に受け入れられない。相手を侮辱しながら尊敬されることを求めても、君主は臣下に受け入れられない。・本家が隆盛になろうとするのは、……決壊するようなものだ。本家が崩壊しはじめるのは、山が崩壊するようなものだ。正しく善良でありながら滅亡するのは、祖先たちの残した災いによる。勢い盛んで荒れ狂った行動をしながら生き延びるのは、祖先たちの残した功績による。・低くても基盤が水平なものは増し加えて高くできるが、高くても基盤が傾いているものは崩壊する。・山に木があり、実がたわわになっている。虎や狼は獰猛だが馴らすことができる。一緒に居て互いに和睦できない兄弟はといえば、一緒に居れば相手に譲らないし、別れて離れ離れになれば相手を許すことができない、これは国の祖先を悲しませ傷つけるものだ。……来、どうしてやって来て兄弟に慈《いつく》しみあうことを教え諭さないのか、兄弟間の血縁的繫がりがあればまだ〔不和は〕変えることができるのに。

・行曾（憎）而索愛、父弗得子。行母（侮）而索敵、君弗得臣。・有宗將興、如伐於□。有宗將壞、如伐於山。貞良而亡、

・憎（曾）を行いて愛を索《もと》むれば、父は子を得ず、侮（母）を行いて敬を索むれば、君は臣を得ず。(71)・宗有り將に興らんとするは、□に伐らるるが如し、(72)宗有り將に壞れんとするは、山に伐らるるが如し。(73)貞

先人餘央（殃）。商（猖）闕（獗）而注（活）、先人之連（烈）。・埤（卑）而正者增、高而倚者傰（崩）。・山有木、其實屯屯。虎狼爲孟（猛）可揗、昆弟相居、不能相順。同則不肯、離則不能、傷國之神。□□□來、胡不來相教順弟兄茲、昆弟之親尚可易戈（哉）。

良にして亡ぶは、先人の餘殃（央）。猖（商）獗（闕）にして活（注）くるは、先人の烈（連）なり。(74)・卑《ひく》（埤）くして正しき者は増し、高くして倚《かたよ》る者は崩《くず》（傰）る。(75)・山に木有り、(76)其の實屯屯たり。(77)虎狼は猛（孟）爲るも揗《したが》わしむ可し。(78)昆弟相い居るも、相い順う能わず。同じくすれば則ち肯《うけ》がわず、離るれば則ち能わず、國の神を傷つく。(79)□□□來、(80)胡《なん》ぞ來たりて相い教え、弟兄に茲を順《さと》さざる。(81)昆弟の親は尚お易う可きかな。(82)

(71) 行曾（憎）而……弗得臣――『經法』本注、人を憎悪させるような行為をして、愛してもらうように要求するのは、父親が子供に対してもできないし、人を侮辱するような行為をしながら、尊敬してもらうように要求するのは、君主が臣下に対してもできない。陳氏は、『經法』君正「父の行無ければ、子の用を得ず、母の徳無ければ、民の力を侭す能わず」は、ここの主張と表裏するという。

(72) 有宗將興如伐於□――原本の写真版では、欠字部分の上方に横線の残片があるが判読不能。宗は、国家、部落を指す。伐は、敗、崩潰のこと。於は、之である。欠字を「川」と推定する。『詩』小雅・天保を参照。すなわち「川の伐らるるが如し、山の伐らるるが如し」の意。以上は陳氏注。陳氏の説に従って訳せば、「川が決壊するようだ」となり、次の句も「山が崩壊するようだ」となる。

(73) 有宗將壞、如伐於山――『經法』本注、伐は敗の字に読むのではないか、崩潰のこと。

(74) 先人之連（烈）――底本注、『説苑』談叢に「貞良にして亡ぶは、先人の餘殃。猖蹶にして活くるは、先人の餘烈」

とあり、烈と連は一音の転化で、『德』（甲本）に「天、以て清むこと毋ければ將に恐らくは裂けん」（現『老子』三九）とあり、帛書乙本は、「裂」を「蓮」に作る。

（75）埤（卑）而正……倚者傰（崩）――底本注、『説苑』談叢「卑《ひく》くして正しき者は増す可し、高くして倚《かたよ》る者は且に崩れんとす」をあげる。『經法』本注、卑は、矮のこと、増は、増し高めること、倚は、不正、崩は、崩壊のこと。陳氏は、卑は、謙退で、雌節のこと、高は、驕溢で、雄節のこと、『經』行守「高くして已まざれば、天は〔將に〕之を蹶《たお》さんとす」をあげる。

（76）山有木――旧本は、「木」を欠字とする。原本の写真版では「禾」のくずれた字でもあるようだが、「木」でないとも言いきれない。

（77）其實屯屯――底本注、屯屯は、厚重盛多の貌で、『德』（乙本）「其民屯屯」（現『老子』五八）をあげる。陳氏は、『廣雅』釋詁「屯は、滿なり」、『後漢書』巻四〇上班彪傳注「屯は、衆なり」をあげる。

（78）虎狼爲孟（猛）可揗――底本注、『廣雅』釋詁一「揗は、順なり」とあり、ここは虎や狼も馴らし従わせることができるの意味とする。陳氏は、為は、惟の意味だという。

（79）傷國之神――國は、域の字に読む。『廣雅』釋丘「域は、葬地なり」、『周禮』典祀「皆な域有り」の鄭玄注「兆表の塋域」をあげる。ここでは死去した先人を指す。以上は底本注。

（80）□□□來――旧本は、「・□□不來」と釈文し、文頭に中黒点ありとするが、原本の写真版では認められない。三字の欠文の第三字目は、「不」の右辺とおぼしき残片がある。余氏は、旧本のように釈文する。陳氏は、底本のように釈文し、欠字を「神胡不」と推定する。

（81）胡不來……弟兄茲――底本注、茲は、慈の字に読むのではないか、愛敬の意味。余氏は、順は、和順。茲は、哉だとし、「胡不來相教、順弟兄茲」と句読する。陳氏は、順は、訓の意、茲は、哉と解する。

(82) 易戈（哉）――『經法』本注、易は、改変のこと。

〔現代語訳 9〕

・天下には三種の正常でない死がある。憤りに任せて自分の力量を考慮しなければ死ぬ、嗜好欲を抑制しなければ死ぬ、〔戦争などで〕少人数なのに多人数に当たるのを避けなければ死ぬ。・人殺しに武器を貸し与えてはいけない、盗人に食糧を〔与えては〕いけない。人殺しに武器を貸し与え、盗人に食糧を〔与えれば、〕劣った者は優れた者に変わり、弱者は強者に変わり、自分の余裕と敵の不足は入れ替わり、後で返って自らが害を被ることになろう。・同じではないのに同じだとすれば、すべてが同じになる。違わないのに違うのだとすれば、すべてが違うことになる。作為的なことはしないで自然にできあがるようにすれば、それによって事業が成し遂げられる。・表面的には親しんで陰では憎むのは、親しくしている者をはずして、疎遠な者を入れることを意味する。内乱が無ければ、間違いなく外敵の乱入がある。親しくしている者とは親しくし、疎遠な者とは疎遠にしていれば、内乱は起こらないし、外敵は退却する。・獲得した人は報酬を受け取らない。失った者は大……を怨まない。

天下有參（三）死、忿不量力死、耆（嗜）欲无窮死、寡不辟（避）衆死。・毋籍（藉）賊兵、毋□盗量（糧）。籍（藉）

天下に三（參）死あり。忿《いきどお》りて力を量らざれば死す、嗜（耆）欲窮まり无ければ死す、寡にして衆を避（辟）けざれば死す。[83]・賊に兵を藉（籍）する毋れ、盗に糧（量）を□毋れ。[84] 賊に兵を藉（籍）し、盗に

賊兵、□盗量（糧）、短者長、弱者強、贏絀變化、後將反㐌（施）。•弗同而同、舉而爲同。弗異而異、舉而爲異。弗爲而自成、因而建事。•陽親而陰亞（惡）、胃（謂）外其膚而内其勮。不有内亂、必有外客。膚既爲膚、勮既爲勮。内亂不至、外客乃却。•得焉者不受其賜。亡者不怨大□。

糧（量）を□[85]、短かき者は長く、弱き者は強く、贏絀變化し、後に將に施（㐌）に反せんとす[86]。•同じからざるに同じとすれば、舉げて同じと爲す。異ならざるに異なるとすれば、舉げて異なると爲す。爲さずして自ずから成れば、因りて事を建つ[87]。•陽《おもて》に親しみて陰《ひそか》に惡（亞）むは、其の膚を外にして其の勮を内にするを謂（胃）う[88]。内亂有らざれば、必ず外客有り。膚既に膚爲り、勮既に勮爲らば、内亂至らず、外客乃ち却《しりぞ》く。•得る者は其の賜を受けず。亡う者は大□[89]を怨まず。

（83）天下有……辟（避）衆死——底本注、『説苑』雑言「人に三死有りて命に非ざるや、人自ら之を取る。夫れ寝處時ならざれば……疾共に之を殺す。下位に居り自ら上、其の君に忤わば……刑共に之を殺す。少以て衆を犯し、弱以て強を侮り、忿怒して力を量らざる者は、兵共に之を殺す」をあげ、『文子』符言に類似の語があるという。

（84）毋籍（藉）賊兵毋□盗量（糧）——旧本は、後半四字を「毋裹盗量（糧）」と釈文する。底本は、次の箇所も含めて二箇所とも欠字とするが、原本の写真版では字があり、「裹」が最も近いと思われる。『經法』本は、底本の欠字の部分を「裹」と釈文する。欠字を余氏は、「裹」と釈し、陳氏は、「裹」と釈する。『史記』巻七九范雎蔡澤列傳「賊に兵を借して盗に糧を齎《もたら》す」の語は、また『荀子』大略および李斯「諫逐客書」にみえる。「盗」字の上の一欠字は、明確に釈文できない。一説では「裹」字だとする。『周易』繫辭下の「古の葬むる者は、之に厚く衣せるに薪を以てす」は、帛書本では「衣」を「裹」に作り、ここと同じである。ここは「裹」は「理」の意味に読み、治具、供辨のこと。以上は底本注。裹は齎の字に読む。『爾雅』釋詁「齎は、予なり」、『戰國策』秦策三「此れ謂う所の賊に兵を借して盜に食を齎らす者なり」のことで、また『荀子』大略、李斯「諫逐客書」、『史記』巻七九范雎蔡澤列傳にみえる。武器を盗賊に貸し与えてはいけない、食糧を盗賊に贈ってはいけないの意味。盗賊は、敵をさす。以上は『經法』本注。『荀子』正論「盜竊まず、賊刺さず」の楊倞注に「盜賊は、通名。分ちて之を言わば、則ち私竊、之を盜と謂い、劫殺、之を賊と謂う」とある。また『荀子』修身に「貨を竊むを盜と曰う」とある。

(85) □盗量(糧)――旧本は、欠字を「褱」と釈文する。原本の写真版では「裹」に最も近い字と思われる。

(86) 贏絀變化後將反㐌(施)――底本注、『鶡冠子』世兵「早晩絀贏し、反って相い殖生し、變化窮まり無く、何ぞ勝げて言う可けん」、『國語』越語下「贏縮轉化し、後將に之を悔いんとす」とあるのは、いずれもここと意味が近い。『經法』本注、贏絀は、増減のこと、ここでは両面の力の対比が、根本的な変化を引き起こし得ることを指す。余氏は、俗語に言う人を害すれば、遂には自分が害されることだという。

(87) 因而建事――旧本は、「因□而建事」と釈文する。原本の写真版では、「因」の下は欠字はない。定本が正しい。

(88) 外其膚而内其勮――膚は、皮膚で、表《おもて》を被うもの。音では傅と読み、親附の意味。勮は、劇の字に読み、発音は卻で、釁隙《すきま》の意味。以上は底本注。

(89) 大□――旧本は、欠字は二字とする。原本の写真版では、欠字は二字と推定される。底本は、下の欠字部分は次の文頭の中黒点の欠字部分としたと思われる。陳氏は、「大□」を「其非」と推定する。「大」と「其」は原本の写真版では類似する。

〔現代語訳 10〕

・天には太陽の光明があり、民衆が照明不足になることを心配しない。人々は窓を開いてそれぞれ明かりをとる。天が殊更なことをしているのではない。土地は富を生み出すので、民衆が貧困になることを心配しない。人々は材木や薪を取りそれぞれ地の富を享受している。地が殊更なことをしているのではない。・諸侯に乱れた政治が行われている場合、その乱れた政治を正そうとする者が道理に外れていたならば、乱れた政治を行っている諸侯の国が返って報復するであろう。その時にはまだ不可能であっても、その子孫の時代には必ず報復する。そこで、他人を制圧しようとして、道理に外れれば、返って制圧される、と言われている。・生きている人には住居があり、死者には墓がある。生きている人を死者とともに仕事にたずさわらせないためである。・迷ったら反省してすぐに引き返さないと、道理から遠く外れてしまう。・臣下たちが同等の地位権力を持っていると、其の国は必ず危険である。国がもし危険でないとすれば、其れは君主がなお存在するからである。君主を失ったならば必ず危険である。君主を失っても危険でないのは、臣下たちが元来の階級差を保持しているからである。息子たちが同じ地位権勢を持つと、家は必ず混乱する。それでも家が混乱しないとすれば、それは父親がまだ存在するからである。父親が亡くなれば必ず存続が危うい。父親が亡くなっても乱れないのは、息子たちが元来の身分差を保持しているからである。

【・】天有明而不憂民之晦也。【百】姓辟(闢)其戸牖而各取昭焉。天无事焉。地

【・】天に明有りて民の晦《くらき》を憂えざるなり。【百】姓[90]其の戸牖《こゆう》[91]を闢《ひら》(辟)きて各おの昭《あかり》を取る。天は事とする無し。地に【財】[92]有りて民

有【財】而不憂民之貧也。百姓斬木荊（苅）新（薪）而各取富焉。地亦无事焉。・諸侯有亂、正亂者失其理、亂國反行焉。其時未能也、至其子孫必行焉。故曰、制人而失其理、反制焉。・生人有居、【死】人有墓。令不得與死者從事。・惑而極（亟）反（返）、□道不遠。・臣有兩位者、其國必危。國若不危、君臾存也、失君必危。失君不危者、臣故跂（差）也。子有兩位者、家必亂。家若不亂、親臾存也、【失親必】危。失親不亂、子故跂（差）也。

の貧を憂えざるなり。百姓は木を斬り薪（新）を苅（刑）り(93)て各おの富を取る。地も亦た事とする无し(94)。・諸侯に亂有り、亂を正す者其の理を失えば、亂國反行せん(95)。其の時未だ能わざるや、其の子孫に至りて必ず行わん。故に曰く、人を制せんとして其の理を失えば、反って制せらる(96)、と。・生人には居有り、【死】(97)人には墓有り。死者と與に事に従うを得ざら令《し》む(98)。・惑いて亟《すみや》（極）かに返（反）れば(99)、□道遠からず(100)。・臣に兩位有る者は(101)、其の國必ず危うし。國若し危うからざるは、君臾《な》お存すればなり、君を失えば必ず危うし。君を失いて危うからざる者は、臣故《もと》より差《たす》（跂）ればなり(102)。子、兩位有れば、家は必ず亂る。家若し亂れざるは、親臾《な》お存すればなり(103)、【親を失えば必ず】危うし(104)。親を失いて亂れざるは、子故より差くることあればなり(105)。

（90）【百】姓——原本の写真版では、「百」は欠字。

（91）戸牖——牖は、窗《まど》のこと。昭は、明。艾は、刈の字に読み、芝草を刈ること。この段はまた『愼子』威徳「天に明有れば、人の闇きを憂えざるなり、地に財あれば、人の貧しきを憂えざるなり。……天はひとの闇きを憂えずと雖も、戸牖を闢けば必ず己が明を取れば、則ち天は事とする無きなり。地は人の貧しきを憂えずと雖も、木を伐り草を刈り必ず己の富を取れば、則ち地は事とすること無し」にみえ、『文子』符言、『淮南子』詮言はほぼ同じ。以上は『經法』本注。余氏は、昭は、光明のことという。

(92) 地有【財】——原本の写真版では、「財」は欠字。

(93) 百姓斬木刑（荊）新（薪）——「刑」は、もと「旁」に作り、「立」に従う、帛書の「華」字の上部と同じで、すなわち「卉」字。この字は、「刀」に従い、「卉」もまた音で、「刈」字の異体に他ならない。以上は底本注。旧本は、「荊」を「艾」と釈する。写真版では、「艾」となっている。

(94) 地亦无事焉——底本注、上の注（89）所引の『愼子』威德をあげる。余氏は、さらに『淮南子』詮言「天に明有り、人の晦きを憂えざるなり、百姓、戸を穿ち牖を鑿ちて、自ら照を取る。地に財有り、人の貧しきを憂えざるなり、百姓、木を伐り草を芟りて、自ら富を取る」、『文子』符言「天に明有り、人の晦きを憂えざるなり、地に財有り、人の貧しきを憂えざるなり」をあげる。

(95) 亂國反行焉——『經法』本注は、反行の意味は反って報復することという。陳氏は、反行は、報復することという。

(96) 反制焉——『經法』本注は、反って征服されることという。

(97) 【死】人——原本の写真版では、「人」の上は一字欠字。

(98) 令不得與死者從事——陳氏は、從事は、処置する、対応することという。

(99) 惑而極（亟）反（返）——惑は、迷い惑うこと、亟反は、急いで改心する。

(100) □道不遠——原本の写真版では、「道」の上は欠字。陳氏は、欠字を「失」と推定する。

(101) 臣有兩位者——底本注、両は、耦であり、両位は、勢位が匹敵し争いが生じやすいことを指す。両位は、『經法』六分、同書・亡論の「大臣、主たれば」に相当する。また身は本国に在りながら、心は他の邦に在ることで、『經法』六分「謀臣、外位に在る者は、其の國安からず」、同書・亡論「謀臣、其の志を外にす」、帛書『繆和』「羣臣、位に處りて皆な外志有り」はそれだとする。以上は陳氏注。Y氏は、同等の権勢ある位とし、この節は厳格な階級制度を議論しているという立場をとる。臣や子を複数と考える。

(102) 臣故跂(差)也——跂は、差の字に読み、尊卑の差異のこと。ここでは動詞として用いている。『荀子』大略「官職を列ね、爵祿を差《たが》う」の楊倞注に「差は等級を制むるを謂うなり」とあり、ここでは臣下や子供はもともと尊卑の差異を守ることをいう。以上は底本注。余氏は、この字を「佐」と解釈する。陳氏も、補佐の意味に解する。

(103) 親臾存也——余氏、陳氏は、親は、父親のことという。Y氏は、血縁者と解する。

(104)【失親必】危——原本の写真版では、「危」の上は三字の欠文。

(105) 失親不……故跂(差)也——『愼子』德立「故に臣に兩位有る者は、國必ず亂る。臣兩位にして國亂れざる者は、君猶お在ればなり。君を恃みて亂れざるは、君を失わば必ず亂る。子に兩位有る者は、家必ず亂る。子兩位にして家亂れざる者は、親猶お在ればなり。親を恃みて亂れざるは、親を失わば必ず亂る」(據『群書治要』巻三十七引)をあげ、これによれば、帛書の「臾」字は猶の字に読むべきだ。以上は底本注。

〔現代語訳 11〕

補佐する援助を受け入れず、聡明な思慮に耳を傾けないで、其の城郭の堅固さに頼り、勇気や武力を頼りにするのは、自らが窮迫するということである。自らが窮迫すれば危険が迫る。そのようにして国を守っても堅固ではないし、戦争しても勝てない。•二匹の虎が互いに争えば、駄犬が漁夫の利を得る•上手な国の治め方は、刑罰を用いないのが最上で、次は法律を整え、その次は、闘争や訴訟で解決し、最も悪いのは闘争も訴訟もせず解決もしないことである。……最も善いのは……に努力すること、次は明すなわち法を正すことに努力すること、最も悪いのは〔起こってしまった〕憂患や災禍を救うことである。

不用輔佐之助、不聽耶（聖）慧之慮、而侍（恃）其城郭之固、古（怙）其勇力之御。是胃（謂）身薄。身薄則貸（殆）。以守不固、以單（戰）不克。・兩虎相爭、奴（駑）犬制其餘。・善爲國者、大（太）上无刑、其【次】□□【其】下艘果訟果、大（太）下不艘不訟有（又）不果。□大（太）上爭於□、其次爭於明、其下栽（救）患禍。

輔佐[106]の助けを用いず、聖（耶）慧の慮を聴かずして、其の城郭の固きを恃（侍）み、其の勇力の御を怙《たの》（古）むは、是れ身薄《せまら》る[107]と謂（胃）う。身薄らるれば則ち殆（貸）うし。以て守れば固からず、以て戰（單）えば克《か》たず。・兩虎相い爭えば、駑（奴）犬其の餘を制す[108]。・善く國を治むる者は、太（大）上は刑する無く、其の【次】は□□[109]、【其】の下は艘果訟果し[110]、太（大）下は艘せず訟せず又（有）た果せず[111]。□太（大）上は□を爭い[112]、其の次は明を爭い、其の下は患禍を救（栽）う。

(106) 輔佐——輔弼、大臣のこと。『漢書』董仲舒傳に「此れ大臣輔佐の職、三公九卿の任」とある。
(107) 身薄——底本注、薄は、迫の字に読む。余氏は、薄は、軽薄だという。
(108) 兩虎相……制其餘——底本注、『史記』春申君列傳「兩虎相い與に鬭いて駑犬は其の弊を受く」をあげる。『經法』本注、『戰國策』秦策四「兩虎相い鬭いて駑犬其の弊を受く」とあり、『史記』春申君列傳も同じ。
(109) 其【次】□□——原本の写真版では、「次」字の残片はわずかで判読しがたく、その下は二字の欠字。陳氏は、欠字を「正法」と推定する。

（110）【其】下般果訟果——旧本は、「□□、□下……」と釈文する。原本の写真版では、「下」の上、三字ではなく二字の欠字と推定され、「其」字の部分は欠字。底本注、果は、決の意味。『淮南子』泰族「國を治めるに、太上は化を養い、其の次は法を正す」とあり、「化を養う」はすなわち「太上は刑無し」のこと。果は、果決、果断。訟は、断獄、断案を指す（『淮南子』俶眞の高誘注「訟は、是非を争うなり」を参照）。般果は、天下の災患を収めること、訟果は、国内の禍乱を終息すること。『説文』「救は、止むるなり」、『呂氏春秋』勸學の高誘注「救は、治むるなり」をあげる。以上は陳氏注。

（111）大（太）下不……有（又）不果——『道』「道を持って人主を佐くる者は、兵を以て天下に強いず。……善き者は果するのみ、敢えて以て強を取らず。果にして矜る勿く、果にして伐る勿く、果にして驕る勿し。果にして以《や》むを得ず、是れ果にして強なる勿きなり」（現『老子』三〇）とあり、河上公注によれば「果敢を以て強大の名を取らざるなり」とあれば、果の意味は果敢である。以上は『經法』本注。

（112）□大（太）上争於□——旧本は、「大（太）上争於□」と釈文する。原本の写真版では、「大（太）」の上に、一字の欠字がある。底本の釈文が正しい。陳氏は、欠字をそれぞれ「夫」と「化」と推定する。

〔現代語訳 12〕

寒いときに自分だけ暑く、暑いときに自分だけ寒いのは、生命に危険である。逆だからである。・慎みは怠惰に勝り、果敢は狐疑に勝る。滅亡する国の災禍は、……其……信用しないで、よろしいとされることを信用しないのは、よろしくない。しかも其……信用しない、……〔・〕進むをみて……退くを知る。そこで……現在の是非曲直をみ、その名称の実体を注意深く調べて、基準を掲げて判定する。聚積した財物は蓄積して置いて、適当な時期まで待って売りに出す。君主が誰を挙げ用いるかを見てその与党を察知し、蓄積し

た貨物を處理して適當な時期を察知して……正貴……存亡。

寒時而獨暑、暑時而獨寒、其生危、以其逆也。・敬朕（勝）怠、敢朕（勝）疑。亡國之禍□□□□□□□□□□□□□□□□□□□□□□□□□□□□□□□□□不信其□而不信其可也、不可矣、而不信其□□□、□□□□□賡（觀）前□以知反、故□□賡（觀）今之曲直、審其名以稱斷之。積者積而居、胥時而用賡（觀）、主樹以知與、治合積化以知時、□□□正貴□存亡。

寒き時にして獨り暑く、暑き時にして獨り寒きは、其の生危うし、其の逆なるを以てなり[113]。・敬は怠に勝（朕）ち、敢は疑に勝（朕）つ[114]。亡國の禍□□□□□□□□□□□□□□□□□□□□□□□□□□□□□□□□□□□□□□[115]…不信其□[116]而不信其可也、不可矣、而不信其□□□[117]〔・〕前《すす》むを觀（賡）て□以て反《かえ》るを知る[118]、故に□□今の曲直を觀（賡）[119]、其の名を審かにし稱を以て之を斷ず。積《あつ》むる者は積《あつ》め居《たくわ》え[120]、時を胥《ま》ちて用て觀（賡）[121]、主の樹《た》ちて以て與を知り（與に治むるを知り）、合せ積むる化（貨）を治めて（積むる貨を合して）以て時を知り[122]、□□□正貴□存亡[123]。

(113)　寒時而……其逆也――『經法』本注は、『經法』四度に「陽を極めて以て殺し、陰を極めて以て生ず、是れ陰陽の命に逆らうと謂う」とあり、ここは「陽を極め以て殺し、陰を極めて以て生ず」を指しているという。

(114) 敬朕（勝）怠敢朕（勝）疑――陳氏は、敬恭が怠慢に勝ち、果敢が優柔不断に勝つと解する。

(115) 亡國之……□□□――「亡國之禍」以下、「不信其」まで、底本は、「不」があるので、欠字を三十九字とする。旧本は、「不信其」を「□信其」と釈文し欠字を四十字とする。原本の写真版では、正確なところは不明。陳氏は、「亡國之禍」以下、残欠は約九十字だといい、文意が連絡せず、欠字は明らかではないという。しかし幾つかのは明確にできるといい、一、「亡國之禍」から「貴□存亡」までは、国家の治乱、存亡、禍福を論述している、二、中間には中黒点がない、三、「亡國之禍」から「而不信其……」までは、「禍」の由来を専論し、これ以下「賣（觀）前□以知反」までは、福の由来を専論するという。その上で「不信其□而」以下の幾句かを「不信其是而不信其可也不可矣、而不信其非而不信其不可也可矣」と推定し、「其」は「道」を指すという。従って「不信其□」の欠字を「是」と推定し、「而不信其□□□□□□□□□□」の欠字を「非而不信其不可也可矣」と推定し、結局のところ「不信其□而不信其可也、不可矣、而不信其□□□□□□□□□□」は、「不信其是而不信其可也、不可矣、而不信其非而不信其不可也可矣」だと推定する。

(116) 不信其□――旧本は、「□信其□」と釈文する。原本の写真版では、「不信其」三字の右辺のわずかな残片があり、その下は欠字。

(117) 而不信其□――底本は、「其」以下「賣（觀）前」までの欠字を五十字とする。旧本は、「其」以下「□前」と釈文するので、欠字を五十一字とする。原本の写真版では、正確なところは不明。

(118) 賣（觀）前□以知反――旧本は、「□前□」と釈文する。原本の写真版では、「賣（觀）前□」の左辺のわずかの残片がある。「前」字は復元できるが、前後の二字はまったくの欠字ではないが判読不能。ただ前字の残片は「賣」の左辺らしい。底本注、「莧」は、貝に従い、雚の省声、觀の異体字ではないか、下文の「今の曲直を莧」、「時を胥ちて用て莧る」と同じ。陳氏は、本段および下段の「觀」や「論」は『經法』論「觀則知死生之國、論則知存亡興壞之所在、……榑則不失韙非之〔分〕」と比較すべきだという。Y氏は、「賣（觀）前」の前に中黒点があったと推定する。

(119) 故□□賣（觀）今之曲直――旧本は、「故□□觀今之曲直」と釈文する。原本の写真版では「觀」字は「賣」と判読できる。

(120) 積者積而居――底本注は、積は、聚めること、居は、儲蓄、囤積のこと、という。『經法』本注は、『書』益稷「有無を懋遷し居を化う」の偽孔傳に「居は、宜しく居積すべき所の者を謂う」をあげる。

(121) 胥時而用賣觀――旧本は、「胥時□用□」と釈文する。原本の写真版では、旧本の欠字部分はいずれも「而」「賣」と判読できる。

(122) 胥時而……以知時――底本注は、化は、貨の字に読むという。『經法』本注は、胥は、待つことという。余氏は、主は君主、樹は樹立、与は党与で、君主が重用する人物を観察すれば、彼が交わりを結ぶ友人がわかるという。陳氏は、上手に貨物を囤積して適宜に高価に売り出すの意だという。なおここの句読は、人により次のように異なり、正確な解釈はむずかしい。

【底本】積者積而居、胥時而用賣（觀）、主樹以知與、治合積化以知時、

【『經法』本】積者積而居、胥時而用、賣主樹以知與治合積化以知時

【余氏】積者積而居、胥時而用、賣（觀）主樹以知與、治合積化以知時。

【陳氏】積者積而居、胥時而用、賣（觀）主樹以知與治、合積化以知時、

いま余氏の句読で解釈してみる。

(123) 「□□□正貴□存亡」――旧本は、「□□□正貴□存□」と釈文する。原本の写真版では、「存」の下かすかに「亡」と判読できる。陳氏は、この欠字のある文を「以明奇正貴賤存亡」と推定する。

〔現代語訳 13〕

そもそも順序立てるには陰陽……根本精神を用いる。天は陽で地は陰である。春は陽で秋は陰である。昼は陽で夜は陰である。大国は陽で小国は陰である。強国は陽で弱国は陰である。事件が起こるのは陽で事件がないのは陰である。伸長するのは陽で屈折するのは陰である。君主は陽で臣下は陰である。上位の者は陽で下位の者は陰である。男は陽で女は陰である。父は陽で息子は陰である。兄は陽で弟は陰である。年長者は陽で幼少者は陰である。貴顕な者は陽で卑賎な者は陰である。達成するのは陽で行き詰まるのは陰である。嫁を娶り子を産むのは陽で、喪に服するのは陰である。人を支配するの者は陽であり、人に支配される者は陰である。客は陽で主人は陰である。軍事は陽で徭役は陰である。話すことは陽で沈黙は陰である。与えるのは陽で受け取るのは陰である。すべての陽に属するものは天を模範とし、天は正しさを尊重し、正しさを外れるのは詭すなわち違反であり、……祭乃反。すべての陰に属するものは地を模範とし、地のもちまえは安らかでゆったりし偏らず静かであり、柔軟さの信条が先ず確定して、与えることを優先して争わない。これは地の基準であり雌の信条である。《平衡について》千六百字。

凡論必以陰陽□大義。天陽地陰。春陽秋陰。夏陽冬陰。晝陽夜陰。大國陽、小國陰。重國陽、輕國陰。有事陽而无事陰。信（伸）者陰者屈者陰。主陽臣陰。上陽

凡そ論は必ず陰陽□大義を以てす。[124] 天は陽、地は陰。春は陽、秋は陰。晝は陽、夜は陰。大國は陽、小國は陰。重國は陽、輕國は陰。有事は陽にして无事は陰。伸（信）なる者は陽にして屈なる者は陰。[125] 主は陽、臣は陰。上は陽、下は陰。男は陽、【女は陰。父は】陽、【子】は陰。[126]

下陰。男陽【女陰。父】陽【子】陰。兄陽弟陰。長陽少【陰】。貴【陽】賤陰。達陽窮陰。取（娶）婦姓（生）子陽、有喪陰。制人者陽、制人者制於人者陰。客陽主人陰。師陽役陰。言陽黑（默）陰。予陽受陰。諸陽者法天、天貴正、過正曰詭□□□□祭乃反。諸陰者法地、地【之】德安徐正靜、柔節先定、善予不爭。此地之度而雌之節也。《稱》千六百

兄は陽、弟は陰。長は陽、少は【陰】。貴は【陽】(127)、賤は陰。達は陽、窮は陰。婦を娶（取）り子を生（姓）むは陽、喪有るは陰。人を制する者は陽、人に制せらるる者は陰(128)。客は陽、主人は陰(129)。師は陽、役は陰(130)。言は陽、默（黑）は陰。予は陽(131)、受は陰。諸《もろもろ》の陽なる者は天に法り、天は正を貴び、正に過ぐるは詭と曰い□□□□祭（際）乃ち反る(132)。諸の陰なる者は地に法り、地【之】(133)德は安徐正靜にして、柔節先ず定まり、善く予えて爭わず。此れ地の度にして雌の節なり(134)。《稱》千六百

(124) 陰陽□大義――欠字をそれぞれ次のように推定する。『經法』本、余氏は、「明」。陳氏は、「之」。

(125) 信（伸）者陰者屈者陰――底本注、この句は本来、「信者陽而屈者陰」に作るべきで、誤って抄写した。

(126) 【女陰父】陽【子】陰――旧本は、「【女陰父】陽母陰」と釈文する。原本の写真版では、「女陰父」「子」の部分はまったくの欠字。従って旧本の「母」は、原本の写真版では欠字。

(127) 少【陰】貴【陽】――原本の写真版では、「陰」「陽」の二字は欠字。

(128) 制人者……人者陰――底本注、この小句の初めの「制人者」の三字は当然余計。

(129) 客陽主人陰――客は、征伐する者を指し、主人は、征伐される者を指す。『經』姓爭の注（19）を参照のこと。以上

は底本注。

(130) 師陽役陰――『經法』本注、師は、軍隊、役は、労役。

(131) 予陽――『經法』本注、予は、給予のこと。

(132) 詭□□□祭（際）乃反――旧本は、「□□□□□祭乃反」と釈文する。原本の写真版では、旧本で欠字とする最初の字は、上部の残片から「詭」字と推定できる。陳氏は、上の三欠字は不明、「際」の上の字は「過」と推定する。

(133) 地【之】徳――原本の写真版では、「之」字は欠字。

(134) 此地之……之節也――以上の一段は専ら事物の陰陽を論じている。『説苑』辨物、『鬼谷子』捭闔、『春秋繁露』陽尊陰卑などの篇に均しく類似の説法がある。この種の事物を機械的に陰陽の両類に分ける観点は、古書に常に見える。以上は底本注。陰陽説は、わが国古代の一種の素朴唯物主義学説である。古代では、陰陽の交替を自然減少の変化の根本法則とみなしていた。漢代になると、儒家は陰陽説を「天人感応」説と結合して神秘的唯心主義の観点を宣揚し、地主階級が封建統治を強固にする理論的武器とした。以上は『經法』本注。なお私見を述べれば、漢初の天人相関説で、自然界への陰陽の配当は、それ以前の素朴な科学的見解に基づくものと考えていた。ただ陰陽の人事への配当は科学的根拠はなく、儒家などの政治的な見解に基づくものと思っていた。しかしこの資料をみる限り、董仲舒など儒家思想家の相関説的解釈の前に何らかのこうした表があると推定していたが、その推定が実証されたことになった。果して漢初以前にこうした配当表があったことは、漢代の思想家にとって相関説を説くのに好都合であったと思われる。

〈篇〉第四　『道原(1)』

〔現代語訳 1〕

永遠の非存在の最初は、大いなる虚と同一である。虚は一〔である道〕と同一で、永遠不変に一であり続ける。混沌として気が未分の状態で、未だ昼も夜もないが、神秘微妙で遍く行きわたり、精微安静で目に見えない。そこで〔道は〕まだ作為的なことはせず、万物もそれに依存しない。そこで形状が無く、空虚で名称がない。〔道は〕天も覆うことはできず、地も載せることはできない。小さいものは小さいものなりに完成し、大きいものは大きいものなりに完成する。四海の中すなわち世界中に満ちあふれ、しかもその外側を包み込む。暗いところにあっても腐らず、日向にあっても焼けこげることはない。基準を統一して変えないが、這う虫にも適合できる。鳥はこれを貰って飛び、魚はこれを貰って遊泳し、獣はこれを貰って走り、万物はこれを貰って生命力を得、あらゆる事柄はこれを貰って完成する。人はすべてこれのお陰を被っているが、その名称を知らない。人はすべてこれのお陰を被っているが、その形状を知らない。

恆无之初、迥同大虛。虛同爲一、恆一而止。濕濕夢夢、未有明晦。神微周盈、精靜不巸（熙）。古（故）未有以、萬物莫以。古（故）无有刑（形）、大迵无名。天弗能復（覆）、地弗能載。小以成小、大以成大。盈四海之內、又包其外。在陰

恆の无の初めは、大虛に迥同なり。[2] 虛同にして一爲り、恆に一にして止まる。[3] 濕濕夢夢にして、[4] 未だ明晦有らず。神微にして周く盈ち、精靜にして熙《あきら》（巸）かならず。故（古）に未だ以《もち》いること有らず、萬物も以《もち》いること莫し。[5] 故（古）に形《かたち》（刑）有ること无くして、[6] 大迵にして名无し。[7] 天は覆（復）う能わず、地は載する能わず。小は以て小を成し、大は以て大を成す。[8] 四海の内に盈ち、又た其の外を包む。

不腐、在陽不焦。一度不變、能適規(蚑)僥(蟯)。鳥得而蜚(飛)、魚得而流(游)、獸得而走、萬物得之以生、百事得之以成。人皆以之、莫知其名。人皆用之、莫見其刑(形)。

陰に在りて腐らず、陽に在りて焦けず(9)。度を一にして變ぜず(10)、能く規《き》(蚑)僥《ぎょう》(蟯)に適す。鳥は得て飛(蜚)び、魚は得て游《およ》(流)ぎ、獸は得て走り(11)、萬物は之を得て以て生じ、百事は之を得て以て成る(12)。人は皆之を以《もち》いるも、其の名を知る莫し(13)。人は皆之を用いるも、其の形(刑)を見る莫し。

(1) 道原——底本注、『文子』に道原篇があり、その名称は『帛書』と同じ。『老子』乙本巻前第四番目の佚書。本篇は、道の性質および如何にしてそれを把握し運用するかを論述する。『文子』にも道原篇があり、『淮南子』は原道篇としている。以上は『經法』本注。本篇は、小段に分けず、主に「道」の本源、性質、作用を論述する。それは道家の「黄学」の理論的基礎である。本篇は「道」は無名、無形、無爲にして爲さざる無きもので、「萬物は之を得て以て生じ、百事は之を得て以て成る」ものと考える。世界のすべてのものは「道」から生み出され形成されるものである。この「道」はまた「一」と呼ばれ、このため「一なる者は號なり、虚は其の舍なり、無爲は其の素なり、和は其の用なり」という。それは「高くして察す可らず、深くして測る可らず」で、ただ聖人だけがそれを把握し認識することができる、「故に唯聖人のみ能く无形を察し、能く无聲を聽く」のである。ただ聖王だけがそれを運用して天下を統一できる、そこで「聖王此れを用い、天下服す」といい、また「道を抱いて度を執れば、天下は一にす可し」で、中国統一の大業を成し遂げるという。文中で注目に値するのは「之を分かつに其の分を以てすれば、而ち萬民爭わず。之に授くるに其の名を以てすれば、而ち萬物自ずから定まる」という思想は「老学」とは異なる。これは道家の「黄学」と「老学」が、「道」の効用や作用での相違を論述するところで、やはり道家の二流派を区別する指標の一つである。以上は余氏の提要。

(2) 恆无之初迥同大虚——『淮南子』詮言「天地に洞同して、渾沌として樸爲り、未だ造りて物を成さざる、之を太一と謂う」とあり、また繆稱「道なる者は、至高にして上無く、至深にして下無く、……宇宙を包裹して表裏無く、洞同覆載して礙《さま》たぐる所無し」とある。迵は、洞と通じる。大虛は、大空のこと。以上は底本注。『經法』本注、ほかに『莊子』知北游「是を以て崑崙を過ぎず、太虛に游ばず」の疏「太虛は是れ深玄の理」をあげ、太虛は、道を指す。余氏は、「无」を「先」と釈文して、恆先は、天地の形成される以前を指す、迵は、透に同じで、音は洞という。原文の写真版では、原字はいずれも「无」と「先」はほとんど区別がつかない。前後の文脈で釈文している。『淮南子』天文「天地未だ形われず、馮馮翼翼、洞洞灟灟、故に太始と曰う」とある。洞洞は、無形のさま。陳一平校・注・訳『淮南子』では、繆稱注で「洞同は、混沌未分の状態」といい、詮言注で「洞同は、渾然一體のさま」という。最近出土した所謂《上海楚簡》に「亙先」篇があり、そこの解説ではここの句を「恆先之初」と釈文している。

（3）虛同爲一恆一而止――底本注、『莊子』天地「泰初に無有り、有無く名無く、一の起る所、一有りて形無し」は、ここと意味が近い。

（4）濕濕夢夢――余氏は、混混沌沌の意味で、夢夢は、蒙蒙と読み、夢夢は、瞢瞢の意味だとする。陳氏は、一気の混沌とした状態を形容したもので、濕濕は、湧き出して集まるさま、夢夢は、混聚して分かれないさまという。

（5）未有以萬物莫以――上の「以」は「之」に通じ、下の「以」は用や倚頼の意味にとる。これは、彼があたかもまったく存在しないようで、万物も決して彼に依存しないようである理由。以上は陳氏注。また本篇注（13）を参照。

（6）古（故）无有刑（形）――旧本は、「克之□□」と釈文する。原本の写真版では、初めの二字は「古无」と判読でき、後の二字は「有」の「月」部分と「刑」の左辺上部の残片が確認できる。底本の釈文が正しいと思われる。

（7）大迵无名――陳氏は、大迵は、すなわち大同で、茫然混同のことという。

（8）小以成小大以成大――底本注、『管子』心術上「道、天地の閒に在るや、其の大は外無く、其の小は内無し」をあげる。

(9)　在陰不腐在陽不焦――底本注、『淮南子』原道「是の故に道を得し者は……火に入るも焦げず、水に入るも濡れず」の語は、これと近い。

(10)　一度不變――底本注、『淮南子』原道「是の故に聖人は度を一にし軌に循い、其の宜しきを變えず」の語は、これに近い。

(11)　鳥得而……得而走――底本注、『淮南子』原道「夫れ道なる者は……山は之を以て高く、淵は之を以て深く、獸は之を以て走り、鳥は之を以て飛び、……」をあげる。また『呂氏春秋』盡數に「精氣の集まるや、必ず有ること有り。羽鳥に集まれば與に飛揚を爲し、走獸に集まれば與に流行を爲し、珠玉に集まれば與に精朗を爲し、樹木に集まれば與に茂長を爲し、聖人に集まれば與に敻明を爲す。……」とあり、ここでは「道」ではなく「精氣」が同様のはたらきをするとされる。

(12)　萬物得……之以成――旧本は、「百事得【之】以成」と釈文するが、原本の写真版では、「之」は明確に判読できる。底本注、『管子』内業「道なる者は……人の失いて以て死する所、得て以て生くる所なり。事の失いて以て敗るる所、得て以て成る所なり」、『淮南子』原道「萬物、得ざれば生ぜず、百事、得ざれば成らず」の語は、これと近い。

(13)　人皆以之莫知其名――底本注、『管子』白心「道は……民の以《もち》いる所なるも、知る者は寡し」、また内業「道は天下に滿ちて、普く民の所に在るも、民は知る能わざるなり」をあげる。『經法』本注、以は、用である。

〔現代語訳 2〕

一とは道の名称であり、虚は道の宿るところであり、作為的でないのは道の素質であり、調和は道の働きである。このようなわけで上は道は高くて見極めることができず、〔下は〕深くて測り知ることができない。

輝かしく明るいことは名づけようがなく、広大さは形容できない。何ものにも依存しないで並ぶ者が無く、万物は道に命令することはできない。天と地や陰気陽気、四季の変化や日月の運行、星々や雲気、いも虫や植物の類も、すべて道から生命力を貰うのだが、道はそのためにより減ることもなく、すべて道に返しても、道はそのためにより増えることもない。堅く強固だが折れることはなく、柔弱だが変化させることはできない。いかなる精密微妙さも勝るものはなく、いかなる至極も越えることのできないものである。そこでただ聖人だけが形状のない存在を考察することができ、声なき声を聞き届けることができる。虚の実質を理解すれば、はじめて真に虚になることができる。そこで天地の精髄を洞察し、まったく天地と一体化して隔てがなく、すっかり合体してはみ出すことがない。この道を体得した者は、精髄を獲得したことを意味する。明すなわち洞察力のある人は元来究極のことを察知することができ、人の知ることのできないことを知り、人の獲得できないことを掌握する。これを明察が行き届き理解が完全だという。聖王がこの道を採用すれば、天下は服従する。

一者其號也、虛其舍也、无爲其素也、和其用也。是故上道高而不可察也、而深不可則（測）也。顯明弗能爲名、廣大弗能爲刑（形）、獨立不偶、萬物莫之能令。天地陰陽、【四】時日月、星辰雲氣、規

一なる者は其の號なり[14]、虛は其の舍なり、无爲は其の素なり[15]、和は其の用なり。是の故に上道は高くして察す可からざるなり[16]、深くして測（則）る可からざるなり[17]。顯明は名を爲す能わ弗《ず》、廣大は形（刑）を爲す能わ弗《ず》、獨立して偶ならず、萬物之に能く令する莫し。天地陰陽、【四】時日月[18]、星辰雲氣、蚑（規）行蟯（僥）動（重）、戴根の徒[19]は、

(蚑)行僥(蹺)重(動)、戴根之徒、皆取生、道弗爲益少、皆反焉、道弗爲益多。堅強而不擯、柔弱而不可化。精微之所不能至、稽極之所不能過。故唯耶(聖)人能察无刑(形)、能聽无【聲】。知虛之實、后能大虛。乃通天地之精、通同而无閒、周襲而不盈。服此道者、是胃(謂)能精。明者固能察極、知人之所不能知、人服人之所不能得。是胃(謂)察稽知○極。耶(聖)王用此、天下服。

皆な取りて生きるも、道は益々少なきを爲さ弗《ず》、皆な焉に反《かえ》すも、道は益々多きを爲さ弗《ず》。[20] 堅強にして擯《お》れず、[21] 柔弱にして化す可からず。精微の至る能わざる所、稽極の過ぐる能わざる所なり。[22] 故に唯聖(耶)人のみ能く无形(刑)を察し、能く无【聲】を聽く。[23] 虛の實なるを知りて、后に能く大虛なり。乃ち天地の精に通じ、通じ同じくして閒《へだて》无く、周襲して盈ちず。[24] 此の道を服する者は、[25] 是れ精を能くすと謂(胃)う。明なる者は固より能く極を察し、人の知る能わざる所を知り、人の得る能わざる所を服す。[26] 是れを察稽《いた》り知○極まると謂(胃)う。[27] 聖(耶)王は此を用い、天下服す。

(14) 一者其號也——底本注、『韓非子』揚權「道は雙ぶもの無し、故に一と曰う」、『淮南子』原道「謂わゆる無形なる者は、一の謂なり」高誘注「一とは、道の本なり」をあげる。『經法』本注、ほかに『經』成法「一なる者は、道其の本なり」をあげる。

(15) 虛其舍……其素也——底本注、『淮南子』詮言「平なる者は、道の素なり。虛なる者は、道の舍なり」(同書・俶真にも類似の語がある)又「無爲なる者は、道の體なり」(同書・主術には「無爲なる者は、道の宗なり」という)をあげる。『經法』本注、ほかに『文子』道原「虛無なる者は、道の舍なり。平易なる者は、道の素なり」をあげる。

（16）上道高――陳氏は、上は、夫の誤りかという。あるいは上下の上の意味で使用したものか。Y氏は'the superior Dao'と訳す。「上道」という語は見かけない言葉である。

（17）道高而……深不可則（測）也――底本注、『淮南子』原道「夫れ道なる者は、天を覆い地を載せ、四方に廓がり、八極に柝き、高きこと際む可からず、深きこと測る可からず、天地を包裹し、無形に稟授す」をあげる。

（18）【四】時日月――原本の写真版では、「四」字は欠字。

（19）戴根之徒――底本注、「戴根の徒」は、ひろく植物を指すとし、『新語』道基「跂行喘息、蜎飛蠕動の類、水生陸行、根著葉長の屬」をあげる。

（20）道弗爲……爲益多――底本注、『管子』白心「道なる者は、一人之を用いて餘り有るを聞かず、天下之を行いて足らざるを聞かず」は、ここと近い。

（21）堅強而不讓――底本注、『淮南子』原道「堅強なる者にして擯《お》れず」の高誘注「讓は、折なり」をあげる。

（22）稽極之所不能過――陳氏は、『莊子』逍遙遊の『經典釋文』引く司馬彪注「稽は、至なり」をあげる。『莊子』逍遙遊「大浸して天に稽るも溺れず」とある。

（23）能察无刑（形）能聽无【聲】――原本の写真版では、「聲」字は欠字。底本注、『莊子』天地「夫れ王德の人は、……冥冥に視、無聲に聽く」、『淮南子』説林「無形に視れば、則ち其の見る所を得ん、無聲に聽けば、則ち其の聞く所を得ん」、『鄧析子』轉辭「〔夫れ臣に任ずるの法は、……〕有る無きに視れば則ち其の見る所を得、聲無きに聽けば則ち其の聞く所を得。故に無形なる者は有形の本、無聲なる者は有聲の母、〔名に循いて實を責むるは、實の極みなり。實を按じて名を定むるは、名の極みなり。參えて以て相い平らかに、轉じて相い成る、故に之が形名を得。〕」をあげる。括弧〔　〕内は、『經法』本注により補足。

（24）周襲而不盈――底本注、『管子』内業「凡そ物の精は、此〈化〉すれば則ち生を爲し、下は五穀を生じ、上は列星を爲し、天地の閒に流るる之を鬼神と謂い、胸中に藏する之を聖人と謂う」、『淮南子』天文「天地の襲精は陰陽と爲る」の高誘注「襲は、合なり。精は、氣なり」をあげる。『經法』本注、『淮南子』天文の高誘注「襲は、合なり」をあげ、周襲は、すなわち周合、完備のこと。陳氏は、精は、精妙神明、周襲は、周匝・周還、盈は、弛懈・懈怠という。

(25) 服此道者――余氏は、服は、習だという。習は、通暁、熟悉の意で、『戰國策』齊策四「誰か會計に習い、……」とある。陳氏は、『國語』呉語注「服は、執なり」。『論語』爲政の皇侃疏「服は、執持するを謂うなり」をあげる。

(26) 人服人之所不能得――底本注、「服」の上の「人」は余計ではないか。

(27) 察稽知○極――原本の写真版では、○印の箇所は塗抹してある。ここは、「察稽り知極まる」とも読める。

〔現代語訳 3〕

個人的な好悪が無く、上用……民衆は迷い惑うことはない。上に立つ者は虚心で下に在る者は安静であれば、道は正しく働いているのである。誠実で無欲になることができれば、民衆の生命を左右する者となることができる。上に立つ者が誠実で煩わしいことをしなければ、万物は遍く本性を発揮できる。それぞれの生来の分に応じて分け与えれば、万民は争わないし、それぞれに生来の名称にふさわしい地位を授ければ、万物は自ずから安定する。秩序があるので励み努めたわけではなく、混乱しているので怠けたわけではない。広大さは、追い求めても到達できない。深遠微妙さは、探求しても知ることはできない。さて一であって不変である、そこで道の根本を摑めば、少しのことを把握して多くのことを知る。事柄の要《かなめ》を摑めば、正攻法で変則的なことを治める。先ず大古のことを知れば、初めて……精明。道をしっかりと執り基準を把握すれば、天下を統一できる。太古のことを観察すれば、道の働きがすっかり解る。天地発生以前のことを探求すれば、道の〔必要な〕わけが解る。《道の本源》四百六十四字。

无好无亞（惡）、上用□□而民不麋（迷）惑。上虚下靜而道得其正。信能无欲、可爲民命。上信无事、則萬物周扁（遍）。分之以其分、而萬民不爭。授之以其名、而萬物自定。不爲治勸、不爲亂解（懈）。廣大、弗務及也。深微、弗索得也。夫爲一而不化。得道之本、握少以知多、得事之要、操正以政（正）畸（奇）。前知大古、后□精明。抱道執度、天下可一也。觀之大古、周其所以。索之未无、得之所以。《道原》四百六十四

好む无く惡（亞）む无く、上用□□[28]而民迷（麋）惑せず。上は虚に下は靜かにして道は其の正を得。[29]信《まこと》に能く无欲にして、民の命と爲る可し。上、信に事とする无ければ、則ち萬物は周遍（扁）す。[30]之を分かつに其の分を以てして、萬民爭わず。之に授くるに其の名を以てして、萬物自ずから定まる。[31]治の爲に勸めず、亂の爲に懈（解）らず。廣大は、務めて及ば弗るなり。深微は、索《もと》めて得弗るなり。夫れ一を爲《おさ》めて化せず。[32]道の本を得れば、少を握《つか》みて以て多を知る。事の要を得れば、正を操り以て奇（畸）を正（政）す。[33]前に大古を知り、后に□精明。[34]道を抱き度を執れば、天下は一とす可きなり。之を大古に觀れば、其の所以を周《あまね》くす。[35]之を未だ无ならざるに索むれば、之が所以を得ん。[36]《道原》四百六十四

（28）上用□□——原本の写真版では、「用」の下は欠字、二字目はわずかな残片があるが判読不能。陳氏は、欠字を「察極」と推定する。

（29）上虚下……得其正——底本注、『管子』心術上「天の道は虚、地の道は靜、虚なれば則ち屈せず、靜なれば則ち變ぜ

ず、變ぜざれば則ち過ち無し」をあげる。

(30) 萬物周扁（遍）——Y氏は、すべての編者が「扁」を「遍」と解しているが、「編（arrange)」と解したほうがよいと思われるという。

(31) 授之以……物自定——底本注、『尸子』發蒙「夫の名分の若きは、聖人の審かにする所なり……名分を審かにすれば、羣臣敢えて力を盡し智を竭さざるは莫し。天下の治む可きは、分成ればなり。是非の辨ず可きは、名定まればなり」、『尹文子』大道上「名定まれば則ち物は競わず、分明かなれば則私は行われず」をあげる。

(32) 夫爲一——旧本は、「□爲二」と釈文する。原本の写真版では、欠字部分は、残片から「夫」または「其」と判読できる。

(33) 政（正）畸（奇）——『經法』本注、畸は不正のこと。

(34) 后□精明——原本の写真版では、欠字部分は、上部の「二」に近い残片があるが判読不能。陳氏は、欠字を「能」と推定する。

(35) 觀之大古周其所以——陳氏は、周は、周知、尽知のこと、所以は、道の作用について言うという。

(36) 索之未无得之所以——未无は、無でもないときということ。陳氏は、天地万物の発生以前とし、所以は、道の本体について言うという。Y氏は、「之を未だ有らざるに爲し、之を未だ亂れざるに治む」（現『老子』六十四）をあげるがどうであろうか。後半の「之が所以を得」は殊に解りにくい。道が必要なわけが解るの意か。

あとがき

この書物の翻訳を始めたのは何時ごろであったか、記憶に定かでない。もう十年以上は経っていると思う。この書の全訳は中国語圏や英語圏ではなされているが、わが国では漢字を使用しているにもかかわらず、いまだに全訳がなされていないのは問題ではないかということであったと思う。この書は発掘されるまで写本でも版本でも伝わらず、人々の目に触れることはなかった。したがって注釈はなく、文字も正確に判読できない箇所も多々あった。『墨子』などは筆写乃至は版本として伝わったものの、清朝に至るまで注釈も殆どなく正確に読まれなかったという例はある。しかし清朝になって詳細な校訂がなされ注釈もなされるようになった。

それに対してこの書は、清朝の学者の精密な考証も経ることなく、二十世紀になって忽然として本文だけが現れた。凡例でも示したように中国では、早速学者によって帛に筆写された本文の釈文や注釈が作られ写真版とともに出版された。しかし長期に亙る読者や学者の目を経ることがなかったため、注釈などはまったく十分とはいえない有様で、したがって翻訳も必ずしも満足できるものではない。関連する多くの原典を見落としたことも多いことと思う。それらは今後さらに考察を進めてゆきたい。翻訳に誤訳はつきものと言われているが、本訳書もその例を免れることはできないであろう。博雅の士の批正をこうむりより正確なものとすることができればと願っている。

本訳書の今回の出版はまったく幸運というほかない。翻訳を始めたのは千葉大学文学部に在籍して現役の時であったと記憶する。定年で退官に際し、千葉大学医学部第三内科の増田善昭先生の紹介で、多摩南部地域病院の循環器部長高田博之先生にお世話になることとなり、さらに第二の定年を過ぎた頃、四十歳代後半に患った心臓病の悪化で、何時心筋梗塞になってもおかしくないことが高田先生の検査で発見され、ステントを何本か挿入して危機を免れて今日に至っている。さらに数年前には直腸の悪化が見つかり外科部長の菊池友允先生の執刀で手術を行い一命をとり止めるということがあった。その後、外科の方は菊池先生から外科医長桂川秀雄先生に引き継がれ今日に至っている。しかし第二の定年を過ぎていたため、いずれの手術の場合も学校や学生さんには迷惑をかけずに済んだのは、不幸中の幸いであったと思う。そのようなわけで危うくこの訳書は殆ど日の目を見ることなく終るところであった。幸いにも多摩南部地域病院の循環器部長高田博之先生及び、外科部長菊池友允先生（現多摩北部医療センター副所長）のお蔭で一命をとり止めることができ、さらにこの訳書の出版を引き受けて下さった知泉書館の小山光夫代表取締役のご好意によって日の目を見ることができたことを心から感謝したい。

訳　者

二〇〇六年四月

参考文献

『乙本古佚書』に関係する著書や論文は厖大なものがあるが、それら全部に目を通しても、甲論乙駁でどれが正論であるか解りにくい。とりあえず先に凡例であげた訳書に収載された文献をあげておく。より深く研究したい人は『中國出土資料研究』創刊號（中國出土資料研究會、一九七七年）などの詳細な文献目録を見ていただきたい。

はじめに『馬王堆漢墓帛書　經法』所載の論文。
〔代前言〕康立・衞今「法家路線和黃老思想－讀帛書《經法》」（原載『紅旗』一九七五－七）
康立「《十大經》的思想和時代」（原載『歷史研究』一九七五－三）
高亨・董治安「《十大經》初論」（原載『歷史研究』一九七五－一）
程武「漢初黃老思想和法家路線－讀長沙馬王堆三号漢墓出土帛書扎記」（原載『文物』一九七四－一〇）
湯新「法家對黃老之學的吸收和改造－讀馬王堆帛書《經法》等篇」（原載『文物』一九七五－八）
唐蘭「馬王堆出土《老子》乙本卷前古佚書的研究－兼論其與漢初儒法闘爭的關係」（原載『考古學報』一九七五－一）
次に余明光『黃帝四經今注今譯』所収の論文。
余明光「帛書《黃帝四經》與《老子》的比較」
余明光「《論六家要旨》所述〝道論〟源于〝黃學〟」

余明光「《黃帝四經》與董仲舒」

次に陳鼓應『黃帝四經今註今譯』附載論文
陳鼓應「先秦道家研究的新方向－從馬王堆漢墓帛書『黃帝四經』說起」
陳鼓應「關於帛書『黃帝四經』成書年代等問題的研究」

さらに『道家文化研究』第三輯（一九九三年）に、比較的集中的に馬王堆出土の帛書に関する諸論文が集められている。

また翻訳に直接かかわりの深い論文を提示して置きたい。
龍晦「馬王堆出土《老子》乙本卷前古佚書探源」（『考古學報』一九七五－二）
高橋庸一郎「馬王堆帛書《老子》乙本卷前古佚書《經法》釋文注解」（一）－（七）（『甲南國文』三一、三二、三三、三四、三六、三七、三八、一九八四年－一九九一年）
澤田多喜男「『帛書老子』續考－乙本の文脈において見た－」（『中國研究集刊』盈號、一九九二－八）
澤田多喜男「『帛書古佚書』乙本考」（『千葉大學人文研究』二二、一九九三－三）

原文語彙索引

（漢字音順）

澤田 多喜男（さわだ・たきお）
1932年3月東京都に生まれる．1958年東北大學文學部中國哲學科卒業．1963年東北大學比較文化研究施設助手，1969年東海大學講師，助教授を経て教授．1981年千葉大學人文學部教授，文學部教授．現在千葉大學名誉教授．
〔著譯書〕『莊子のこころ』（有斐閣）『「老子」考索』（汲古書院），張岱年著『中國哲學問題史』上下二冊（八千代出版），『荀子』（中央公論社「世界の名著」所收，後に中公クラシックス版に）

〔黄帝四經〕 ISBN4-901654-77-2

2006年 8 月25日 第1刷印刷
2006年 8 月30日 第1刷発行

訳註者 澤田多喜男
発行者 小山光夫
印刷者 向井哲男

発行所 〒113-0033 東京都文京区本郷1-13-2
電話03(3814)6161振替 00120-6-117170
http://www.chisen.co.jp
株式会社 知泉書館

Printed in Japan 印刷・製本／藤原印刷